〈やさしい日本語〉と多文化共生

[編]
庵功雄・岩田一成・
佐藤琢三・栁田直美

ココ出版

まえがき

　本書は、〈やさしい日本語〉に関する様々な捉え方、考え方を集めた論文集です。これから本格的に多文化社会を迎える日本において、異なる文化を持つ人々がいかに共存していけるかについて、読者のみなさんとともに考えていくことを目指したものです。2013年に出版された論集形式の概説書『「やさしい日本語」は何を目指すか─多文化共生社会を実現するために』（ココ出版）の発展形になります。

　2018年は日本が外国人受け入れに大きく舵を切った年として記憶されることになるかもしれません。ただ、現時点では、受け入れ政策が来日する外国人にとって十分なものであるとは言いがたいように見受けられます。いずれにせよ、今回の政策の転換により、今後定住を目指して日本に来る外国人の数が大きく増えることは間違いないと思われます。文化や考え方を異にする人々を多数受け入れるにあたっては、様々な点について配慮する必要がありますが、本書では、その中でことばに関する問題について、〈やさしい日本語〉をキーワードに考えています。

　〈やさしい日本語〉の研究は、外国人などマイノリティ（少数者）への有効な情報伝達方法を探るためのものとしてスタートしました。本書では外国人に加え知的障害者やろう者に関する問題点についても取り上げています。その際、議論を深めるために、在住外国人の視点や海外の状況も広く扱っています。また、情報提供の当事者として自治

体関係者や公共放送の立場から考える論考も収録しました（自治体職員向け〈やさしい日本語〉研修の内容も紹介しています）。

　一方、〈やさしい日本語〉はマジョリティ（多数派）としての日本語母語話者にとっても重要な意味を持っています。本書では、この点についても、生涯教育をはじめとするいくつの観点から考えています。

　さらに、日本語教育の文脈でも〈やさしい日本語〉は論じられてきています。本書では、日本在住の外国につながる子どもたちや海外の年少者を対象とした日本語教育において、教育内容をやさしくするという意味での〈やさしい日本語〉についても論じています。

　〈やさしい日本語〉には様々な可能性がありますが、限界もあります。〈やさしい日本語〉を使ってできることとできないことを見極め、有効なツールのひとつとして位置づけることが必要であると言えます。

　本書は 2018 年 2 月 17 日、18 日に行われた本書と同名シンポジウムでの成果をまとめたものです。開催にあたり、学習院女子大学の佐藤琢三氏にはお世話になりました。佐藤氏には「あとがき」を執筆していただいています。出版にあたりココ出版の田中哲哉さんにもご尽力いただきました。記して感謝いたします。本書が今後の日本社会における多文化共生の一助になることを願っています。

2019 年 2 月

編者一同

目次

iii　　　　まえがき

1　　　第1章　マインドとしての〈やさしい日本語〉
　　　　　　　理念の実現に必要なもの
　　　　　　　庵 功雄

23　　　第2章　移民受け入れに向かう日本と
　　　　　　　〈やさしい日本語〉の可能性
　　　　　　　毛受敏浩

47　　　第3章　「日本語による国際化」と〈やさしい日本語〉
　　　　　　　留学生受け入れの観点から
　　　　　　　木村護郎クリストフ

67　　　第4章　母語話者にとっての〈やさしい日本語〉は
　　　　　　　学ぶに値するものか
　　　　　　　「生涯学習」という視点からの再考
　　　　　　　宇佐美 洋

83　　　第5章　「やさしい日本語」から「わかりやすいことば」へ
　　　　　　　共通語としての日本語のあり方を模索する
　　　　　　　オストハイダ テーヤ

99　　　第6章　「多文化共生」の実践としての「やさしい日本語」
　　　　　　　自治体施策の現場にみる「やさしい日本語」の考察
　　　　　　　菊池哲佳

113　　　第7章　「やさしい日本語」の活用に向けて
　　　　　　　横浜市の取り組み
　　　　　　　髙木祐輔

131	第8章	公用文がやさしくならないのはなぜ？
		岩田一成
145	第9章	やさしい日本語の使い手を養成する
		自治体職員対象の
		「やさしい日本語研修」の実践から
		栁田直美
161	第10章	書き換え支援システム
		公用文をやさしい日本語に
		中島明則・岩田一成
173	第11章	誰にでも伝わる「公共サイン」の手法を考える
		〈やさしい日本語〉の一歩手前に
		本田弘之
193	第12章	ことばのバリアフリーからみた
		ピクトグラムと〈やさしい日本語〉
		あべ・やすし
211	第13章	NEWS WEB EASY は外国人だけのもの？
		外国人、子ども、知的障害者に対する効果の調査
		田中英輝
225	第14章	知的障害者の情報保障と〈やさしい日本語〉
		一般社団法人スローコミュニケーションのとりくみを例に
		打浪文子
239	第15章	やさしい日本語化と情報の加除
		NHKニュース、NHK「NEWS WEB EASY」、
		『ステージ』の比較
		打浪文子・岩田一成

| 257 | 第16章 | ろう児と〈やさしい日本語〉 |
| | | 安東明珠花・岡 典栄 |

| 275 | 第17章 | 言語権の観点からみた日本手話とろう教育 |
| | | 杉本篤史 |

297	第18章	スコットランドの年少者日本語教育
		日本とスコットランドの〈やさしい日本語〉
		松本スタート洋子

317	第19章	日本における年少者日本語教育と〈やさしい日本語〉
		バイパスとしての〈やさしい日本語〉のその先にあるもの
		志村ゆかり

337	第20章	「日本語支援」から「共に社会のことばを考え創る」活動へ
		『にほんごこれだけ!』を使った実践から考える
		佐野香織

357	第21章	民間視点からの、やさしい日本語普及
		「ツーリズム」から始める、多文化共生社会づくり
		吉開 章

377	「やさしい日本語」の意味論
	──あとがきにかえて
	佐藤琢三

| 379 | 索引 |

| 384 | 編者・執筆者紹介 |

第 1 章

マインドとしての〈やさしい日本語〉
理念の実現に必要なもの[1]

庵 功雄

本章の概要

本章では、マイノリティのための〈やさしい日本語〉とマジョリティにとっての〈やさしい日本語〉という観点から〈やさしい日本語〉研究の展開を跡づけました。前者には、居場所作りのための〈やさしい日本語〉とバイパスとしての〈やさしい日本語〉という側面があり、後者には、日本語表現の鏡としての〈やさしい日本語〉と国際日本語としての〈やさしい日本語〉という側面があります。これらを通して、〈やさしい日本語〉にとって重要なのは、「技術」よりも「マインド（考え方）」であることを指摘しました。

キーワード

移民、マイノリティ、マジョリティ、マインド、国際日本語

1 はじめに──〈やさしい日本語〉が求められる背景

本章では、これまでわれわれの研究グループが行ってきた〈やさしい日本語〉に関する研究を跡づけるとともに、〈やさしい日本語〉にとって真に必要なことは何なのかについての筆者の考えを述べます。

〈やさしい日本語〉が求められる背景には日本国内での在住外国人の増加があります。都市部ではコンビニ（芹澤

2018）や新聞配達（出井2016）などの分野が外国人抜きでは運営できなくなってきており、地方でも第一次産業を中心に、外国人への依存度が急速に高まっています[2]。

毛受論文でも取り上げられているように、2018年は外国人受け入れに関するターニングポイントになる可能性が高く、今後、日本は外国人受け入れに急速に舵を切る可能性があります。しかし、政府・自民党が「移民」ということばを一貫して避けていることからもわかるように、その受け入れ姿勢には多くの問題点があります。

〈やさしい日本語〉の1つの仕事は、外国人受け入れにともなう多くのあつれきのうち、ことばに関する問題をできる限り軽減し、日本が多文化社会に向かう上での障害を少なくすることにあります。

2 マイノリティのための〈やさしい日本語〉とマジョリティにとっての〈やさしい日本語〉

専門用語として「やさしい日本語」が用いられたのは、1995年の阪神淡路大震災以降の減災のための日本語使用法の研究においてです（松田ほか2000, 佐藤2004, 岩田2013）。

一方、われわれの研究グループの研究は平時の外国人への情報提供のあり方の検討から始まりました。以下、本章ではわれわれの研究グループの用語法の「やさしい日本語」を〈やさしい日本語〉と表記します。

〈やさしい日本語〉研究は在住外国人（通常は成人）への情報提供の研究から始まりました[3]。この意味で、われわれの研究は言語的マイノリティ（少数者）への言語保障に関するものから始まったと言えます。

しかし、〈やさしい日本語〉はマイノリティのためだけのものではなく、日本社会のマジョリティ（多数派）である（健常者の）日本語母語話者にとっても重要な意味を持ちます（庵2016b: 第6章, 本書宇佐美論文）。さらに、〈やさし

い日本語〉の理念は日本語自体の国際化にとっても重要です（庵2018a, 木村2016）。

　次節以降では、以上の見取り図にもとづいて、「マイノリティのための〈やさしい日本語〉」と「マジョリティにとっての〈やさしい日本語〉」という観点から〈やさしい日本語〉研究を跡づけるとともに、それらに共通する「マインド」の重要性について論じます。

3 マイノリティのための〈やさしい日本語〉

　まず、マイノリティへの言語保障としての〈やさしい日本語〉について考えます。これには、「居場所作りのための〈やさしい日本語〉」と「バイパスとしての〈やさしい日本語〉」という2つの側面があります。

3.1　居場所作りのための〈やさしい日本語〉

「居場所作りのための〈やさしい日本語〉」は、主に成人の在住外国人を対象とするものです。

　こうした人たちが日本社会になじむためにまず必要なことは、日本を「居場所」と考えられることであると言えます。そして、そのためには、「母語でなら言えることを日本語で言える」ようになることが重要であると考えられます。これは、日本語母語話者が何らかの理由でことばが十分にできない国で生活することになった場合を想像してみればおわかりいただけると思います（イ2013も参照）。

　この観点からの研究には3.1.1 ～ 3.1.3で扱う3つの側面があります。

3.1.1　初期日本語教育の公的保障の対象としての〈やさしい日本語〉

第一は、初期日本語教育の公的保障の対象としての側面で

す。

　日本政府が正式に「移民」政策を採った場合、外国人に課す義務として一定レベルの日本語能力を求めることが予想されます。これは、外国人が日本で生きていく上での権利を保障するものであり、そのためには、外国人が定住目的で日本に入国する際に、一定量の日本語教育を、公的費用（すなわち、税金）を用いて、プロの日本語教師の手で行う必要があり、その内容は、実用的かつ費用対効果の高いものである必要があります[4]。〈やさしい日本語〉の第一の側面は、こうした日本語教育の内容を理論的に考察することにあります。

3.1.2　地域社会の共通言語としての〈やさしい日本語〉

第二は、地域社会の共通言語としての側面です。

　在住外国人が増えるということは、地域社会に彼／彼女らが生活するようになるということであり、そこには何らかの共通言語が必要となりますが、岩田（2010）その他の研究結果から、英語がその役には立たないことが明らかになっています（庵2016b: 1章も参照）。

　共通言語の第二の候補は日本語母語話者が何の調整も加えない日本語ですが、これも不可です。それは、こうした立場を採ることは、外国人を語学能力だけで判断することを意味し、「多文化共生」という考え方に合致しないからです（日本語母語話者が何らかの理由で海外で生活しなければならなくなった際に、自らの能力をその国のことばができるかどうかだけで判断されたらどのように感じるかを考えてみてください）。

　そうすると、論理的に考えて、地域社会の共通言語が生まれるとすれば、それは日本語母語話者が一定の調整を加えた日本語である〈やさしい日本語〉しかあり得ません。その場合のモデルは次のようになります。

〈やさしい日本語〉と多文化共生

```
┌─────────────────────────────────────────────────────┐
│         日本語母語話者〈受け入れ側の日本人〉          │
└─────────────────────────────────────────────────────┘
                    │   ミニマムの文法（Step 1, 2）と語彙
                    │   の習得
                    ▼
┌─────────────────────────────────────────────────────┐
│                  やさしい日本語                       │
│            （地域社会における共通言語）               │
└─────────────────────────────────────────────────────┘
                    ▲   コード（文法、語彙）の制限、
                    │   日本語から日本語への翻訳
┌─────────────────────────────────────────────────────┐
│          日本語ゼロビギナー〈定住外国人〉            │
└─────────────────────────────────────────────────────┘
```

図1　地域社会の共通言語と〈やさしい日本語〉

　ただし、これは、共通言語ができるとすれば、の話であり、勝手にそうなるというものではありません。このモデルが実現するかどうかは、日本語母語話者の意識次第なのです。

3.1.3　地域型初級としての〈やさしい日本語〉

第三は、日本語教育のあり方という側面です。

　日本語教育には、大学や日本語学校などで行われる「学校型日本語教育」と、地域の日本語教室で行われる「地域型日本語教育」という区分があります（尾崎2004）[5]。両者は多くの点で異なっており、学校型で主に採られている「文型積み上げ式」という方法を地域型に持ち込むことには理論的に考えても大きな問題があります。

　そうした点から、地域型日本語教育の実態にそくした初級（地域型初級）をいかに構想するかということが重要になります（庵2015a, 庵2010, 2011ほか参照）。

3.2　バイパスとしての〈やさしい日本語〉[6]

　「バイパスとしての〈やさしい日本語〉」は、主に外国にル

ーツを持つ子どもたちを対象とするものです。

「移民」受け入れについて議論する場合にある意味で最も重視しなければならないのは、「移民」の子ども（外国にルーツを持つ子ども）たちの問題です。

彼／彼女たちが、まっとうに努力すれば、その国の中で、その国の子どもたちと対等に競争して、自力で人生の可能性を開いていけることが保障されている（社会的流動性が保障されている）ことが重要です。このことに対する配慮を欠いたまま「移民」の受け入れが進めば、その国の中に経済的／社会的に排除された階層を作り出すことになり、それが将来的に非常に大きな問題に発展する可能性が高いのです[7]。

こうしたことは、欧米などの移民問題においても極めて重要な論点であると考えられますが、日本においても同様のことが言えます。

「バイパスとしての〈やさしい日本語〉」は、上記の下線部を実現するために、外国にルーツを持つ子どもたちができる限り高校進学時に、遅くとも、高校卒業時に、日本語母語話者の子どもたちと対等に競争できる日本語能力を身につけられるように、必要な方策を研究するものです（庵2015b, 2016b: 4章, 本書志村論文ほか参照）。

3.3　外国にルーツを持つ子どもたちの言語問題

外国にルーツを持つ子どもたちの言語問題を考える上で、最低限考えなければならないのは、漢字の問題と、BICSとCALPの問題です。

3.3.1　漢字の問題

以上のことを前提として、外国にルーツを持つ子どもたちに対する日本語教育の問題を考えていきますが、非漢字圏の子どもの場合、そこで最も大きな問題となるのが漢字で

す（庵2016a, 2018b）。

　ソシュール（Saussure, F.）が指摘した言語の重要な性質に「言語（記号）の恣意性」があります。これは、音形（指すもの。シニフィアンsignifiant）と、指示対象（指されるもの。シニフィエsignifié）の間には因果関係が存在しないという性質です[8]。

　母語（L1）でも第二言語（L2）でも、言語を習得するためには、最低限、以下のものを身につける必要があります。

（1）a. 音形（指すもの）
　　　b. 指示対象（指されるもの）
　　　c. 書字形

　日本語の場合、ひらがなで書くことを想定する限り、（1c）はほとんど問題になりません（英語はそうではありません）。この意味で、日本語は漢字を問題としない限り、習得しやすい言語であると言えますが、現実には、非漢字圏学習者にとっては漢字が大きな障壁になっています。

　日本語母語話者の子どもの場合は、周囲の大人とのインターアクションなどを通して、指すものと指されるものの関係を身につけており、ひらがなでなら書ける状態で小学校に入ります。したがって、漢字に関して習得する必要があるのは「ひらがなでなら書けるものを漢字でも読み書きできるようになる」ことだけです。そういう条件でも、小学校の6年間で学習することになっている漢字数は約1000字（1008字）です。

　外国にルーツを持つ子どもの場合は、（1a）〜（1c）を全て一から学習した上で、日本語母語話者と同じプロセスで漢字を習得しなければなりません。しかも、多くの場合、時間が（極めて）限られています。以上のことから、

第1章　マインドとしての〈やさしい日本語〉

漢字に関しても「バイパス」が必要であると考えられます（庵・早川2017, 早川・本多・庵2019参照）。

3.3.2 BICSとCALPの問題

さらに、子どもの言語習得にとって大きな問題となるのが、心理学者カミンズ（Cummins, J.）が指摘している、日常言語（BICS: Basic Interpersonal Communication Skills）と学習言語（CALP: Cognitive Academic Language Proficiency）の違いという問題です。両者の違いを、指示詞を例に説明してみます。

（2）その本、取って。（現場指示）
（3）先日友人から本をもらった。その本は哲学関係のものである。（文脈指示）

指示詞（コソア）は何かを「指す」ものであり、指すもの（指示対象）が決まってはじめてその内容が理解できます。指示対象の決まり方には大きく分けて、（2）のような発話の現場にあるものを指す用法（現場指示deictic use）と、（3）のような話（話しことば、書きことばを問わず）の中に出てくるものを指す用法（文脈指示anaphoric use）があります[9]。

このうち、現場指示は発話の現場にいれば、何を指しているかがわかります。実際、（2）の「その本」が何を指しているかを理解するのに必要なのは「その」という言語記号よりも指さしです。このように、現場指示は発話状況への依存度が高いのですが、BICSも同様で、実際の発話の形式よりも、発話状況から内容が理解されるという点が大きいと言えます。

一方、文脈指示の場合は、そうした状況への依存はなく、純粋に「ことば」の中から指示詞が指している内容を

取り出さなければなりません。CALP も同様で、学校での学習（教科学習）には言語をどのように操作できるかという能力が強く関わっています。外国にルーツを持つ子どもの場合、母語でCALP に関わる能力を身につけていれば、外国語である日本語でもその認知能力を活かせますが、母語でも CALP が未発達の段階で日本語の習得を行う必要が生じるケースも多く、問題は複雑です[10]。

3.3.3 「バイパス」のための文法シラバス
このように外国にルーツを持つ子どもたちへの日本語教育にはいくつかの困難点がありますが、それらは原理的に解決不可能ではありません。

　まず、文法シラバスとしては、上級までを見据え、かつ、必要な項目を厳選したものが必要です[11]。

　次に、漢字シラバスとしては、提示順序、単漢字主義、手書き重視といった現行シラバスにおける前提をいったん全て破棄した上で、客観的な調査にもとづいて新しいシラバスを構築する必要があります[12]。

3.4　ろう児たちの言語問題
次に、ろう児に対する日本語教育について考えますが、先天的に聴覚に障害を持つろう児たちにとって第一言語 (L1) は「日本手話 (Japanese sign language)」であり、「日本語」は第二言語（L2）です。ろう児（ろう者）の言語問題を考える上で、このことを大前提として理解する必要があります（これについては中島2017 も参照）。

3.4.1　「日本手話」と「手指日本語（日本語対応手話)」
次に重要なのは、「日本手話」は日本語や英語と同じ自然言語 (natural language) であるということです（日本手話について詳しくは岡・赤堀2011 ほか参照）。日本手話（手話言語）

と日本語（音声言語）の違いは、伝達手段として手話を使うか、音を使うかということです。

　もう1つ重要なことは、ろう児がL1として身につけている日本手話と、日本で多く見られている「手話」とは別物であるということです。後者は「日本語対応手話」と呼ばれることが多いですが、手話言語としての条件を十分に満たしているとは言いがたく、「手指日本語」と呼ぶべきだと考えられます。これについて詳しくは木村（2011）を、言語権との関連におけるこのことの問題点については杉本論文をご参照ください。

3.4.2　ろう児に対する日本語教育と〈やさしい日本語〉
以上を踏まえてろう児に対する日本語教育について考えますが、その際に留意すべきことがあります。それは、日本手話をL1とする話者が日本語をL2として習得する場合、必要なのは、書かれた日本語（書記日本語）を正確に読み、書くことができるということであり、話す、聞くという能力は（少なくとも一義的には）必要ではないということです。

　なぜなら、書記日本語が正確に書ければ、それをコンピューターに入力して、聴者とコミュニケーションを取ることは容易ですし（実際、この方法で聴者とろう者が会議を行っているケースもあります）、書記日本語が正確に読めれば、ノートテイカーや音声認識ソフトを利用して日本語で話されている情報を手に入れることが可能であるからです[13]。

　筆者は現在、明晴学園[14]の岡典栄氏および安東明珠花氏と共同で、明晴学園において日本語教育の方法論にもとづいた日本語教育の実践を開始しています（Iori & Oka 2016, 本書安東・岡論文, 安東・岡・庵 2019参照）。

4 マジョリティにとっての〈やさしい日本語〉

ここまで「マイノリティのための〈やさしい日本語〉」を見てきました。マイノリティの言語保障は〈やさしい日本語〉の極めて重要な機能ですが、〈やさしい日本語〉はマジョリティである日本語母語話者にとっても重要な意味を持っています。本節ではこの点について見ていきます。

4.1 日本語表現の鏡としての〈やさしい日本語〉

日本語母語話者にとって、日本語を用いて行う最も重要な言語活動は「自分（だけ）が知っていることを相手に伝えて、相手を自分の考えに同意させる」ことであると考えられます[15]。

これは、アカデミックな世界では「論文」や「口頭発表」に、企業では「就職面接」や「（各種）プレゼンテーション」に、日常生活では「自治会の活動」などに当たりますが、日本の学校教育では、「意見文」「感想文」などの形で自らの意見を述べる活動は盛んに行われているものの、相手とのインターアクションの中で、相手の意見を受け入れつつ、自らの意見を相手に認めさせるという活動はほとんど行われていません。

外国人を相手に「ロールプレイ」の形で、こうした活動の練習を行うことは、こうした能力を磨く上で役に立ちます（宇佐美2013, 2014）。それは、日本語母語話者同士では、言語自体で相手を説得できたのか否かがはっきりしないのに対し、外国人は、わからないところをはっきり指摘してくれるため、ロールプレイの真正性（authenticity）が高まるからです[16]。

こうしたインターアクションは話しことばにおける〈やさしい日本語〉の実現形ですが（柳田2015）、上記のことは、〈やさしい日本語〉が日本語表現の鏡として、コミュ

ニケーション力を高める役割を担いうることと日本語母語話者にとっての〈やさしい日本語〉の意義を示しています。

4.2 国際日本語としての〈やさしい日本語〉

3.1.2で見たように、マジョリティである日本語母語話者とマイノリティである在住外国人の間に共通言語ができるとすれば、それは〈やさしい日本語〉でしかあり得ません。

こうした共通言語ができること自体が容易なことではありませんが、その過程で、これまでの「日本人」だけが使ってきた日本語とは様々な点で異なる日本語が使われるようになることが予想されます。

こうした状況において重要な理念の1つが土岐（1994）が指摘する「公平な耳」というものです。次の引用をご覧ください。

(4) 日本の大手自動車会社の工場長がタイからの技術研修生に会った時、「わたチ…じどうチャ…」などと話しているのを聞いて、引率の日本人に、「この人達はほんとうに仕事ができるのか」と心配そうに言ったというが、これなどは、「わたチ」や「じどうチャ」などという発音の仕方が、日本語では幼児の話し方に似ているところから、勝手に人格や能力の判断にまで結び付けて出された反応であったとまずは解釈できよう。　　　　　（土岐1994）

先に言語の恣意性について述べましたが、言語が持つこの性質は音の区切り目にも表れます。タイ語では「し」と「ち」を区別しないが、日本語にはその区別があるということです。客観的な事実はそれだけのことにすぎないにも

かかわらず、実際はそれが差別につながっています[17]。

　同様の差別は歴史的には「方言」話者に対しても続けられてきました（毎日新聞地方部特報版1998, 庵2013）。こうした差別意識をなくすには「方言」を含む様々な日本語を等しく日本語のバリエーションとして聞ける「公平な耳」が必要であるというのが土岐（1994）の趣旨です。

　田中（1989）は、日本語が狭い島国日本語を脱して「大　陸 日本語」（コンチネンタル）となるには様々な日本語のバリエーションを許容していくことが必要であることを説いています[18]。次の指摘は現在でも十分に傾聴に値します。

> （5）人は誰でも、自分がよりよく受け入れられ、よりよく理解されようとして、まずしくとも知力のかぎりをつくしながらことばを使っている。この活動は人間の尊厳に属するものであって、決してあざけりの対象にしてはならない。（中略）真におぞましいのは、自らすすんで相手に理解させる手立てをもたず——したがって、おぞましきことばすら発することもできずに、——自らのせまい好みによって相手を裁こうとする傲慢な感性の方である。
>
> 　　　　　　　　　　　　　　　　　　（田中1989: 43）

　こうした「国際日本語」という考え方は、日本語表現そのものへの反省を強く求めるものであり[19]、〈やさしい日本語〉の理念が決してマイノリティのためだけのものではなく、マジョリティにとっても重要な意味／意義を持っていることを示しています。

5 ｜ マインドとしての〈やさしい日本語〉——真に必要なもの

　ここまで、われわれの研究グループの研究の発展の方向に

沿って、〈やさしい日本語〉研究の多様な側面について紹介してきました。本節では、〈やさしい日本語〉を支える「理念」について考えてみたいと思います。

5.1 「技術」より重要なこと

〈やさしい日本語〉はマイノリティのためのものであるという認識が強く、ともすれば、〈やさしい日本語〉は書き換えや言い換えの「技術」に関する問題であると認識されがちです。

　確かに、公的文書（公用文）やNEWS WEB EASYの書き換えなどをプロが行う場合には、一定の制約の下で書き換えることが書き換えの質を保証する上でも重要です。

　また、自然言語処理的観点から、書き換えを可能な限り自動化する技術を磨くことは、法廷通訳や医療通訳、その他企業の各種マニュアルなどの書き換えや「中間言語」としての〈やさしい日本語〉[20]について考える上で重要な意義を持っています。

　しかし、これらはあくまで「特別な」場合であり、在住外国人と一般の日本語母語話者の間の関係性における〈やさしい日本語〉においては、こうした技術的な面を意識する必要はありません。

　重要なのは、相手が何を言おうとしているのかを理解し、自分が相手に何を伝えたいのかを常に意識しながら、日本語表現を書き換えたり言い換えたりすることです。

　4.1で見たように、そうしたことを意識しながら日本語表現を行うことが、結果として、その人自身の日本語でのコミュニケーション能力を高めることにつながります。さらに、そうした意識のもとで日本語を使うことが「国際日本語」を作っていくことにもつながるのです。

5.2 「お互いさま」の気持ち──マインドの重要性

5.1で見たように、〈やさしい日本語〉にとって重要なのは「技術」ではありません。重要なのは考え方（マインド）です。こうした「マインド」を一言で言うと、「「お互いさま」の気持ち」ということになります。

4.2で、「わたチ」「じどうチャ」といった発音を笑ってしまう気持ちが日本語母語話者には潜在的に存在すること、しかし、それは例えば[si]と[ʃi]の区別ができないことを英語母語話者に笑われるのと同じことなのだということを述べました。

「わたチ」という発音を笑いそうになった時に、もし、一歩立ち止まって、「自分が同じことをされたらどう感じるだろうか」と考えることができれば、おそらく笑うことはないでしょう。「多文化共生」はそうしたところから始まると筆者は考えています。

5.3 「バリアフリー」は誰のため？

これと同様のことが「バリアフリー」についても言えます。あべ論文でも指摘されているように、バリアフリーというのは、全ての人が社会に参加できるための手段ですが、これはともすれば、「障害者」というマイノリティのためのものと考えられがちです。そして、そのために、「バリアフリー」のための予算がつきにくいといった事例も見られます。

しかし、人はけがをしたり年をとったりすれば移動困難者になります。つまり、「健常者」と「障害者」は一時的な違いに過ぎず、誰もが「障害者」になる可能性を持っています。そうであるなら、「バリアフリー」は「マイノリティである誰か」のためのものではなく、「いつかマイノリティになるかもしれない私」のために必要なものであると考えることができると思われます。こうした「情けは人

のためならず」という古諺の本来の意味（情けは他人のためのものではなく、自分自身のためのものである）こそが〈やさしい日本語〉の理念を体現しているのです。

5.4　マジョリティとの対話の必要性

最後に、〈やさしい日本語〉を政策として考えた場合の課題についての私見を述べてみたいと思います。

3.1.2で、地域社会の共通言語は、論理的に考えて、〈やさしい日本語〉しかないこと、しかし、その実現には、マジョリティである日本語母語話者の考え方が変わることが必要であることを述べました。

このように、〈やさしい日本語〉の理念を実現していくには、マジョリティに働きかけていくことが絶対的に必要です。そして、そのためには、マジョリティにとって〈やさしい日本語〉が持つ意味／意義について、マジョリティに根気強く説いていくことが必要です。これは、決して平坦な道ではないと思われますが、そうしたプロセスを抜きにして、「多文化共生社会」が実現することはあり得ないと筆者は考えています。

6 ｜ おわりに

本章では、〈やさしい日本語〉研究の展開を跡づけるとともに、〈やさしい日本語〉にとってのマインドの重要性について論じました。

謝辞
本章は科研費17H02350（研究代表者：庵功雄）の研究成果の一部です。

注

[1] 本章のうち、4.1までについて詳しくは庵（2016b）、Iori（2016）参照。

[2] 日本経済新聞電子版2018.8.2.「外国人依存度、業種・都道府県ランキング」https://vdata.nikkei.com/newsgraphics/dependence-on-foreign-workers/

[3] このうち、公的文書（公用文）の書き換えについて詳しくは岩田（2016）および本書岩田論文参照。また、言い換えの方策について詳しくは栁田（2015）および本書栁田論文参照。

[4] 本章で想定する初期日本語教育の内容は、文法シラバスとしては、庵（2009）および庵（2015a）で言う（地域型日本語教育における）Step1、2に相当します。そして、その応用範囲として想定しているのは、〈やさしい日本語〉に書き換えられた公的文書およびNHKが配信しているNEWS WEB EASYです。前者について詳しくは本書所収の岩田論文および高木論文を、後者について詳しくは田中論文をそれぞれご参照ください。

[5] ただし、「留学生センター」における日本語学習者層の変化にともない、学校型日本語教育と地域型日本語教育の相違点は急速に減少しつつあります。これについて詳しくは庵（2015a, 2019b）参照。

[6] 〈やさしい日本語〉に対する類型的な批判に、〈やさしい日本語〉は外国人に特殊な（不自然な）日本語を押しつけるもので、外国人に対する逆差別であるというものがあります。これは、〈やさしい日本語〉研究の初期の論文である庵（2009）などに対して行われることが多く、それ自体は致し方ない点もあります。しかし、例えば、「バイパスとしての〈やさしい日本語〉」の真の目的は「日本語母語話者の子どもたちと対等に競争できる日本語能力」を身につけることであり、最終的な習得目標は「母語話者並み（native-like）」の日本語能力です。ただし、外国にルーツを持つ子どもたちは、日本語能力の獲得に関して、日本語母語話者の子どもたちに対して圧倒的に大きなハンディキャップを負っている以上、そのハンディを埋めるには「バイパス」が必要であるということなのです。一般に、外国人がどのような日本語能力を身につけたいかは、彼／彼女が自分自身で決めればよいことであり、日本語教師を含む他者（特に、日本語母語話者）が云々すべき筋合いのものではありません。

[7] 2015年にフランスで発生したテロなどの背景には、若い世代の移民の中にある社会に対する強い不満があったと考えられます。なお、言うまでもありませんが、これは、イスラム教徒が暴力的であるといったことでは全くありません。これについては、例えば、ハサン（2015）参照。

[8] 言語（記号）の恣意性について詳しくは庵（2012）参照。なお、手話言語の場合は、「音形」の代わりに「手形」が用いられます。

[9] 指示詞の機能について詳しくは庵（2007, 2019a）参照。

[10] BICSとCALPに関わる問題について詳しくはバトラー（2011）参照。

[11] こうしたシラバスは留学生教育においても重要なものとなります。こ

れについては、庵（2015b）、太田・永谷・中石（2018）参照。

[12] 本多（2017）は二字漢語の半数弱が意味的に構成的（compositional）ではないことを示しています。このことは、現行の、単漢字を学んでから漢字語を学ぶという方法の問題点を示唆しています。

[13] ノートテイカーをつけるなどの配慮は、2016年に施行された「障害を理由とする差別の解消の推進に関する法律」（いわゆる「障害者差別解消法」）において、大学などに義務づけられるものです（内閣府2016）。

[14] 明晴学園の教育方針の特徴については杉本論文を参照。

[15] これは「日本語」の部分を他の言語に置き換えても成り立つと考えられますが、ここでは日本語の場合についてのみ考えます。

[16] 言語教育における真正性の重要性については庵（2017）参照。

[17] 日本語にはサ行の「し」[si] は存在せず、「し」はシャ行の [ʃi] です（庵2012）。このように、[i] の前では [s][ʃ] が異音となるため、"She sees a sea." を意識せずに発音すると、[ʃiːʃiːzəʃiː] となってしまいますが、これは英語話者には極めて不自然な発音に聞こえると思われます。

[18] 田中（1989）の指摘は、「節英」との関連で〈やさしい日本語〉の可能性を論じた木村（2016）の議論を先取りしたものと見られます（庵2018a）。

[19] これに関連して、福沢諭吉も明治初期に「漢字ヲ交ヘ用ルトテ左マデ學者ノ骨折ニモアラズ唯古ノ儒者流儀ニ倣テ妄ニ、難キ字ヲ用ヒザルヤウ心掛ルコト緊要ナルノミ」（福沢1873＝明治6）と述べています。

[20] 法廷通訳などは社会的重要性が極めて高い一方、原文が一般の日本語母語話者でも理解困難な内容であることが多いため、その内容の正確さを担保した上で正確に翻訳することには常に困難がつきまとっています。こうした場合、内容の透過性を担保した上で、一般の日本語母語話者が理解できる程度の内容に書き換えることができれば、翻訳の困難度がかなり軽減されると考えられます。こうした形で書き換えられた内容を「中間言語としての〈やさしい日本語〉」と呼ぶとすれば、このタイプの書き換えを自動化できれば、その波及効果は大きいと思われます。

参考文献　安東明珠花・岡典栄・庵功雄（2019）「ろう児に対する書記日本語教育—格助詞の定着に向けた指導法の開発」『人文・自然研究』13, pp.132–145.　一橋大学

庵功雄（2007）『日本語研究叢書21 日本語におけるテキストの結束性の研究』くろしお出版

庵功雄（2009）「地域日本語教育と日本語教育文法—「やさしい日本語」という観点から」『人文・自然研究』3, pp.126–141.　一橋大学

庵功雄（2012）『新しい日本語学入門（第2版）』スリーエーネットワーク

庵功雄（2013）『日本語教育・日本語学の「次の一手」』くろしお出版

庵功雄（2015a）「日本語学的知見から見た初級シラバス」庵功雄・山内博之（編）『現場に役立つ日本語教育研究1　データに基づく文法シラバス』所収

庵功雄（2015b）「日本語学的知見から見た中上級シラバス」庵功雄・山内博之（編）『現場に役立つ日本語教育研究1　データに基づく文法シラバス』所収

庵功雄（2016a）「外国人にとっての障壁としての漢字とその対策―日本語教育の立場から」『要約筆記問題研究』27, pp.41-46.　特定非営利活動法人全国要約筆記問題研究会

庵功雄（2016b）『やさしい日本語―多文化共生社会へ』岩波新書

庵功雄（2017）『一歩進んだ日本語文法の教え方1』くろしお出版

庵功雄（2018a）「「国際日本語」としての〈やさしい日本語〉―「かわいい日本語に旅をさせる」ために」『日本言語政策学会第20回大会予稿集』

庵功雄（2018b）「日本語教育における漢字教育に求められるもの」『ことばと文字』10, p.76-82.　くろしお出版

庵功雄（2019a）『日本語指示表現の文脈指示用法の研究』ひつじ書房

庵功雄（2019b）「学習者の変化に対応するための留学生日本語教育と〈やさしい日本語〉」牲川波都季（編）『日本語教育はどこへ向かうのか』pp.57-78.　くろしお出版

庵功雄・早川杏子（2017）「JSL生徒対象の漢字教育見直しに関する基礎的研究―理科教科書の音訓率を中心に」『人文・自然研究』11, pp.4-19.　一橋大学

庵功雄（監修）（2010）『にほんごこれだけ！1』ココ出版

庵功雄（監修）（2011）『にほんごこれだけ！2』ココ出版

庵功雄・イヨンスク・森篤嗣（編）（2013）『「やさしい日本語」は何を目指すか―多文化共生社会を実現するために』ココ出版

庵功雄・山内博之（編）（2015）『現場に役立つ日本語教育研究1　データに基づく文法シラバス』くろしお出版

イヨンスク（2013）「日本語教育が「外国人対策」の枠組みを脱するために―「外国人」が能動的に生きるための日本語教育」庵功雄・イヨンスク・森篤嗣（編）『「やさしい日本語」は何を目指すか―多文化共生社会を実現するために』pp.259-278.　ココ出版

岩田一成（2010）「言語サービスにおける英語志向―「生活のための日本語：全国調査」結果と広島の事例から」『社会言語科学』13(1), pp.81-94.

岩田一成（2013）「「やさしい日本語」の歴史」庵功雄・イヨンスク・森篤嗣（編）『「やさしい日本語」は何を目指すか―多文化共生社会を実現するために』pp.15-30.　ココ出版

岩田一成（2016）『読み手に伝わる公用文』大修館書店

宇佐美洋（2013）「「やさしい日本語」を書く際の配慮・工夫の多様なあり方」庵功雄・イヨンスク・森篤嗣（編）『「やさしい日本語」は何を目指すか―多文化共生社会を実現するために』pp.219-236.　ココ

出版

宇佐美洋（2014）「「外国人にわかりやすい文書」を書くための配慮—「「やさしい日本語」の作成ルール」の効果とその活用」『カナダ日本語教育振興会（CAJLE）2014年次大会 Proceeding』http://www.cajle.info/conference-proceedings/cajle2014-proceedings/

太田陽子・永谷直子・中石ゆうこ（2018）「8種のコーパスに見る技能別特徴項目—高等教育機関で学ぶ留学生のためのシラバス再考のために」『一橋大学国際教育センター紀要』9, pp.85–94. 一橋大学

岡典栄・赤堀仁美（2011）『日本手話のしくみ』大修館書店

尾崎明人（2004）「地域型日本語教育の方法論試案」小山悟・大友可能子・野原美和子（編）『言語と教育—日本語を対象として』くろしお出版

木村晴美（2011）『日本手話と日本語対応手話（手指日本語）—間にある「深い谷」』生活書院

木村護郎クリストフ（2016）『節英のすすめ—脱英語依存こそ国際化・グローバル対応のカギ』萬書房

佐藤和之（2004）「災害時の言語表現を考える」『日本語学』23(8), pp.34–45.

芹澤健介（2018）『コンビニ外国人』新潮新書

田中克彦（1989）「かわいい日本語に旅をさせよ」『国家語を越えて』筑摩書房

土岐哲（1994）「聞き手の国際化」『日本語学』13(13), pp.74–80.

中島隆（2017）『ろう者の祈り』朝日新聞出版

バトラー・後藤裕子（2011）『学習言語とは何か—教科学習に必要な言語能力』三省堂

早川杏子・本多由美子・庵功雄（2019）「漢字教育改革のための基礎的研究—漢字字形の複雑さの定量化」『人文・自然研究』13, pp.116–131. 一橋大学

福沢諭吉（1873）『文字之教端書』

本多由美子（2017）「二字漢語における語の透明性—コーパスを用いた語と構成漢字の分析」『計量国語学』31(1), pp.1–19. 計量国語学会

毎日新聞地方部特報版（1998）『東北「方言」ものがたり』無明舎出版

松田陽子・前田理佳子・佐藤和之（2000）「災害時の外国人に対する情報提供のための日本語表現とその有効性に関する試論」『日本語科学』7, pp.145–159.

栁田直美（2015）『接触場面における母語話者のコミュニケーション方略—情報やりとり方略の学習に着目して』ココ出版

Iori, I. (2016) The enterprise of Yasashii Nihongo: For a sustainable multicultural society.『人文・自然研究』10, pp.4–19. 一橋大学

Iori, I. & Oka, N. (2016) A preliminary study on teaching written Japanese to deaf children. *Hitotsubashi Journal of Arts and Sciences, 57*(1), pp.21–28. Hitotsubashi University.

URL（最終閲覧日は全て 2018.9.29 である）

出井康博（2016）「もはや外国人の「ブラック労働」なしでは成り立たない新聞配達の過酷な現場」（現代ビジネス）
　　http://gendai.ismedia.jp/articles/-/49460

内閣府（2016）「障害を理由とする差別の解消の推進」
　　http://www8.cao.go.jp/shougai/suishin/sabekai.html

ハサン，メディ（2015）「イスラム教徒として言おう。「言論の自由」原理主義者の偽善にはもう、うんざりだ」（ハフポストUK版からの翻訳）
　　https://www.huffingtonpost.jp/entry/6476358?utm_hp_ref=japan-world

第2章
移民受け入れに向かう日本と
〈やさしい日本語〉の可能性

毛受敏浩

本章の概要

日本は人口減少社会に突入しています。これは同時に生産年齢人口の減少をも意味し、深刻な人手不足が継続していきます。こうした状況に対して政府も対策を打っていますが、必ずしも成功しているとはいえません。現状では技能実習制度や「デカセギ留学生」が人手不足のために急増していますが、これには多くの問題があります。人口減少に対する最後の対策が外国人受け入れであり、2018年6月に政府は「骨太の方針」で外国人受け入れの新方針を発表しました。これは歴史的転換点となる可能性が高いといえます。外国人受け入れは人手不足の解消に貢献するのみならず、新たなビジネスチャンスを生むなどの効果をもたらすと考えられます。そうした中で、〈やさしい日本語〉は異文化理解を促すだけでなく、外国人社員が増える企業内での商慣習の変容などを通して、日本社会の組織や文化のあり方にも影響を与えていく可能性を持っているといえるでしょう。

キーワード

外国人受け入れ、技能実習制度、多文化共生、人口減少、単純労働

1 はじめに

　日本は現在、歴史的な転換点にあります。2010年を境に日本の総人口は減り始め、今後、数百年間続くと思われる人口減少の時代に突入しました。21世紀は日本にとって人口減少の世紀となります。

　2017年発表の国立社会保障人口問題研究所の「日本の将来推計人口報告書」によれば、日本の総人口は2053年には1億人を割って9924万人となり、2100年には現在の人口の半分以下の5072万人まで激減すると予測されています。現在、小学校に在籍する世代は22世紀まで生きる可能性の高いことを考えれば、現在の青少年は未曾有の人口激減を体験することになります。人口減少の一方で高齢化は将来も継続すると見られており、人口が半分になった日本はアジアの中の中堅国の一つとなり、世界第二の経済大国であった日本の繁栄は過去の歴史の1ページとして記憶されることにもなりかねません。

　政府は人口減少を極めて重要な課題と認識して、地方創生等に取り組んできました。しかし、人口減少を食い止めるメドは立っておらず、むしろ、人口減少に対するあきらめムードが強くなる状況となっています。そうした中で外国人材の受け入れは日本に残された最終選択といえます。

　従来、政府は「移民政策はとらない」との立場から、外国人材、とりわけ単純労働をされる、現場労働者の受け入れを拒んできました。しかし、その方針の転換がようやく行われました。2018年6月に経済財政運営の指針「骨太の方針」や「未来投資戦略2018」では、「少子高齢化の克服による持続的な成長経路の実現」を副題に掲げ、政府は少子化や人手不足に対応するため外国人労働者の受け入れ拡大などを盛り込んだ一連の政策方針についての閣議決定を行いました。

さて、21世紀は日本にとって人口減少の世紀であると述べましたが、同時に21世紀は日本にとって移民受け入れの世紀になるでしょう。人口減少による衰退を免れるには一定程度の移民を受け入れる以外に方策はないからです。

　日本はそもそも日本人の祖先が大陸から日本列島に海を渡って移住してできた国です。大陸の各方面から移住してきた人々が交じり合い、現在の日本人が形成されました。古代史を遡れば、文化の発展に貢献したのは渡来人であり、彼らがもたらした仏教や儒教が日本の文化の土台を形作りました。そうした異文化との接触によって日本の文化、宗教、社会の仕組み、日本人の暮らしが発展してきたことは紛れもない事実です。

　古墳時代にやってきた渡来人は亡命者、難民であった人たちも多かったといわれますが、7世紀から9世紀にかけて行われた遣隋使、遣唐使は当時の日本が大陸の異文化を積極的に求めて行った国家事業でした。国内の文化、技術だけでは不十分と感じた当時のリーダーは危険を顧みず、大陸の優れた文化や技術を導入しようとする積極性を持っていました。また明治維新の際には「お雇い外国人」を積極的に採用し、西洋の進んだ文化、技術を取り入れることに尽力しました。

　現在、日本は人口減少という未曾有の事態によって外国人を受け入れるという新たなフェイズに直面しています。過去の人口減少は戦争や飢饉によるものでしたが、21世紀の日本は少子高齢化という危機によって、外国人を受け入れる歴史的な選択を行うことになります。

2 ｜ 急減する人口

　日本の人口減少とそれがもたらす現象について詳しく見て

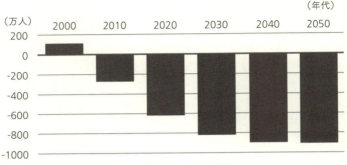

図1　総人口の減少の推移

みましょう。

　国立社会保障人口問題研究所は5年ごとに「日本の将来推計人口」を公表していますが、2017年4月に発表されたデータでは2020年代の人口減少は620万人となり、30年代には821万人、40年代には900万人とその減少幅は加速していきます。2015年の国勢調査では1億2709万人あった人口は、50年後の2065年には8808万人と4000万人近い大激減が起こることを推計しています（図1）。

　単に人口が減少するだけではなく、少子高齢化が将来にわたり継続して起こることで、今後、働き手の減少が人口減少以上に加速するという極めて深刻な問題に日本は直面します（図2）。

　働き手世代である生産年齢人口（15～64歳）は戦後一貫して増加を続け、1995年の国勢調査では8726万人に達しましたが、その年を境に減少局面に入りました。つまり、総人口の減少よりも15年早く生産年齢人口の減少は始まったのです。

　2015年国勢調査によるとその数は7629万人となり、1995年から20年間にほぼ1000万人減少しており、1年間で平均50万人の減少が発生しました。将来の生産年

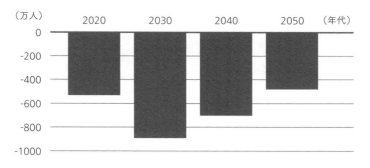

図2　生産年齢人口の減少の推移

齢人口の推計では、2029年、2040年、2056年にはそれぞれ7000万人、6000万人、5000万人を割り込み、2065年には4529万人となり、その後もなだらかな減少が続きます。つまり、2029年から2040年の間では年平均91万人の働き手世代の減少が起こると推計されます。年代別で見ると2030年代の人口減少が最も厳しいです（図2）。働き手が大激減を迎える時代が十数年後に迫っているのです。

　一方、高齢者の数は今後も増え続けます。すでに80歳以上の人口は1000万人を超えていますが、65歳以上の老年人口は2015年現在の3387万人を数え、2020年には3619万人へと増加後、しばらくは緩やかな増加期となります。そして、第二次ベビーブーム世代が老年人口に入った後の2042年に3935万人でピークを迎えます。一方、老年人口割合では、2015年現在の26.6％の状況が、2036年に33.3％で3人に1人となり、2065年には38.4％、すなわち2.6人に1人が老年人口にまで達しますが、この後もなだらかながら増加の可能性が予見されています。

　現在、各地で人口減少によって限界集落化の進行、また集落の消滅が起こり始めていますが、これらの現象はまだ序の口に過ぎず、本格的な人口減少の入口に立ったばかり

（厚生労働省2017年12月22日発表より作成）
図3　2017年人口動態統計の年間推計、統計表（日本人）

といえます。

　人口減少とあいまって、現在、経済面では人手不足が大きな問題となっています。帝国データバンクの「人手不足に対する企業の動向調査（2018年4月）」によれば、企業の49.2％が正社員不足に陥り、また同社の「人手不足倒産の動向調査（2018年上半期）」では人手不足による倒産は3年連続して前年同期比増という結果となっています。

　これはアベノミクスの成功によるものとも考えられますが、生産年齢人口の減少も大きく影響しています。先述の通り、生産年齢人口の減少は1995年から20年以上にわたって続いていることから、通勤、通学の利用者の減少によって、全国のバスの路線は毎年2000キロずつ廃止されるなど、日本の交通インフラは急激に縮小しつつあります。

　こうした深刻な人口減少に対し、政府は手をこまねいているだけではありません。2014年には地方創生法（まち・ひと・しごと創生法）を制定し人口減少に歯止めをかけようと取り組んできました。地方創生法で目指したのは「少子高齢化の進展に的確に対応し、人口の減少に歯止めをかけるとともに、東京圏への人口の過度の集中を是正」することです。

　しかし、図3のように人口減少に歯止めはまったくかかっていません。人口の減少幅は毎年拡大を続けており、

2017年には人口減少幅は40.3万人と過去最高となりました（図3）。

　また東京圏への人口集中も是正されていません。2017年の住民基本台帳に基づく人口移動調査によると、東京、埼玉、千葉、神奈川の1都3県（東京圏）への転入超過は約12万人と2013年の約10万人から逆に拡大する結果となりました。地方創生の政府予算は年間約1兆円に上りますが人口減少への歯止めとしての成果はあがっているとはとても思えません。

　以上の状況に対して、政府はウーマノミクス、一億総活躍、働き方改革といった政策を次々と打ち出しました。しかし、これらの政策は現時点で必要とされる労働力を確保することを目的とするものであって、人口減少への対策ではありません。

　ウーマノミクス（womenomics）とは英語の「women（女性）」と「economics（経済）」を組み合わせて作られた造語です。1999年にゴールドマン・サックス証券のキャシー松井氏がウーマノミクスという用語を生み出したことをきっかけに、女性活躍の重要性や日本経済に与える影響について議論が交わされることになりました。

　2010年6月に閣議決定された「新成長戦略」では、女性の活躍を促進するために、就学前・就学期の潜在需要も含めた待機児童問題の解消、女性就業率の引き上げ、男性の育児休業取得率の向上を目指しました。また2015年8月には全ての女性が個性と能力を十分に発揮できる社会実現の支援を目的として、「女性の職業生活における活躍の推進に関する法律（女性活躍推進法）」が成立し、2016年4月に施行されました。

　その結果、女性の幹部登用についてはまだ低いものの就業率については大幅な改善が見られました。2016年の女性（15〜64歳）の就業率は前年比1.4ポイント上昇の

66.0％となり、過去最高を更新する結果となりましたが、これは米国の女性の就業率をも超えるレベルです。その意味で労働力としての女性の活躍は現時点で相当なレベルまで達成されており、逆にいえば今後、それほど高い伸びは期待できないと思われます。

　女性の活躍に続いて政府が取り上げたのが「ニッポン一億総活躍プラン」です。2015年10月に発足した第三次安倍晋三改造内閣では、少子高齢化に歯止めをかけ、50年後も人口1億人を維持し、家庭・職場・地域で誰もが活躍できる社会を目指すとして「一億総活躍社会」を宣言しました。この政策では経済成長、子育て支援、安定した社会保障の実現を目指しています。経済面は、「希望を生み出す強い経済」により、東京五輪が開催される20年頃にGDP600兆円を達成。子育てでは、「夢をつむぐ子育て支援」により、希望出生率を1.8（現在は1.4前後）まで回復、社会保障は、「安心につながる社会保障」により、団塊世代が70歳を超える20年代に介護離職ゼロの実現が謳われました。

　さらに一億総活躍を実現するため政府は働き方改革に着手しました。2018年6月「働き方改革を推進するための関係法律の整備に関する法律」が成立しましたが、多様な働き方を可能にするとともに、長時間労働の是正や子育て、あるいは介護をしながら働くことができる環境を整えることを目的とする制度改革でした。また日本の労働慣行を改善するため、残業時間の上限規制や、正社員と非正規の不合理な待遇差を解消する「同一労働同一賃金」、高収入の一部専門職を労働時間の規制から外す「脱時間給制度（高度プロフェッショナル制度）」の導入が行われました。

　一方、増加する高齢者に対して、彼らの雇用促進にも力が入れられています。2016年の高齢者の就業者数は、13年連続で前年に比べ増加し、770万人と過去最多とな

りました。同年の高齢者の就業率は、男性が30.9％、女性が15.8％と、いずれも5年連続で前年に比べ上昇しました。

　以上のように政府の政策は、女性及び高齢者の労働力確保の面では、一定の成果をあげているといえます。しかし、こうして労働力の確保に努めてきたものの、アベノミクスによる好景気によって人手不足は深刻化する事態となりました。また、2020年に希望出生率1.8を達成することや同年代に介護離職ゼロを達成する可能性はないといってよいでしょう。さらに今後、急速な人口激減時代を迎えることを考えれば、人口問題に取り組まなければ日本の将来を見通せないのは明らかです。政府は50年後も人口1億人を維持するという目標を掲げているものの、政府機関でありながら、客観的な人口予測を行う国立社会保障人口問題研究所はその達成は不可能であるとしています。その意味で外国人の受け入れは日本にとって最後の人口政策であるといえます。

　日本政府にとって避け続けてきた移民政策ですが、考えてみれば他の先進国で移民を受け入れていない国は存在せず、その意味で日本の外国人受け入れは特殊なことを行うのではありません。むしろ、国際的に見れば今までが異常な状況であったといえます。

　これまで日本に在住する外国人の比率が低かったのは、日本は世界の中でも人口の多い国の一つであり、豊富な労働力に恵まれていたからです。高い教育水準とともに、単一の労働市場の中で、日本人同士が競いあうことで労働力の質が保たれてきた歴史があります。その意味で、一部の高度人材以外には外国人の労働力を必要としない人口構造の国であったといえます。その日本は今や急速な少子化に見舞われ、単純労働の分野においても人手不足が深刻化しています。豊かな社会に育った若者は現場労働に就きたが

らず、現場労働者を雇用する多様な産業が人手不足によって廃業の危機を迎える例も増加しています。

またモノづくりを誇ってきた日本は今や熟練工の減少という危機に瀕しています。日本人の熟練工は高齢化する一方で、町工場で働こうとする若者の数は減少を続けています。現状では、外国人の現場労働者は技能実習生のみの雇用が可能で、このままでは日本が誇るモノづくりの伝統が途絶えてしまう可能性もあります。

介護の人材不足も深刻です。高齢化が急速に進み介護需要が高まる中、職員確保はより困難度を増しています。経済産業省が2018年4月に発表した「将来の介護需給に対する高齢者ケアシステムに関する研究会」報告によると、介護関連の従事者数は2015年には183万人で人材不足は4万人でしたが、2025年には供給が215万人で不足は43万人に拡大し、さらに団塊世代が85歳を超える2035年には供給が228万人に対し、不足が79万人にまで拡大するとしています。「介護離職ゼロ」どころか、大量の介護離職者が発生しかねない状況が近未来に迫っています。

3 急増する在住外国人

前述の人手不足、人口減少拡大の状況の中で増え続けているのが在留外国人です。政府は従来、外国人受け入れについて移民政策はとらないとの立場を貫いてきましたが、現実には、在留する外国人は日本の人口減少を補うかのように増加を続け、2017年の1年間で18万人増加し、年末には256万人と過去最高に達しました（図4）。2016年には47都道府県全てにおいて、外国人住民の人口は増加し、現在、地方で人口増加が見られる自治体の大半は外国人の増加によるものとなっています。

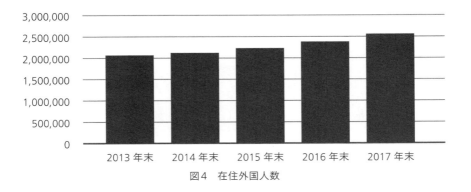

図4　在住外国人数

　2017年末時点で、在住外国人の総数では、中国71万人、韓国45万人、フィリピン25万人、ベトナム23万人、ブラジル18万人、ネパール7万人の順となっています。一方、2017年の1年間の増加の割合を国別で見ると、ベトナム16％、ネパール10％、フィリピン4％と3カ国の増加が目立ちます。また増加の多い在留資格を見ると、対前年比で技能実習10％（2.3万人）増、技術・人文知識・国際業務11.8％（1.9万人）増、留学5.0％（1.4万人）増、家族滞在5.4％（0.8万人）増となっています。
　こうした在住外国人が増加しているのは、日本人の働き手の減少を補うためと考えられ、あたかも「人口の自動調節弁」が働いたような状況が生まれています。
　日本は現在まで4年制大学の卒業者以外の労働者の受け入れを原則として認めてきませんでした。国内で最も人手不足が甚だしいのは単純労働、現場労働者ですが、そうした労働者は原則として認めていません。しかし、現実にはそうした分野の不足を埋めるために、就労を目的としないはずの外国人が急増していると考えられます。
　その一つの在留資格は技能実習生です。技能実習制度は本来、途上国への技術移転のための制度であり、日本での就労を目的とする制度ではありません。技能実習生は日本

の企業で働くことで高い技能を身につけ、母国の発展に寄与することが目的とされています。また2017年に制定された技能実習法では「技能実習は、労働力の需給の調整の手段として行われてはならない（第三条第2項）」と明記されています。しかし、現実には多くの企業は人手不足への対策として、労働者として、技能実習生を雇用しているのは紛れもない事実です。タテマエと本音が乖離した状態で、2017年末現在、海外から27万4000人の技能実習生を受け入れていることは大きな問題といえます。

　技能実習生については従来、低賃金、過酷な労働環境での雇用が常態化する例もあり、国連や米国政府から人道上問題のある制度との指摘を受けてきました。また懸念されるのは、技能実習生は毎年、7000名程度が職場を離脱して失踪し、国内で行方不明となっている事実です。失踪する理由は母国で聞いていた状況と比べて給与が安すぎ、来日費用として支払った多額の保証金を返せないことや、休みなしの労働、賃金未払いなどが多発していためです。失踪者の増加は将来の治安の悪化にもつながりかねない懸念すべき問題といえます。こうした状況を受けて2017年に技能実習法が制定されて、管理体制の強化が図られ、その効果が期待されますが、その一方で、技能実習生の急増によって十分な管理ができるのかどうかを疑問視する声もあります。

　技能実習制度は、一時的に人手不足を埋める役割を果たせても、中長期に続く人口減少に役立つものではありません。彼らの訪日目的はデカセギであり、国内での消費は極めて限定的で、彼らの支払う税金は小額に過ぎません。またデカセギである彼らは大地震などが発生すれば数週間のうちに日本から大挙して帰国してしまうでしょう。人手不足のために介護などの分野で彼らを受け入れようとしていますが、容易に帰国することが想定される技能実習制度の

下で、命にかかわる仕事を任せることについてのリスクを十分に認識し検討すべきです。

　現場労働者の不足を埋めるもう一つの方法が「デカセギ留学生」です。留学生は本来、勉学を目的に日本に滞在が許され、週28時間以内でしか働くことは許されません。しかし、留学生を労働力として活用しようと、彼らを積極的に雇用する動きが活発化しています。途上国出身の留学生にとって生活費の一部をアルバイトで稼ぐことは日常化しつつありますが、問題は週28時間を越えて就業する留学生が増加していることです。数箇所の職場を掛け持ちし、違法な状態でフルタイム並みに働く留学生が増加しています。

　2017年のNHKによる全国の日本語学校についての調査では、日本語学校が全国で急増しており、その数は過去最高の643校に上り、過去5年間に206校が新設されました。また同調査では、学校法人が経営していたのは全体のおよそ4分の1以下に留まった一方で、株式会社や有限会社が経営する学校が7割近くを占めていました。優良な日本語学校が存在する一方で、受け入れ側も来日する側も、最初から就労を目的に留学生の在留資格を得て日本に入国するケースも増加しています。

　人手不足によってこうした歪められた形で働く外国労働者が増加している状況は不法労働や不法ブローカーの暗躍などにつながる極めて憂慮すべき状況といえます。そもそも他の先進国で労働力を留学生に依存しようと考える国はなく、労働目的であれば労働者として受け入れています。単純労働者の受け入れを認めないとする政府の対応が、現場で矛盾を引き起こし、結果として違法状態を助長することにつながり始めています。つまり、従来のシステムの下で人手不足が継続する状況では、本来、あるべき姿とは異なる外国人労働者が増加を続けるということです。

4 単純労働の受け入れと骨太の方針

さて、人手不足と終わりのない人口減少が続く中で、最終手段として政府の取り組みが始められようとしているのが就労目的の外国人労働者の受け入れです。

就労を目的とする在留資格は技術・人文知識・国際業務が中心で、単純労働についての在留資格は存在しませんでした。しかし、政府は舵を大きく切りました。2018年6月の経済財政運営と改革の基本方針（骨太の方針）では「新たな外国人材の受け入れ」として以下のように記述されています。

> 中小・小規模事業者をはじめとした人手不足は深刻化しており、我が国の経済・社会基盤の持続可能性を阻害する可能性が出てきている。このため、設備投資、技術革新、働き方改革などによる生産性向上や国内人材の確保を引き続き強力に推進するとともに、従来の専門的・技術的分野における外国人材に限定せず、一定の専門性・技能を有し即戦力となる外国人材を幅広く受け入れていく仕組みを構築する必要がある。
>
> このため、真に必要な分野に着目し、移民政策とは異なるものとして、外国人材の受け入れを拡大するため、新たな在留資格を創設する。また、外国人留学生の国内での就職を更に円滑化するなど、従来の専門的・技術的分野における外国人材受け入れの取組を更に進めるほか、外国人が円滑に共生できるような社会の実現に向けて取り組む。

この方針は「移民政策とは異なるもの」との但し書きはあるものの、実質的には外国人の本格的な受け入れを示唆

するものであり、日本にとって極めて大きな歴史的な方針転換といえます。また構造的な人手不足、人口減少に陥りながら、外国人労働者の受け入れは認めないとしてきた方針からの転換は、さまざまな課題を抱えてきた技能実習制度からの脱皮を促すものです。この方針の中で特に注目すべきは以下の3点です。

（1）在留期間の上限を5年とする就労を目的とした新たな在留資格を創成する。
（2）新たな在留資格取得者について、滞在中に行う試験に合格すれば家族帯同と定住を認める。
（3）すでに定住している外国人に対して生活者として、日本語教育など総合的な対応策をとる。

それぞれについてその課題を考えたいと思います。

（1）在留期間の上限を5年とする就労を目的とした新たな在留資格を創成する。

　就労を目的と知る新たな在留資格は従来の技能実習生に代わるものと考えられ、またその分野も技能実習制度では認められてこなかったサービス業の分野を含む可能性があります。まずどのような分野にまでこの制度を広げるべきかが大きな課題といえるでしょう。その際、重要な点は受け入れた後、継続した雇用が行えるかという点です。人手不足に悩む企業の立場からすればとりあえず不足を埋める人材として、短期でもよいので外国人労働者に頼りたいということでしょうが、少なくとも5年間は安定したフルタイムの雇用を提供できることが必要となります。その意味で企業には使い捨てではない人材としての意識を持って責任ある受け入れの態勢づくりが求められます。また外国人労働者と受け入れ企業との間で何らかのトラブルが発生し

た際に対処する第三者機関の設置も必要になるでしょう。また場合によっては労働者が他の企業に転職が可能な、ある程度の自由度を認められることは前進と考えられます。転職後の企業についても、しっかりした雇用責任を果たす企業でなければなりません。新制度については受け入れ後の体制についての方針が現時点で固まっておらず、民間任せの制度であれば技能実習制度と同様の問題が発生する可能性も否定できません。新たな在留資格での受け入れに関して、政府がどのような制度設計を行うかが極めて重要といえます。

（2）新たな在留資格取得者について、滞在中に行う試験に合格すれば家族帯同と定住を認める。

　新在留資格で来日した外国人に対して、試験の合格者には家族帯同と定住を認めることは、優秀な外国人労働者に定住の道を開くものです。そのことによって今後、さらに逼迫する熟練工の減少への緩和につながり、モノづくりニッポンの維持、また企業の永続性の維持につながるものと考えられます。試験の内容及び選考基準、選考過程の透明性を高めることで、能力のある外国人が日本での定住を念頭に本制度によって日本での就労を目指すことになるような制度設計が必要です。試験の内容は今後、公開されることになるでしょうが、日本語能力、継続的な雇用の確保、職務能力などが勘案される必要があります。有能な人材であれば日本への貢献度も高く、また理解度、柔軟性も高いと思われるので、受け入れ側のコストも最終的に安くつくことが考えられます。よりよいシステムを作ることがよい人材を惹きつけることになります。

（3）すでに定住している外国人に対して生活者として、
　　日本語教育など総合的な対応策をとる。

　定住している外国人に対して総合的な対応策をとること
は、日本に在住する外国人が安心して日本で生活の基盤を
整えることにつながり、在住外国人のみならず、新たに日
本での就労を目指す海外の人々にとって日本が魅力的な移
住先になり得ることを意味します。

　従来、政府は「移民政策をとらない」という立場から、
在住外国人に対する支援体制は不十分であり、政府レベル
の政策及び対応は他国と比べて極めて遅れていました。政
府の代わりに外国人の日本での生活を支えたのは、自治体
であり、NPOや各地の日本語教室でした。

　例外的に政府が実施してきた事業に、総務省による多文
化共生の推進があります。総務省では「多文化共生の推進
に関する研究会」を開催し、その報告書が2006年3月に
発表されています。この報告書の中で、地域における多文
化共生は「国籍や民族などの異なる人々が、互いの文化的
ちがいを認め合い、対等な関係を築こうとしながら、地域
社会の構成員として共に生きていくこと」と定義されてい
ます。

　報告書に基づき総務省では、「地域における多文化共生
推進プランについて」とする文書を各都道府県・指定都市
外国人住民施策担当部局長宛に送り、多文化共生の推進に
係る指針・計画を策定し、地域における多文化共生の推進
を計画的かつ総合的に実施することを要請しました。

　「地域における多文化共生推進プラン」では、「1．地域
における多文化共生の意義」として、（1）外国人住民の
受け入れ主体としての地域、（2）外国人住民の人権保障、
（3）地域の活性化、（4）住民の異文化理解力の向上、（5）
ユニバーサルデザインのまちづくりの5点を掲げていま
す。また「2．地域における多文化共生施策の基本的考え

方」として、（1）コミュニケーション支援、（2）生活支援、（3）多文化共生の地域づくり、（4）多文化共生施策の推進体制の整備の4点が挙げられています。

コミュニケーション支援では地域における情報の多言語化と日本語及び日本社会に関する学習支援が謳われており、また「生活支援」では、居住、教育、労働環境、医療・保健・福祉、防災、その他の6点が提示されています。2018年4月の時点で、計画の策定は都道府県では96％、指定都市では100％となり、自治体全体では46％が策定を終えています。

この報告書の内容については、日本に定住する外国人への支援のあり方として、現時点においても追加することは少なく網羅的な内容であることは評価できます。ただし、政府全体としての外国人受け入れについての政策が不在の中での一省庁による事業、政策であったため、財源措置が乏しく、また実効性に欠ける面がありました。自治体は独自に財源を確保する必要があり、また在住外国人に対する活動は各自治体によって大きなばらつきが現在でも生じています。

また多文化共生は在住する外国人の生活の支援に重点が置かれ、逼迫する人口政策とは結びついてきませんでした。すなわち、外国人住民に対しては一定の支援を行うことを述べるに留まり、積極的に外国人住民を誘致する、あるいは積極な歓迎姿勢をとるような政策はごく少数の自治体を除いてとられてきませんでした。

その意味で今回の政府による政策変更は外国人労働者の受け入れを宣言すると同時に、少子高齢化社会を克服する視点から彼らを生活者として受け入れ、総合的な対策をとるとしており、その意味でこれまでの多文化共生を大きく発展させ、また質的にも変貌させる可能性のあるものといえるでしょう。

外国人への支援の中で今後、重要な課題となると思われるのは新たに入国する外国人の日本語教育の費用をどこまで政府が負担するかということです。ドイツや韓国では政府の補助により極めて安価に受け入れ国の言語を習得できる制度がありますが日本ではその議論は不十分です。介護等の分野で外国人を新たに雇用する場合、日本語教育の費用は受け入れ側の機関が負担するケースが想定されていますが、そうであればその費用負担は外国人介護士の給与の減額として跳ね返ってくると考えられます。他の先進国においても途上国から介護士を呼び寄せるケースが増えており、その意味で他国との比較において十分に魅力的かどうかという視点を入れた仕組みづくりが必要です。

　なお、今回の政府の方針によって示されなかった点についても触れておきたいと思います。「移民政策とは異なる」という政策があるためか、実質的には移民政策と呼んでよい内容を含むものであるにもかかわらず、外国人受け入れ基本法（移民基本法）のような独立した法律には触れておらず、入国管理法の改正に留まる予定です。またその一方で、従来の入国管理局を出入国在留管理庁へ引き上げる方針も示されています。庁には長官が置かれることから、長官の決定で入国問題の判断基準を設定することができるほか、他省庁との折衝、調整もイニシャチブをとることができるなど、役割が飛躍的に高まることが想定されます。ただ名称がこれでふさわしいのかどうかという問題が残ります。定住外国人への政策にも積極的に関与するためには、自治体による外国人集住都市会議がかつて提案したような「外国人庁」あるいは、他国のような移民庁、移民・難民庁のような名称についても検討する必要があるでしょう。

　また今回の政策では人手不足の対応としての受け入れに終始しており、人口減少への対策としての視点が薄いです。しかし、日本の現状を見ると地方都市では限界集落化

の進行がそのままゴーストタウン化へ直結しかねない深刻な事態が発生しつつあります。こうした中で政府に求められるのは、地方への外国人労働者の受け入れ枠の設定でしょう。カナダやオーストラリアでは政府レベルの移民政策に加えて、各地域で必要な人材を各州が決定して受け入れる州レベルの移民政策が行われていますが、人口政策と結びつけるのであれば、今後、日本においても都道府県レベルでの受け入れについての議論を開始することが必要でしょう。

5 外国人受け入れのもたらす効果

人手不足、人口減少に直面する日本においては、政府の新方針の下で今後、外国人の流入が本格化することが想定されます。当面は人手不足の分野を中心とした受け入れになるものの、国内での受け入れ体制の充実とともに、高度人材や留学生、起業家など、幅広い分野での外国人の増大が期待できます。2017年末の在留外国人の数は増加しつつあるものの、256万人と総人口の2%弱に過ぎず、先進国の中では極端に少ない割合となっています。2020年代には620万人の人口減少が予測され、若い働き手の不足が一層深刻になることを考えれば、日本に在住する外国人の数は増えることはあっても減ることはないでしょう。

では外国人の増加によってどのような変化、とりわけ経済的な変化が生まれるでしょうか。

まず、人手不足解消への寄与です。政府は14分野における外国人労働者の受け入れを発表しましたが、14分野にこだわらない旨の報道がなされています。製造業、サービス業等においても人手不足は深刻化しており、そうした分野での受け入れが行われる可能性もあります。受け入れの条件として考えられるのは、受け入れる外国人に対して

正社員として安定的な職、昇給するような職かどうかが一つの基準となり得ます。またそのための受け入れの条件として一定レベルの日本語能力と職務能力や職歴も必要とされるでしょう。

　外国人労働者は世界的に起業意欲が高いことで知られています。当初は企業に働いていても、日本での成功を夢見て起業する人たちが増加するでしょう。また外国人自身のみならず、日本人とのパートナーシップによる起業や、また外国人の持つ日本人にない経験やネットワークを活用した起業の可能性もあります。典型的な外国人の起業はレストランや貿易関係ですが、IT時代には従来とは異なる起業も生まれる可能性があり、新たな産業、経済の活性化に貢献する可能性があります。

　外国人が増えると彼らを対象とするビジネスも始まるでしょう。外国人住民の多い東京新宿区では、エスニックレストランだけではなく、生活雑貨、旅行業、メディア、通信業、さらに銀行業も生まれています。さらに外国人が日本人に対して提供するビジネスも生まれます。料理店だけではなく、ダンス、音楽、スポーツ、語学など、従来、日本人が教え、携わっていた分野に、外国人自身が直接、携わり、新たな本場の文化を活用したビジネスも増えるでしょう。また外国人の増加に刺激されて、日本人の異文化理解が促され、新たな教育や文化活動が活発化する可能性もあるでしょう。

　地方都市においても外国人の起業などの経済活動が増えることで、世界とつながるビジネスが発展すれば、これまで大都市に流出していた国際的なビジネスを志向する日本人の若者の地元での就職・定着化へとつながるかもしれません。また外国人と日本人の間の最大の課題であるコミュニケーションについて、新たなITツールの発展がその橋渡し役をする可能性もあります。単なる日常会話に留まら

ず、企業においても外国人と日本人社員とのコミュニケーションを支援するITシステム構築も本格化するでしょう。

　日本の歴史を振り返れば、日本文化のイノベーションの多くは渡来人がもたらし、異文化との接触によって育まれた事実があります。外国人受け入れは単なる人手不足対策ではなく、多様性の推進によるイノベーションの発展こそがその真価といえるでしょう。

6 〈やさしい日本語〉の可能性

　現在、自治体を中心に〈やさしい日本語〉が広がりを見せつつあります。自然災害の多い日本において、外国人に適切に情報を伝えるための手段として考案されました。その後、〈やさしい日本語〉は、災害時のみならず平時の在住外国人への情報提供手段としても研究され、行政情報や生活情報、毎日のニュースの発信へも活用されるようになりました。とりわけ自治体では積極的な取り組みが行われる例が増えています。8万6000人の外国人が暮らす横浜市では2013年に庁内検討会を設置し、外部有識者の協力を得ながら、〈やさしい日本語〉の基準を作成しました。市役所の職員に対して〈やさしい日本語〉を使うことについての研修も行われています。

　日本に住む外国人の多くはアジア人であることを考えれば、日本人と外国人のコミュニケーションの手段として、英語が共通言語になり得るとは限りません。一方、外国人にとっても日本語の習得は極めて難しく、流暢に日本語が話せ、読み書きができる人々は必ずしも多くありません。そうした状況で共通言語として考えられたのが〈やさしい日本語〉です。

　〈やさしい日本語〉は今後、どこまで広がりを見せるでしょうか。自治体だけではなく、病院、学校、商店やレス

トラン等、外国人が増加している場所において全て〈やさしい日本語〉が導入される可能性があります。そうなるかどうかは、一般社会での〈やさしい日本語〉についての認識の向上とともに実際に外国人がそれを求めていることが明確になるかどうかでしょう。

　さらに今後は義務教育の教育カリキュラムに「異文化コミュニケーション」が導入される可能性もあるでしょう。日本人として外国人とのコミュニケーションを持つことが日常化する時代に備え、子どもたちが異文化コミュニケーションを学ぶことも必要となります。その際、外国人とのコミュニケーションの重要なツールとして〈やさしい日本語〉が取り上げられることもありえるでしょう。〈やさしい日本語〉を学ぶことで外国人の視点に立った考え方、ものの見方についての視点が養成され、日本語を客観的に学ぶことにおいても役立つ可能性があるでしょう。

　ITの推進と〈やさしい日本語〉は同時並行して進めるべきであり、そうすることによって利便性はさらに高まります。パソコン、携帯の利用の拡大とともに、日本人でも難しい漢字を書くことが苦手な人が増えています。そうした時代に、ITを活用することで、外国人住民が絵の表示や〈やさしい日本語〉での表示を選択することによって、日本人と意思疎通を行うことなどが考えられます。その意味で、〈やさしい日本語〉とITとの連携が一層模索されるべきでしょう。

　今後、企業内でも〈やさしい日本語〉の導入が進む可能性があります。従来、日本人のみの雇用を前提としていた企業では、権威主義的で透明性の低い組織文化の存在や、組織内の文書が難解な日本語で書かれていたり、文書化されていないさまざまな規範があることが外国人にとって高いハードルとなっていました。また「阿吽の呼吸」やノンバーバルコミュニケーションなど、ハイコンテキストのコ

ミュニケーションが重視される傾向がありました。外国人社員の増加は、企業の中でのコミュニケーションのあり方を平準化されたユニバーサルなものへと変容させるきっかけにもなり得ると考えられます。

　単一的な価値観、経験の中で強みを発揮してきた日本型経営の限界が指摘される中で、多様性を尊重することによるイノベーションの重要性が唱えられていますが、〈やさしい日本語〉が多様性の中での意思疎通を行うための重要なツールとなるでしょう。

　〈やさしい日本語〉の導入は陰影に富んだ日本語の変質と嘆く人がいるかもしれません。しかし、その一方で、誤解が少なく無駄のないコミュニケーションはとりわけビジネスの場面では歓迎されるでしょう。〈やさしい日本語〉は在住する外国人の増加に伴い開発されたツールですが、それ自体が日本社会の組織や文化のあり方にも相互に影響しあって発展していくのではないでしょうか。

第3章
「日本語による国際化」と〈やさしい日本語〉
留学生受け入れの観点から

木村護郎クリストフ

本章の概要

「グローバル化＝英語」という単純な発想が依然としてみられます。大学においても英語プログラムの導入が急速に進められています。それに対して、本章では「日本語による国際化」の観点から、〈やさしい日本語〉の意義を確認するとともに、大学での留学生受け入れに関しても〈やさしい日本語〉が果たしうる役割を検討します。〈やさしい日本語〉は、留学生受け入れに資するのみならず、英語やその他の異言語を学び用いることとあわせて、日本語母語話者の「グローバル化対応力」の言語的な側面を形成する要素です。

キーワード

大学の国際化、留学生受け入れ、協働学習、内容言語統合型学習

1 はじめに

「ベルリンではお店に入ると英語で一番に話しかけられることが多かった。(…) 彼らは親切心のつもりだったのだろうが、私がドイツ語で返答しているにもかかわらずずっと英語でやりとりをされた。ドイツ語（私）英

語（店員）という意味のわからない会話のキャッチボールをする中で、私はこの町に暮らしているのに全く溶けこめず、ただの「外国人」でしかないのだなぁと悲しくなった。この経験から、私は英語が人を孤立させる可能性があるものだと感じたし、「受け入れる」「距離を縮める」ためにも現地語を優先すべきだと感じる」

　上にあげたのは、筆者の勤める大学からドイツに留学した日本人学生の声です[1]。では、日本では外国からきた人（本章では便宜上、外国出身者と呼びます）に対してどういうふるまいがみられるでしょうか。本章では、社会一般および大学の現状と展望について、特に留学生を念頭においてみていきたいと思います。留学生は、旅行者などの一時的滞在者と定住者の間に位置する（少なくとも）一時的な定住者として、言語的にどのように対応するかとりわけ焦点となる存在といえるでしょう。

　はじめに、日本社会における外国出身者への対応の現状の問題点と課題を整理します。そのうえで、日本社会の一部である大学における留学生受け入れに焦点をしぼり、留学生と日本の学生の協働学習において〈やさしい日本語〉を導入する試みについて報告します。

　〈やさしい日本語〉は、すでにさまざまな領域での活用が行われていますが、日本語教育をこえた大学教育への応用はまだあまりみられないようです[2]。本章では、日本とドイツの学生の「日独共学」の事例から、専門教育における〈やさしい日本語〉の意義を提起したいと思います。

　筆者はここ数年、〈やさしい日本語〉を社会言語学系の講義などでテーマとしてとりあげるほか、ドイツ人学生が加わるゼミにおける言語使用の方針としても導入してきました。本章では、講義やゼミで得られた学生の経験や意見に耳を傾けつつ、考察を進めていきたいと思います[3]。

2 留学生を受け入れる前提としての「日本語による国際化」

はじめに、日本社会における、留学生を含む外国出身者への対応の際の使用言語に関する問題点を提示したいと思います。大きく分けて、3種類の残念な対応のタイプがみられるといえるでしょう。

2.1 残念な現象1：日本語を話したいのに英語で返される

留学先に日本を選んでくる留学生をはじめ、日本に関心をもって訪ねる外国出身者の中には、日本語を学んできているか、日本語を学びたいと思っている人が少なくありません。特に日本に住むようになった外国出身者の多くは、社会に溶け込むためにも、日本語を使えるようになることを必要としています。このような思いや需要に応えるためには、日本人（日本語母語話者）が協力することが不可欠です。ところが、来日した外国出身者は、日本語で話しても英語で返されることで、残念な思いをすることがよくあるようです。これはとりわけ外見的に外国出身者であるとみられやすい欧米系の人にあてはまるでしょう。私の周りの日本在住の欧米系の外国出身者はまず例外なく、英語で話しかけられたり、日本語で話しかけても日本人のほうが英語で答えた経験をもっています。

たとえば、ドイツからのある留学生は、店でずっと日本語だけで店員と話した後で最後に「サンキュー」などと一言、英語で言われることがしばしばあったとのことです。小さいことのようですが、社会の一員になりたいと思っている人にとって、外見のためにいつまでたってもガイジン（アメリカ人？）として扱われることは気持ちのよいことではないと言っていました。この場合、店員は相手が外国人なので親切心から英語を使おうと思ったにちがいありません。しかし日本語ですでに話しているのですから、「あり

49

第3章 「日本語による国際化」と〈やさしい日本語〉

がとう」が通じない可能性はまずありえません。仮に日本語が話せない外国人であっても、日本に来た以上、「ありがとう」くらいはわかるのが普通でしょう。すなわち「サンキュー」には、意思疎通上の必然性はありません。相手への歩み寄りという見方もあるかもしれませんが、ドイツ人にとって、「サンキュー」は、日本人に「謝謝」（シェシェ）というのと同じで、意味はわかるとしても自分のことばではないので特に嬉しく感じることもないのです。となると、ここで「サンキュー」ということによって相手に伝わる意味は、「あなたは外国人ですね」という認識、しかも「英語人（おそらくアメリカ人）ですよね」という思い込み、勘違いでしかありません。

　英語があまりできない日本人の英語使用は「サンキュー」程度で済むからそれほど害がないともいえますが、より問題なのは、英語ができる（と思っている）からといって英語を話したがる日本人です。日本在住の英語話者の声を聞いてみましょう（原文英語、木村訳）。

　　「私は日本人に若干の不満を抱いていて、自分の日本語がなかなかうまくならないのは日本人の責任でもあると思っています。日本人に（100％正しくなかったとしても少なくとも理解可能な）日本語で何かを聞いて英語で返事をもらったことがいったい何回あったことでしょうか。もぉぉ！　いい加減にしてくれ！　英語をできるだけ勉強したいのはよくわかるし、その努力も認めます。でも私たちはどうなるんですか。自分たちが住んでいる国の言語を使いたいというのはおかしな要求じゃないでしょう？　なのにいつも英語で返されると、いくら勉強しても徒労感がつのります。英語を練習したかったら、英語圏に行くか英会話学校に通ってください」[4]

〈やさしい日本語〉と多文化共生

相手が日本語で話しかけているのに英語で答えるのは、親切心でやっていることかもしれませんが、相手にとっては、自分の日本語が認められなかったように受けとられかねません。このような態度は、日本語学習者の意欲をそぐことにもなります。

　日本で日本語が使えない程度はまるで消滅の危機にある少数言語なみだという意見まであります。ドイツの東部に、下ソルブ語という少数言語があります。母語話者が今や少数の高齢者に限られ、日常生活で使われることはきわめてまれです。その下ソルブ語話者で日本語を学んだ人がいて、その人は来日したときのことをふりかえって、日本語は下ソルブ語より使う機会がなかったと報告しているのです。なぜかというと、「私はガイジン、つまり外国から来た人でした。通常、現地の人はだれもガイジンたちとは日本語では話さないのです」（Leipner 2016: 25；原文下ソルブ語、木村訳）。ほとんど話されていない下ソルブ語とちがって、日本語は日本社会のいたるところで使われているはずですが、外国出身者にとっては、消滅の危機にある少数言語のように使う機会がない言語とみなされてしまうとは、実に不思議な状況です。

2.2　残念な現象2：連れの日本人に向けて話す

　また、外国出身者（にみえる人）が日本人（にみえる人）と一緒にいて、日本語で別の日本人に話しかけると、その話しかけられた人はなぜか話しかけた外国出身者ではなく同行の日本人のほうに返事をするという現象がしばしばみられます。こういう現象を、オストハイダは「第三者返答」と呼んで実証実験をしています（オストハイダ2011）。外国人よりも日本人のほうが伝わると思って、連れの日本人に向かって話すのだと考えられますが、オストハイダによれば、同じ現象が車いすなどの身体障害者の場合にもみられると

のことです（同上）。身体障害者の人が話しかけても、同行の健常者に答えるというのです。一方的に話し相手を選別することがきわめて失礼であるのは言うまでもありません。日本人の配偶者をもつ外国出身者などは特にそのような場面を多く経験するため、日本人の配偶者が後ろに離れたり、あえて同行しなかったりするなどの対応策をとっているようです。たとえば、筆者の同僚のドイツ人は、出産の際、産院に日本人の夫が同行すると医師や看護師が夫とばかり話すので、一人で行くようにしたと言っていました。

　ここでとりあげた、コミュニケーションをとる相手がずれるという現象は、一見、不可解にみえますが、前項でとりあげた、外国人とは英語で話さなければならない／英語で話すのが礼儀である、という態度（思い込み）と対になっていると考えられます。その背後に共通しているのは、日本語は日本人と話すという発想です。

2.3　残念な現象3：日本語を話していることが認識されない

さらに奇妙に思われるのが、外国人が日本語を話しているのに、英語を話していると思われて、I cannot speak English.（英語は話せません）などと言われるという現象です。Youtube には、このような場面を描いた、「日本語喋ってるんだけど」という傑作な動画があります[5]。この動画では、居酒屋に行った日本生まれ日本育ちの欧米的な顔立ちの人が（当然のことながら）流ちょうな日本語で注文するのですが、店員は、英語はわからないといって、日本人のような顔立ちの同席の人に向かって話します。ところがその人は実は外国出身で、日本語ができないのです。店員は最後までそのことに気づかないで、欧米系の人の日本語を聞こうとせず、アジア系の人と日本語で話し続けます。仕方ないので、欧米系の人の日本語をアジア系の人が繰り返すことで店員と会話するのです。

これは誇張されたパロディーですが、日本人と外国人の接触場面を研究しているフェアブラザー（Fairbrother 2015）によれば、このような現象は決して特殊なことではありません。見た目の「外人性」が「英語」と連想されて、その人が実は日本語を話していることに気づかなくなってしまうというのです。ここにも、「日本語＝日本人」という思い込みが背後にあると考えられます。

2.4　まずは日本語で

　昨今、「グローバル化への対応」の必要性が言われますが、人の国際的な移動の増加を念頭に置くならば、このことは、日本社会を外国出身者に開き、日本社会にさまざまな人を受け入れていくことをも意味するはずです。今、日本では、外国人の来日者や滞在者が増えていますが、「グローバル化＝英語」という思い込みが、かえって外国出身者を疎外してしまうのは皮肉な話です。日本での外国人とのコミュニケーションに関するある調査によると、7割の人が、いわゆる欧米人（白人）には英語で話しかけると答えています（オストハイダ2011）。外国人とみたら英語で話しかける、ましてや相手が日本語で話そうとしているのに英語で答える、というのは、上でみたように、親切心かもしれませんが、ひとりよがりな発想です。「日本語による国際化」が求められるといえるでしょう。

　それでも、日本在住者はともかく、観光客や旅行者には英語で話しかけたほうがよいと思うかもしれません。しかし、観光客の中にも、日本に関心をもって、日本語を学んで来ている人がいます。また互いに外国語を話しているからといって、日本語ができないとは限りません。困っている様子の人がいても、日本語ができないからと決めつけることはできません。ある学生は、列車が終点で車庫に入るという車内放送があった後も座席に座っていた金髪の外国

人に、アナウンスがわからなかったのだと思って英語で話しかけたところ、耳からイヤホンを外して、「あぁ、降りなければならないのですね！」と、とても流ちょうな日本語で言われたことに面食らったという体験を聞かせくれました。その人はイヤホンをつけていたので放送が聞こえなかったのです。

さらに、仮に外国出身者が日本語ができないときも、その人が英語ができるとは限らないということも忘れてはなりません[6]。共通言語がない場合は、表情やイントネーションを含めて自然に表現できる母語のほうが相手に伝わりやすいと考えられます（木村2016: 255-261）。先入観を排してさまざまな可能性を考えると、「とりあえず日本語で」（荒川2010）話してみるのが一番まっとうな対応ということになります。

外国出身者への対応については、アルバイトで日々さまざまな出会いを経験している学生の声が参考になります。一つ紹介しましょう。

「私は大学に入学する少し前から近所にあるスーパーでアルバイトをしている。このスーパーには1日に5人は必ず外国の人ではないかといういでたちのお客さんがやってくるのであるが、私はアルバイトを始めた時日本語で話しかければ良いのか英語で話しかければ良いのか非常に悩んだ。観光客で全く日本語がわからない方もいれば、日本で長く暮らして日本で働いている方もいるからだ。日本語ができる人に英語で話しかけるのは「私とあなたは違う世界に住む人ですよ」と言ってしまうようでとても気が引けた。悩んだ結果私は第一声「いらっしゃいませ」第二声「レジ袋はご用意してよろしいでしょうか？」を日本語で言うことにした。この2つで大体振り分けられるからだ。

「いらっしゃいませ」
　　　→「こんにちは、今日は暑いね！」→ 日本語で接客
　　　→「Hi！」→ 次の質問を日本語でしてみる

「レジ袋はご用意してよろしいでしょうか？」
　　　→「お願いします」→ 日本語で接客
　　　→「？？」→ 英語で同じ質問をしてみる

日本語と英語両方で同じ質問をすると、日本語を教え
て欲しいと言われる。空いているときはしばらく日本
語を教えてあげる。そうするとお互い歩み寄っている
ような気がしてとても嬉しい気持になる」

　この例では、すぐに英語に切り替えていないことが注目
に値します。そのことによって、相手を日本語による伝え
あいに招き入れているのです。日本に来た外国出身者に英
語で対応することは、いわばお客さんに玄関先で応対する
ようなものであるのに対して、日本語の伝えあいに招き入
れることは、座敷に通すことに匹敵する、特上のおもてな
しではないでしょうか。

2.5 〈やさしい日本語〉の意義

とはいえ、日本語で話しても通じないことがあるでしょ
う。日本語がすぐに通じなかった場合、やっぱりだめだっ
た、と英語に切り替えるのではなく、日本語のハードルを
低くする手があります。〈やさしい日本語〉の出番です。
藤田・加藤（2018）は、日本語と英語の使い分けについ
て、「「やさしい日本語」使用を試しながら、「やさしい英
語」でバックアップしてゆく」（p.4）ことを提案していま
す。そして、前項のアルバイトの接客場面のような場合、
〈やさしい日本語〉で外国人に話しかけた後、相手の反応

（無言、英語、日本語）によって使用言語とその使い方を調節する会話の流れの例をあげています（藤田・加藤2018: 27）。

「日本語による国際化」を進めるうえで、相手にあわせて日本語の話し方を調節することは、観光客などのみならず、留学生を含む日本在住の外国出身者にもあてはまります。上述の、外国人は英語を話すという思い込みをとりあげたYoutube動画には、日本語ができないと思われて英語で対応されることが多い反面、「いったん日本語を話すと、今度は（発音がいいから？）私が日本語を流ちょうに話すと思って、私のレベル以上の難しい語彙を使って話されてしまいます」というコメントが付されていました。同様のことを、学生も報告しています。

> 「残念なのは、ある程度日本語が話せる留学生なのに、（…）日本人学生と英語で話していることだ。一度ある留学生に、なぜ日本人学生と日本語で話さないのかと聞いたことがある。彼は「少しでも日本人と日本語で話すと、まるっきり日本語が話せると思われ、難しい単語や長い文章で話されてしまう。わからない単語や意味があるといって会話を止めると、英語で話してくる。そういうことなら、初めから英語を選択したほうがいい」のようなことを言っていた」

このようなふるまいが、日本の「開国」を妨げて、外国出身者が日本で活躍することを困難にしています。国際的な職場で働く卒業生二人の問題提起に耳を傾けたいと思います。ある卒業生は、簡単な社内文書や会議資料作成にも言語面で時間をかけ、「てにをは」にも気を使うことをあげ、そのために、外国出身の社員に仕事を任せずに日本人の仕事量が増えているとメールで報告してくれました。一方、移民が多いイギリスでは英語にそこまで厳格ではな

く、寛容（foregiving）であるとのことでした。この卒業生は「foregiving になり、また（…）妥協しながらもチームメンバーの多様な考えをまとめて仕事をやっていけば、生産性は上がるのではないか」と提起しています。日本語のできる外国出身者がたくさんいるのに、その人たちの活用を阻んでもったいないということです。同様に、起業して積極的に外国出身者を雇っている卒業生は、次のように書いています。

> 「ビジネスの現場では、日本語のイントネーションの許容範囲の狭さも、外国籍従業員の活躍の制約条件になっている。（…）日本での場合、特に電話でのやりとりにおいて、相手に十分な理解力はあるものの、中国人や韓国人の独特の日本語のイントネーションを嫌う傾向がある。（…）結果、電話を日本人に代われ、ということになる。（…）徐々に時間をかけながら、ビジネスの現場における日本語のイントネーションの許容範囲を拡げていくしかない」　　（家本 2009: 194）

　日本語母語話者が必要にあわせて日本語をやさしくするとともに、外国出身者の日本語を受け入れることが求められます。

3 ｜ 留学生受け入れの際の〈やさしい日本語〉

　ここまで、外国出身者が日本語ができることを想定しないのに、いったん日本語を話すと高度な日本語を求める、という両極端な態度の問題をとりあげましたが、大学の留学生対応も同じ課題を抱えているように思われます。次に、大学の場にしぼって、「日本語による国際化」およびその一方策としての〈やさしい日本語〉について考えてみましょう。

3.1　日本語による大学の国際化と〈やさしい日本語〉

　従来、留学生はしばしば「別科」という特別コースで日本語や日本の文化や事情を学び、通常の学部に入れるほど日本語ができる留学生は、一般の学部や大学院に所属する、という形が多くみられました。それに対して、近年は、大学でも、「グローバル化＝英語」という発想がみられ、「英語のみ」による科目や学位プログラムの整備がさまざまな大学で急速に進められています。この場合、日本語は選択科目として、必修ではない位置づけにあることも少なくありません。

　しかし英語コースにおける留学生の言語生活に関する研究からは、英語コースにおいても、日本語力が大きな意味をもつことが指摘されています。田崎（2009）は、「留学生の初級レベルの日本語には、英語と共に使う過程で日本人学生の発話を促進する、雑談を発展させる、身近な情報を共有する、留学生間の発話連鎖を促す等、学生間の交流を深めるやりとりを引き出す働きがある」（田崎2009: 90）ことを明らかにし、「英語コースの留学生に日本語教育が必要なのは、日本語が日本人学生や他の留学生と研究仲間としての関係を構築し、研究室という実践共同体の一員となることを助けるからだと言える」（同上）としています。またTakeda & Aikawa (to be published) は、同じく英語コースの留学生の言語選択を調査し、英語のみでは学生の現実的な需要に対応できないことを指摘して、英語のみというコース設計自体を見直すことを提起しています。これらの報告は、英語化を一歩先に進めてきたヨーロッパの経験と共通します。ハバランド（2011）は、北欧の大学において英語で専門科目を学ぶ留学生は「英語というシャボン玉の中で生活」（ハバランド2011: 342）することになることを指摘し、とりわけ長期滞在の学生は、学問的な世界の言語としてではなくとも、生活世界、日常生活の言語として

現地語を学びたいと思っていることを示しています（前掲書: 344）。現地語を、留学生と留学先のつながりを深める重要な紐帯として捉えて、英語コースにおいても有機的に組み込むことが必要でしょう。

　また、英語プログラムの拡充のみならず、日本語の入り口のしきいを低くすることも課題です。たとえば横浜国立大学の一部の学科で行われている、通常より低い日本語能力でも留学生を受け入れて、留学生は入学後、1年次では日本語と日本事情を重点的に履修し、2年次以降で日本人と一緒に専門分野を日本語で学習するという外国人留学生入試は、「日本語による国際化」を進める興味深い試みです[7]。

　しかし専門の学びにおいては、英語か、日本人と同じ日本語による授業か、という二者択一しかないのが通常です。そこで、ある程度の日本語力をもつ学生を受け入れる可能性として浮かびあがるのが、〈やさしい日本語〉の導入です。日野（2017）は、合同クラスで日本人と留学生が相互に学ぶ実践についての研究状況を整理したうえで、日本語を共通言語とする多言語の話者が、グループ活動という接触場面で、どのように言語障壁を乗り越えているかに注目しました。日野は、「教室を一つの社会的な交流場面と考えれば、その場面における共通言語として、また情報補償として使用される日本語が「やさしい日本語」の側面を持つことは否定できないだろう」（p.76）と述べ、「高等教育機関においても、外国人留学生との対話で用いられる「やさしい日本語」の理念と言語調整のスキルに関するカリキュラムを検討すべき時期に来ていると考えられる」（pp.76–77）としています。

3.2　「日独共学」のための〈やさしい日本語〉
　そこで、以下では、専門の学びに〈やさしい日本語〉をと

りいれる可能性について検討したいと思います。筆者の勤めている上智大学外国語学部ドイツ語学科では、従来の3年次からの交換留学に先立ち、一定の条件を満たす学生全員が原則として2年次秋学期にドイツ語圏の協定校で学ぶ在外履修という制度を2014年次入学生から開始しました。と同時に、ドイツ語圏の協定校からも留学生をドイツ語学科に直接受け入れるようになりました。これまで主に日本人学生がドイツ語を学ぶ場であったドイツ語学科を、文化的背景が異なる学生が相互に助けあって共に学ぶ「日独共学」を含む方向へと刷新することをめざしています。そこで、言語・教育・文化・思想・社会・政治に関して日本の学生と受け入れ学生が共に学びあう「日独比較研究科目」を新たに開講しました。これらの科目では、日本語とドイツ語による授業の教授法として translanguaging（相互言語活用）（Garcia & Li 2014）と CLIL（Content and Language Integrated Learning：内容言語統合型学習）（渡部ほか 2011）の融合を検討し、科目の内容とともに複眼的思考力と多文化対応発信能力を身につけることをめざしています。

　その際の教員と学生および学生同士の相互の意思疎通と相互理解の深化を促す方略としてとりいれたのが〈やさしい日本語／ leichte Sprache〉（以下、やさしいことば）です[8]。具体的な利点としては、日独比較研究科目に参加するドイツ語圏留学生および日本の学生それぞれの学習言語能力が一定ではない中で、1）英語を介さず、語学レベルの差を乗り越えて相互にコミュニケーションを図る方法であること、2）留学生と日本の学生がそれぞれの母語（または使いこなせる言語）をいかして互いの言語学習を助けあう、相互補完的な共学が期待されること、3）母語を簡単に言い換えることで、相手も学習言語で難しく考えすぎず、知っていることばで端的なやりとりがしやすくなるなどがあげられます。

実際の日独比較科目における〈やさしいことば〉の基本的な使用方法については、庵（2016）の巻末付録「〈やさしい日本語〉マニュアル」および従来CLILにおいて教員の言語使用について提起されてきたコミュニケーションの指針（渡部ほか2011: 138–145）を学生同士にも応用して組みあわせ、その使用意義とともにまとめた「日独共学のためのやさしいことばの手引き」を2016年度に日独両言語で作成し、学期の最初の授業で配布しています。

3.3　「日独比較科目」アンケート調査から

　ここでは、2016年度秋学期末に、当該学期に留学生が参加していた日独比較科目5科目（回答者数：上智生54名、留学生17名）に対して行った〈やさしいことば〉に関する記述式のアンケート結果を紹介し、そこからみえてくる〈やさしいことば〉を使った授業の効果や今後の課題についてまとめます[9]。設問は、「日独比較科目における「やさしい日本語・ドイツ語」のコンセプトについてあなたの考えをお聞かせください。このコンセプトはあなたの学習理解や留学生／日本人学生とのコミュニケーションにどのように作用しましたか」というものでした。回答は、大きく分けて、プラスの作用に関する記述と反省・問題点についての記述がありました。類似意見を省略してまとめた回答は次のとおりです。

　プラスの作用
・コミュニケーションツールとしての効果：「やさしいことばを使うことでコミュニケーションが円滑に進んだ」、「コミュニケーションを取ろうと積極的になれた」、「全く理解できなくてあきらめるということがなくなった」、「相互の理解に価値が置かれているのが良かった」

- 授業について：「やさしいことばによって、授業についていくことができた」、「留学経験や言語レベルに関係なく興味のある分野を学習できる」
- その他の学習効果：「相手の視点に立った日本語の文章の組み立てを意識するようになった」、「自分の言葉を見直し、相手を思いやることができる」、「ある単語を別の言葉を用いて言い換えることで、その言葉に対する理解を深めることができた」、「ドイツ語の難しいテーマを自分の中で整理することもやりやすくなった」、「言葉があまりできない学生にとってはインプットの量の維持、興味意識の拡大、言葉がある程度できる学生にとってはアウトプットの練習になった」

反省・問題点
- 使用の難しさ：「やさしいことばを貫き通すのは難しい。途中で忘れてしまう」、「あまりやさしいことばに配慮していなかった」、「理論的には理解できるが、実行するのは難しい」、「コミュニケーションでやさしい日本語の難しさを実感した。よってやさしい日本語をうまく扱うにはコミュニケーションが不可欠」、「やさしいことばを使いすぎると、内容の質や効率を下げる可能性がある」
- 授業へのとりいれ方について：「徹底して行うためには母語話者側にやさしい日本語の表現の仕方などの指導が必要だと思う」、「留学生が少ないと日本人学生もやさしい日本語を使う意味をあまり感じなくなる」
- 言語学習的側面：「やさしいことばを使うのはいいことだと思うが、現地に行った際にはそのように配慮してもらえないので活きた力にはならないのかなと思った」

上記のアンケート結果から、〈やさしいことば〉が語学力が一定ではない日独学生同士の意思疎通を促進するうえで効果的であったことが確認されました。また〈やさしいことば〉の使用は、母語を客観的に捉えてコミュニケーションにいかす力や、ことばや内容に対する深い理解力にもつながることが示されました。一方で〈やさしいことば〉の使用の難しさも述べられています。複雑で難しい内容であってもやさしく簡単に説明することを試みるのが「やさしいことば」の使用意義の一つであり、スキルでもあるのですが、このコンセプトが有効に作用するためにはそれなりの時間を割いて練習する必要があるとも考えられます。

　また、アンケートでは直接ふれられていませんでしたが、母語で〈やさしいことば〉を使うときと学習言語を使うときの使い分けも今後の課題です。筆者の担当する日独比較科目「日独社会研究」では、ふだんの議論ではそれぞれが母語を話す「受容的多言語使用」が基本ですが、ドイツの大学の日本学科とのスカイプを用いた遠隔ゼミでは、日本の学生がドイツ語で、ドイツの学生が日本語で発表する「言語交換」をしたり、発表資料を二言語ないし発表言語以外の言語で作成するなど試行錯誤を続けています（木村2018）。

4 ｜ まとめと展望

　以上、本章では、「日本語による国際化」の必要性とその中での〈やさしい日本語〉の意義を確認したうえで、大学についても同様の課題がみられることをふまえて、〈やさしいことば〉をとりいれた事例を検討しました。最後に紹介した、相互に相手言語を学ぶ学生の共学は特殊な事例に思われるかもしれません。しかし、留学生受け入れが増える中、日本の学生が〈やさしい日本語〉という発想および

使用力を身につけることも課題になります。〈やさしい日本語〉を用いるスキルは、英語やその他の外国語（異言語）を学び用いることとあわせて、日本の学生の「グローバル化対応力」の言語的な側面を形成するといえるでしょう。

　さらには、〈やさしい日本語〉と「分かりやすさ」の意義が強調される「国際共通語としての英語」（English as a lingua franca）には類似点があると考えられますし（木村2016）、時間数が削減されるなど言語力を伸ばす前提条件が厳しくなっている「第二外国語」などについても、はじめのハードルを低くしつつ最大限の伝えあいをめざす〈やさしい〇〇語〉のアプローチが有意義であると考えられます。〈やさしい日本語〉の促進が日本語のみを強調する「やさしい同化主義」に陥らないためにも、今後、他の言語教育との関わりを強めて補いあう可能性を探っていくことが大切になるでしょう。

注

[1] これは、ドイツ在住の外国出身者がしばしば経験することであり、ドイツへの移住者がドイツ語を習得する妨げになっていることが指摘されています（Fiedler & Wohlfarth 2018）。

[2] ある大学で、文書に〈やさしい日本語〉をとりいれる提案に対して、大学が出す文書として適切ではないとして却下されたとの話を聞きました。高等教育機関にふさわしくない、という考え方が、大学での導入が進んでいない背景の一つと考えられます。

[3] 学生の声は、特に説明のない限り上智大学および慶應義塾大学での筆者の講義やゼミへの反応用紙（リアクションペーパー）に基づいています。

[4] "Nihongo dake!" http://archive.metropolis.co.jp/tokyorantsraves archive349/347/tokyorantsravesinc.htm（2018年7月1日参照）

[5] 「But we're speaking Japanese! 日本語喋ってるんだけど」https://www.youtube.com/watch?v=oLt5qSm9U80（2018年7月1日参照）

[6] このような思い込みは学校でもみられる。外国から来た生徒のための日本語教室の手伝いをしている知人は、日本語教室の担当教員（英語教員）が、生徒に日本語で通じないと英語で説明していることを教えてくれました。生徒は、ペルー、アフガニスタン、タイなどから来ていて特に英語ができるわけでもなく、「日本語から急に言語を変えら

れて、戸惑うだけで理解したためしがありません」とのことでした。

［7］http://www.ynu.ac.jp/exam/faculty/foreignnew.html（2018年7月1日
参照）

［8］ドイツの leichte Sprache（やさしいことば）については本書のオスト
ハイダ論文参照。

［9］このアンケートおよび日独比較科目の一つ「異文化間コミュニケーシ
ョン」の授業例に関する考察は米山・木村（2018）参照。

参考文献　荒川洋平（2010）『とりあえず日本語で―もしもあなたが外国人と「日本
語で話す」としたら』スリーエーネットワーク

家本賢太郎（2009）「外国人が活躍する企業」『日本語学』28(6), pp.186–
194.

庵功雄（2016）『やさしい日本語―多文化共生社会へ』岩波新書

オストハイダ・テーヤ（2011）「言語意識とアコモデーション」山下仁・
渡辺学・髙田博行（編）『言語意識と社会―ドイツの視点・日本の視
点』pp.9–36.　三元社

木村護郎クリストフ（2016）『節英のすすめ―脱英語依存こそ国際化・グ
ローバル化対応のカギ！』萬書房

木村護郎クリストフ（2018）「言語が異なる人と何語でどのように話すの
か―お互いの言語を使う意義と方法について」泉水浩隆（編）『こと
ばを教える・ことばを学ぶ　複言語・複文化・ヨーロッパ言語共通参
照枠（CEFR）と言語教育』pp.87–108.　行路社

田崎敦子（2009）「英語で研究活動を行う留学生に対する日本語教育の必
要性―英語から日本語へのコードスイッチングの働きから」『社会言
語科学』12(1), pp.80–92.

ハバランド・ハートムット（坪井睦子訳）（2011）「地域言語は国際語に
なりえるか―国際化と言語選択」鳥飼玖美子・野田研一・平賀正子・
小山亘（編）『異文化コミュニケーション学への招待』pp.331–348.
みすず書房

日野純子（2017）「留学生と日本人の合同クラスにおけるグループ活動の
観察―「やさしい日本語」の観点からの分析」『帝京大学教育学部紀
要』5, pp.69–77.

藤田玲子・加藤好崇（2018）『やさしい日本語とやさしい英語でおもてな
し』研究社

渡部良典・池田真・和泉伸一（2011）『CLIL内容言語統合型学習―上智大
学外国語教育の新たなる挑戦　1 原理と方法』上智大学出版

米山かおる・木村護郎クリストフ（2018）「日独共学と「やさしい日本語
／ leichte Sprache」の導入」『ドイツ語教育』22, pp.75–81.

Fairbrother, L. (2015) The management of language and power in
intercultural contact situations in Japan. *International Journal of the
Sociology of Language, 232*, pp.59–78.

Fiedler, S. & Wohlfarth, A. (2018) Language choices and practices of migrants in Germany: An interview study. *Language Problems and Language Planning, 42*(3), pp.267–287.

Garcia, O. & Li, W. (2014) *Translanguaging: Language, Bilingualism and Education*. New York: Palgrave MacMillan.

Leipner, H. (2016) Mója japańska kaseta a serbske digitalne medije. *Rozhlad, 2/2016*, p.25.

Takeda, K. & Aikawa, H. (to be published) Language Selection in Contact Situations: The case of international students in an English-medium science graduate program in Japan. In G. C. Kimura & L. Fairbrother (Eds.), *A language management approach to language problems*. Amsterdam: John Benjamins.

第4章

母語話者にとっての〈やさしい日本語〉は学ぶに値するものか

「生涯学習」という視点からの再考

宇佐美 洋

本章の概要

近年〈やさしい日本語〉という概念は大幅に拡張されつつありますが、基本的には、「社会の変化という外発的動機によって学習を促される、特定の場面に適合した言語使用テクニック」という性格は大きくは変わっていないように思われます。本章では〈やさしい日本語〉が母語話者にとっても「生涯を通じて学ぶに値するもの」となっていくためには、「学ぶことによって自らの成長が実感できる」というような「内発的動機」を喚起する試みが必要であることを論じていきます。

キーワード

生涯学習、内発的動機、外発的動機、言語使用テクニック、生きるための学び

1 はじめに

1995年の阪神・淡路大震災から早くも20年以上が経ちました。この災禍をきっかけに生まれた「やさしい日本語」も、少年期から青年期を経て、日本社会の中でも確たる地歩を築きつつあるように思われます。やさしい日本語の研修も、各地で行われ始めています。新聞報道[1] によると、

自治体の職員だけでなく、一般の日本人住民の中にも、暮らしの情報を外国人にわかりやすく伝えられるよう、また近隣の外国人とよりよいコミュニケーションができるよう、という目的のため、こうした研修を受けようとする人が増えてきているということです。

それはすばらしいことではありますが、しかしこうした動きは、今後日本社会の中にさらに広まり、定着していくものといえるでしょうか。別の言い方をすると、日本語母語話者にとってやさしい日本語が、真に学ぶに値するものとして認識されるようになっていくでしょうか。筆者は、そうなっていくことを強く希望しながらも、しかしその実現見込みについてはやや懐疑的な気持ちも持っています。

本章では日本語母語話者がやさしい日本語を学ぶ、ということを、果たしてそれが「生涯学習」になり得るか、という観点から考察してみたいと思います。

2 │ 「生涯学習」とは？

近年、「生涯学習」という語に接する機会が多くなってきていますが、果たしてこの生涯学習という概念は、具体的に何を指し、またどういった経緯で生まれてきたのでしょうか。

もともとこの概念は、「生涯学習」ではなく「生涯教育」という形で現れます。1965年、ユネスコの成人教育長を務めていたポール・ラングラン（Lengrand, P.）という人物が、パリで開催された成人教育推進国際委員会において、L'éducation permanante と題された報告書を提出し、「大きく変化しつつある現代社会において、人はある一時期において「学校」という場で学べばそれで済むというものではなく、生涯にわたって、人間活動の様々な場において学び続けることが必要」、ということを主張していま

す。こうした考え方そのものは、決してラングランの独創によるものではなかったようですが、ラングランは、

1）人が生涯にわたって学び続けるには、「学ぶことを学ぶ」という態度の獲得が必要
2）生涯の様々な時期、様々な局面でばらばらに行われている多様な形態の教育を、互いに矛盾しないように「システム化する」努力がなされなければならない

など、一歩進んだ主張も行っており、これによってラングランの報告書は、近代的な意味での「生涯教育／学習」の嚆矢と見なされるにいたっています。

　ラングランの生涯教育論は、1971年には波多野完治によって邦訳され（ラングラン1971）、特に日本の教育行政に大きな影響を与えます。1971年の社会教育審議会答申「急激な社会構造の変化に対処する社会教育のあり方について」、および同年の中央教育審議会答申「今後における学校教育の総合的な拡充整備のための基本的施策について」においては、生涯教育という観点から社会教育・教育体系を再考すべき旨のことが記載されています（今西2017）。

　一方でその10年後、1981年に中央教育審議会から提示された答申「生涯教育について」[2]においては、「生涯教育」という概念は、むしろ「生涯学習」としてとらえ直されるにいたります。

　この答申には、以下のような文言があります。

　　今日、変化の激しい社会にあって、人々は、自己の充実・啓発や生活の向上のため、適切かつ豊かな学習の機会を求めている。これらの学習は、各人が自発的意

思に基づいて行うことを基本とするものであり、必要に応じ、自己に適した手段・方法は、これを自ら選んで、生涯を通じて行うものである。その意味では、これを生涯学習と呼ぶのがふさわしい。

（下線は引用者による）

「教育」というと、どうしても「他者から与えられるもの」というイメージがつきまといますが、本答申においては「自発的意思に基づいて」「自ら選んで」学ぶ、ということの重要性が強調されています。このため、「教育」ではなく、「学習」という語が意図的に選択されたということがわかります。この答申以来日本では、「生涯教育」に代わり「生涯学習」という用語が主として使用されるようになっていきます。

こうした経緯の中からは、「限られた場における学びから、人生におけるあらゆる場面をつなぐ学びへ」、「与えられる学びから、自ら選び取る学びへ」という方向への動きを見て取ることができそうです。

3 「やさしい日本語」から〈やさしい日本語〉へ

一方、やさしい日本語、という概念については、何か変化があったのでしょうか。

冒頭でも述べたように、1995年の阪神淡路大震災では、多くの外国人（日本語を母語としない人々）も被災しました。その際、こうした人々には避難や復旧に関する情報が十分に行き渡らず、不利益を被ったり、助かるはずの命が助からなくなったり、ということがありました。

こうした緊急時において、最低限必要な情報を確実に伝えるにはどうすればよいか、という切迫したニーズが生じ、そこで生まれたのが佐藤和之氏らによる「やさしい日

本語」[3] でした。佐藤氏らは、上記の目的を達成するために注意すべき事項を、「「やさしい日本語」にするための12の規則」という形に簡潔にまとめ、インターネット上で公開するなど、「やさしい日本語」という概念の普及に努めています。

　日本語母語話者は、いわゆる「お役所文書」には慣れきっており、それを非母語話者の目から見た時いかに難しく感じられるか、ということにはなかなか気づけません。日本語はいわゆる日本人のためのものだけでなく、日本語を母語としない人々に対しても配慮が必要ということを世に知らしめたという点で、佐藤氏らの試みは社会的に極めて重要な意義を持っていたということができます。

　その後庵功雄氏らは、災害時のような特別事態においてだけでなく、「平時」においても工夫された日本語表現が必要、という主張を始め、こうした考えに基づく日本語表現を、佐藤氏の「やさしい日本語」と対比させる形で〈やさしい日本語〉と呼んでいます。

　庵氏は、こうした〈やさしい日本語〉に求められる性格として、（1）初期日本語教育の公的保障の対象としての〈やさしい日本語〉、（2）地域社会の共通言語としての〈やさしい日本語〉、（3）地域型初級としての〈やさしい日本語〉の3つを挙げています。これらは庵（2013）、庵（2016）などで詳述されているためここで再度繰り返すことはしませんが、要するに〈やさしい日本語〉とは、「災害時という限られた場において機能するもの」にとどまらず、「人生におけるあらゆる場面において機能し得るもの」へと、概念が大きく拡大してきているといえます。さらに近年では、日本語を母語としない外国人だけでなく、目や耳の不自由な人々も同様の「言語的マイノリティ」に当たる、という考えから、特にろう児に対する日本語教育との連携を強めています。

こうした連携は、ラングランの「教育のシステム化」という主張を、さらに一歩先に進めたものということができそうです。ラングランは、あるひとりの人間が、人生の発達段階のそれぞれの時期において、また人生の様々な局面において出会う多様な教育や学びの場を有機的につないでいくべき、という主張をしていました。前者の通時的な連携は「垂直的統合」、後者の共時的な連携は「水平的統合」と呼ばれます（香川ほか編2016）。

　庵氏らが現在行おうとしている連携は、この「水平的統合」の一例であるといえますが、それをさらにもう一歩先に進めようとする試みであるようにも思われます。ラングランのいう「教育のシステム化」とは、あくまでもひとりの人間が出会う学びの場を相互につないでいこうとするものでした。一方でこれまでのところ、外国人の支援をしようとしている人々と、障害者の支援に携わっている人々とは必ずしも重なっているとはいえず、お互いに交渉のないまま、それぞれ独立に支援のための工夫が行われてきたように思われます。そのような中で、日本語を母語としない人も、目や耳の不自由な人もともに「言語的マイノリティ」である、という共通項を発見することで、異なる場にある人々同士の間に相互交渉と協働の可能性が生まれます。異なる人にとっての学びをつないでいくということは、「水平的統合」のさらに一歩先に進んだ形態であるといえるでしょう。

4　〈やさしい日本語〉は生涯学習の対象となり得るか？

　このように進化を続けている〈やさしい日本語〉ですが、果たしてこれは、真の意味での生涯学習の対象となり得ているといえるでしょうか。

　〈やさしい日本語〉誕生を促したのは、第一義的には

「日本社会の多文化化」という社会的変化でした。私ども中高年が学校で学んでいた頃には、「異なる言語・文化を持つ人々にやさしく伝える」というニーズ自体が存在しなかったために、当然学校教育の中でも、そのニーズに対応する手段が教えられることはありませんでした。社会が大きく、また急激に変わっていく時代においては、私たちは学校教育にだけしがみついていることはできません。状況に対応していくため、私たちは生涯を通じて（学校を出てからも）学び続けなければならないのです。つまり〈やさしい日本語〉は現在のところ、「社会の変化に対応しなければならない」という外発的動機に支えられることで、生涯学習の対象となり得ているとはいえそうです。

　一方、〈やさしい日本語〉を学ぶことに、内発的動機はあるでしょうか？

　第2節で述べたように「生涯学習」には、「自己の充実・啓発や生活の向上のため、自発的に選択する学び」という側面があります。「よりよく生きたい」という、内からわき上がってくる内発的動機に動かされ〈やさしい日本語〉を学ぶ、ということはあるでしょうか？

　残念ながら現時点では、そのような状況はまだ決して多くはない、といわざるを得ません。

　例えば自治体の中で、外国人と直接関わりを持つ部署の人々の中には、職務上の必要に迫られて〈やさしい日本語〉を学ぼうとしてくださっている方が大勢いらっしゃいます。また横浜市のように、〈やさしい日本語〉の学習に組織的に取り組もうとする試みも見られます。しかし、「職務上の必要」というような外発的動機によって学習を始めた場合、その外発的動機がなくなれば（例えば別の部署に異動になれば）、学習はたやすく中断されてしまうでしょう。

　また、「状況が変わっているのだからそれに合わせて学

び続けなければならない」という主張は、「そうした状況の変化自体が間違っている」（つまり、「外国人の流入自体が間違っている」）という反論に対してはまったく無力でもあります。

　現時点での〈やさしい日本語〉は、「そうすべき」「必要だ」という、論理的な「当為」によってもっぱら支えられているように思われます。もちろん、なぜ必要なのかが論理的に説明できることは非常に大切ですが、論理的当為だけでは、多くの人を巻き込み動かすことは困難です。〈やさしい日本語〉が、真の意味での「生涯学習」たり得るには、「外発的動機」にのみ頼ることは得策ではありません。いかにして「内発的動機」を喚起していくか、という発想を持つことが必要となるでしょう。

5 ｜筆者の教育実践から

5.1　〈やさしい日本語〉への書き換え演習

　筆者は都内のある大学で、「言語と社会活動」という授業を担当しています。この授業の到達目標としては、

1. 実際の社会活動を行う場合、自分はどのように言語を使用しているのか、ある場面において使用した言語運用が、周囲の人にはどのように評価されてしまっているのか、ということについて、まずは自ら内省できるようになることを目指します。
2. さらにその上で、その場面にふさわしくかつ効果的な言語使用とはどういうものであるかについて、自律的に考えていけるようになることを目指します。

という2つのことを掲げ、主として学生同士のグループワークによって授業を進めています。

この授業の中で、毎回、〈やさしい日本語〉への書き換え演習を行っています。「家電リサイクル」の手順について日本語で書かれた、ややわかりにくい文書を学生に渡し、「どこがわかりにくいのか」をグループ内で検討した後、「日本語を母語としない人にもわかりやすいように」という配慮のもと、模造紙１枚のポスターとして必要情報を配置する、という課題です。履修者の中には数名の留学生が交じることもあり、そうした留学生からも刺激を受けながら、学生たちはポスター作成の作業をそれなりに楽しんではいるようです。

　しかしながら学生たちの様子を見ていると、他の作業と比較した時、〈やさしい日本語〉への書き換えは「非常に強く印象に残る」というものでは決してないようでもあります。それはやはり「大学生」という立場だと、日本語を母語としない人に情報をわかりやすく伝えたい、という場面に立ち会ったこと自体がないことによるのでしょう。理屈として、「こういう書き換えが必要」ということは理解できるけれど、「なぜ自分がいまそれをしなければならないのか」、その必然性が感じにくい、というところではないかと思われます（もちろんそれは、授業運営者としての筆者の力不足によるものではありますが）。

　また、同じ「言語テクニックの習得」でも、外国語の場合であれば、「それまで自分で表現できなかったことが表現できるようになっていく」ということに喜びが感じられる余地がありますが、〈やさしい日本語〉への書き換えの場合は、それまで自分なりに表現できていたことについて、「それでは外国人には伝わらないかも」ということで再検討することを強いられることになります。それが素直な喜びにはなかなかつながりにくいだろうということは、容易に想像できることではあります。

5.2 「人間関係づくりメール」作成演習

一方この授業では、「新たに人間関係をつくっていくためのメール」を実際に作成してみよう、という活動も行っています。

この授業では、学生たちに以下のような状況設定を提示します。

- 先輩の結婚式後のパーティーで「野山薫」さんという人と出会った
- 野山さんはあなたと同性で、少し年上の人
- タイで2年間日本語を教えてきて、3か月後にはスペインで日本語を教え始める予定
- 非常に魅力的な人物で、タイの日本語教室での楽しいエピソードをたくさん紹介してくれた
- あなたも海外で日本語を教えたいと考えており、野山さんと親しくなって、日本語教師となるための勉強方法や職探しなどについて、いろいろ質問したいと思っている
- 当日名刺交換はできたが、野山さんはあなたのことを覚えていないかもしれない
- 野山さんは、スペイン渡航の準備のため、現在非常に忙しい

そしてこの「野山さん」と、これからメールのやり取りを続けていってもらえるような人間関係をつくることを目的に、「まず最初のメール」を書いてみるよう学生に求めるのです。

ここでのポイントは、「A. 野山さんとはまだあまり親しくなく、また非常に忙しい人なので、相手に負担感を与えない配慮が必要」である一方で、「B. 自分のことを覚えていないかもしれない人から確実に返事をもらうためには、

ある程度の自己アピールをし、「この人なら助けてあげてもいい」と思ってもらわないといけない」という、相矛盾する要請の間でうまく折り合いをつけなければならない、というところにあります。

　できあがった全員分のメール文は、執筆者を伏せた状態にして教室内で共有し、今度は「自分が野山さんになったつもりでそれらのメールを読んだ時、どの程度「返事を書きたい」という気になるか」、について評価し、その結果について小グループ内で話し合ってもらいます。

　多くの学生は、上記A.の配慮のほうに傾いた書きぶりをしています。そういうメール文は、表現としては丁寧ではあっても、野山さんになったつもりで読んでみるとほとんど印象に残りません。「結局何をしてもらいたいのか」ということが明確でないメール文も多く、これでは「忙しい時にわざわざ返事を書く気にはなれない」ということに学生自ら気づいていきます。

　一方で、少数ではありますが、上記B.の自己アピールのほうに重点を置いた書き方をする学生もいます。状況設定文には書かれていない「自分のこと」をいろいろ紹介していたり、野山さんの話に対する感想を書き連ねたり、あるいは相手に近づきたい、という気持ちを表現するためか、感嘆符や顔文字などを多用していたり。

　しかしこうしたメールに対する受け取り方は、学生によって様々です。「単に用件を丁寧に書くだけでなく、書き手と読み手との心の距離を近づける工夫が必要なのだ」、という気づきを得る学生がいる一方で、「最初のメールでここまで書くのはやりすぎ。こういうことは2回目以降のメールに回したほうがいい」と考える学生もいます。感嘆符や顔文字を使うこと、また件名や宛名の書き方についても、学生同士かなり違った考え方を持っていることが見えてきます。

学生たちはこうした活動に、かなり嬉々として参加しているように見受けられます。その理由としては、以下のようなものが考えられます。

① 　一部の学生は実生活（例えば就職活動など）において、まだあまり親しくない目上の人にこうしたメールを書かねばならない、という状況を経験している
② 　自分がある配慮を持って書いた文章が、他の人にはどのように受け取られるか、リアルタイムに近い状態で確認できる
③ 　同じ文面であっても、それに対しどのような評価を行うかが人によって大きく違うことがわかり、自分自身が「当たり前」と思っていたことを改めて問い直すことができる

　言い換えるならばこの活動には、①参加者自身の人生とrelevantである、②自分がやったことについてすぐにフィードバックが得られる、③単に知識や技能が習得できるだけでなく、自己の問い直しにもつながる、という特徴があることがわかります。
　これらのことは、学びにおける「内発的動機」を促すためのヒントになり得る、とはいえないでしょうか。

6 ｜「内発的動機」を促す試み

　もし人が、「学ぶこと自体が楽しい」、あるいは、「学んで何かが「できる」ようになることで、自分自身がさらに充実した存在になれる」というような実感が持てるならば、周囲からの強制や促しがなくても、「自発的に継続して学びたい」と思うことができるでしょう。「内発的動機によ

って学ぶ」とは、そういうことであると思われます。

　この点で着目されるのは、吉開章氏らが福岡県柳川市で実践している「やさしい日本語ツーリズム」という活動です（本書吉開論文）。柳川市には台湾からの訪問客が多く、その中には日本語を学んでいる人も少なくありません。彼ら・彼女らは、日本では日本語を使ってみたい、という気持ちがあるにもかかわらず、迎える日本人側には「外国人との会話は英語でなければならない」という意識があったといいます。

　そこで吉開氏らは、外国人観光客を「おもてなし」するのはやさしい日本語[4] で、という「やさしい日本語ツーリズム」の着想を得て、その実現のため、市民向けの「やさしい日本語講座」を開講するなどの活動を行っています。すでに多くの柳川市民がこの活動に参加し、やさしい日本語による接客や交流などが実現しています。

　こうした活動には、前節で述べた「内発的動機」を促すための3要素がすべて含まれていることがわかります。やさしい日本語でおもてなしをする人々の多くは観光を生業とする柳川市民であり、やさしい日本語を学び活用するということはまさにご本人の人生と relevant です（①）。また、外国人観光客との対面の場でやさしい日本語を使うことになるので、うまく伝わっていなければ、それは生身の人間である相手の反応によりすぐわかりますし、試行錯誤的な言い換えによりその場に最適な表現を協働的に探っていくこともできるものと思われます（②）。さらに、「やさしい日本語リーダー養成講座」の受講者に対するアンケートでは、「日本語に関して意識を変えることができた」など、意識変容に関わる回答が多数見られ（本書吉開論文）、単なる知識・技能の習得でなく、自己の問い直し（③）も行われていたことがうかがわれます。

　〈やさしい日本語〉を普及するための活動や試みは多数

提案されていますが、参加者の「内発的動機」を促すような可能性を内包している活動の例はまだ多くはありません。「やさしい日本語ツーリズム」はその希少な例のひとつであり、今後このような活動がさらに増えていくことが期待されます。

7 〈やさしい日本語〉を「よりよく生きるための学び」の中に位置づける

オストハイダ テーヤ氏は、本書第21章として執筆された論文の中で、「「日本人」と「外国人」の日本語をどこまで区別する必要があるのか」という疑問を投げかけています。氏は、「第一言語話者と第二言語話者の日本語はそれほど簡単に区別できるもの」ではないこと、いずれのグループにおいても「「やさしい日本語」を必要とする人とそうでない人が存在して」いること、そして、「「やさしい日本語」を必要とする人を「外国人」「障害者」「高齢者」などのように、（そもそも定義が曖昧な）特定の人に限定することが不適切」なのであって、そのような限定を行うことによって「対象とされる人にとっても、対象外とされる人にとっても、「要る」か「要らない」かについて自由に選択する権利を奪ってしまい、逆にいわゆる「情報弱者」を生み出してしまう危険性もはらんでいる」という指摘をしています（本書オストハイダ論文: p.86）。

「外国人」のために、「障害者」のために、「高齢者」のために何かしてあげたい、と考えるのはすばらしいことです。しかし、「特別な人々」を囲い込み、その人々のために何ができるかを考えることは、その人々の「自由に選択する権利」を奪ってしまう傲慢と紙一重なのです。われわれが乗り越えるべきは、「この人々にはこの対処法」という安直なマニュアル的発想なのでしょう。それは特定の場面においてのみ有効な「知識」や「技能」を習得しようと

することにほかなりません。そうではなく、「いま目の前にいるこの人に対し、この文脈においてはどのように向き合うのがよいのか」を自ら考え出そうとする汎用的な「態度」をこそ、われわれは体得しなければならないのだと考えます。

〈やさしい日本語〉は、近年その射程が大きく広がりつつあるとはいえ、やはり「特定の場面において求められる、通常とはやや異なる言語使用のテクニック」という基本的性格は大きくは変化していないように思われます。もちろん、特定の場面において必要となる配慮のあり方を、場面ごとに明確にすることは重要なことです。しかしながら、私たちにとって本当に大切なことは、「ことばをよりよく使うこと」そのものでは決してなく、ことばを活用して「よりよく生きること」であるはずです。

あえて厳しい言い方をします：〈やさしい日本語〉が、特定の場面における単なる言語使用の方法論であり続けるならば、今後の発展には限界があるでしょう。〈やさしい日本語〉の習得を、学びの中心に据えるべきではありません。〈やさしい日本語〉は、「よりよく生きていくための学び」というより大きなパースペクティヴの中に位置づけ直され、その中で輝き続けるべきものなのです。

言語学者として、公務員として、工学者として、「自分の立場で何ができるか」を考えることがすべての出発点です。しかし、自分の立場で何かができている、ということに満足してしまってはなりません。自分にできていることが本当に、「よりよく生きる」という本来の目的の中に確かに位置づけられているのかを問い直し、その上で自分がやるべきことを不断に、かつ自発的に更新し続けていくことが必要なのです。

そうした不断の自発的更新こそが、まさに「生涯学習」なのだといえるでしょう。

81

第4章　母語話者にとっての〈やさしい日本語〉は学ぶに値するものか

注	[1]	日本経済新聞2018年4月7日電子版　https://www.nikkei.com/article/DGXMZO29126660X00C18A4905E00

[2] http://www.mext.go.jp/b_menu/shingi/old_chukyo/old_chukyo_index/toushin/1309550.htm

[3] http://human.cc.hirosaki-u.ac.jp/kokugo/EJ1a.htm

[4] 庵氏は、平時において必要とされる工夫された日本語表現を〈やさしい日本語〉と呼び、災害時における「やさしい日本語」と区別していますが、以下に登場する吉開氏、オストハイダ氏は特にこのような括弧の使い分けはしていないようです。以下、吉開氏、オストハイダ氏の論述に言及する箇所では、両氏の論述の中での表記をそのまま使用することとします。

参考文献

庵功雄（2013）「「やさしい日本語」とは何か」庵功雄・イ ヨンスク・森篤嗣（編）『「やさしい日本語」は何を目指すか──多文化共生社会を実現するために』pp.3-13.　ココ出版

庵功雄（2016）『やさしい日本語──多文化共生社会へ』岩波新書

今西幸蔵（2017）『生涯学習論入門【改訂版】』法律文化社

香川正弘・鈴木眞理・永井健夫（編）（2016）『よくわかる生涯学習　改訂版』ミネルヴァ書房

ラングラン，P.（1971）『生涯学習入門　第一部』（波多野完治訳）全日本社会教育連合会

第5章

「やさしい日本語」から
「わかりやすいことば」へ
共通語としての日本語のあり方を模索する

オストハイダ　テーヤ

本章の概要

「日本語が難しいからやさしい日本語が必要だ」という見解でいいのでしょうか？「日本人」と「外国人」の日本語をどこまで区別する必要があるのでしょうか？「普通」の日本語と「やさしい日本語」の間に何か大切なものを見落としていませんか？　本章では、次の観点から上の質問に答えてみます。1）言語意識：日本語の「難しさ」を問いながら「やさしい日本語」の趣旨を再考します。2）言語政策：ドイツの「やさしいことば」の例を取り上げ、わかりやすいことばの目的と対象について考えます。3）共通語：言語的マジョリティが人工的に作成する「やさしい日本語」と、さまざまな背景をもつ社会構成員が実際のコミュニケーションのなかで形成する「共通語としての日本語」との相違について考察します。

キーワード

共通語としての日本語、言語意識、言語政策、インクルージョン

1 「やさしい」「日本語」にまつわるイデオロギー

> 「やさしい日本語」とは、普通の日本語よりも簡単
> で、外国人にもわかりやすい日本語のことです。
>
> （弘前大学人文学部社会言語学研究室のHPより）

1.1 「日本人」の日本語、「外国人」の日本語

上の引用にある「外国人」を「障害者」と入れ替えてみて
ください。いかがでしょうか。「障害者」はどのような人
を指すかわからないため、一概には言えません。そのとお
りですが、「外国人」も同じです。次は、「高齢者」「大学
生」「中卒者」「男性」「女性」なども試してみましょう。
2019年現在の社会的常識からすれば、単なる偏見や差別
にすぎません。それに対して、この文脈で「外国人」を使
用することに関してそれほど罪悪感がないのはなぜでしょ
うか。自動車関係の広告で目にする「女性でも運転しやす
い車」[1] のような不器用なフレーズと類似しているかも
知れません。すなわち、「普通の車」を運転するのが「男
性」であるという社会通念と同様、「普通の日本語」を話
すのが「日本人」であるという考え方が存在していると思
われます。以下、このような言語観の社会心理的背景に着
目しながら、「やさしい日本語」をめぐる議論との関連に
ついて考えていきたいと思います。

　本書の内容からもわかるように、「やさしい日本語」に
まつわる最近の議論と実践がさまざまな立場の人を視野に
入れるようになりました。しかし全体的にみれば、また海
外における諸取り組みと比較すると、「やさしい日本語」
は「外国人」を中心に語られがちであることが顕著です。
つまり、冒頭の引用でみたようなとらえ方も未だに一般的
であるように見受けられます。それはなぜなのでしょう
か。

まず、「やさしい日本語」の原点にさかのぼってみましょう。本取り組みは、1995年の阪神・淡路大震災をきっかけに、災害時において被災地に滞在する日本語第二言語話者への情報伝達をより円滑にはかるための試みとして始まりました（佐藤1996）。重要な情報を複数の言語に訳すより、かみくだいた日本語で伝達する方が効果的であるということを考慮したわけです。提案者の佐藤和之氏を中心とする研究グループが現在に至っても使用しているレトリック「「やさしい日本語」が外国人被災者の命を救います」（弘前大学人文学部社会言語学研究室2016）に若干の違和感を覚えますが、当時の日本に普及していた「外国人＝欧米人」「外国人とのコミュニケーション＝英語」のイメージからすれば、「まずは日本語で……」という発想は評価すべきでしょう。

　それ以来、「やさしい日本語」の研究と実践が「危機管理」以外にもさまざまな領域（行政サービス、メディア、教育など）を視野に入れるようになりました。しかし、「外国人」以外の社会構成員については、ほとんどの場合「その他」程度の配慮にとどまっていますので、「やさしい日本語＝第二言語話者」という図式ができあがってしまいました。その背景には、日本の教育やマスメディアが形成する、「日本人」と「日本語」そのものに対する意識があると考えられます。つまり、日本語を第二言語とする人（世間一般では一概に「外国人」と呼ばれる人）とは異なり、日本語を第一言語とする人（世間一般では一概に「日本人」と呼ばれる人）は全員、日本語を同じ程度に話せ、理解できる人であるという思い込みが強いように見受けられます。日本語における地域差や性差などを認めているものの、「日本国民」が話すべき「国語」を均質なものとしてとらえがちな言語観は、日本で根強く存在している単一言語主義に基づいていると思われます（Heinrich 2012）。

日本の教育、政治家やマスメディアはうわべだけ、「グローバル化」「多文化共生」などの「プラスチック・ワード」（ペルクゼン2007）を頻繁に取り上げています。しかし実際には、「日本文化」を均質なものとみなし、そして自文化中心主義の立場から、「異」文化との「違い」を強調するばかりです。日本の文部科学省が行う言語教育政策も例外ではありません。国内の少数言語をないがしろにしながら「国語」以外の言語を「外国語」とし、そして義務教育段階で出会える言語を国語と英語に限定する言語教育は、言語的多様性と平等性を尊重する感覚を培っているとは考えがたいです。このような教育はむしろ、言語差別を助長し、「言語」「文化」「人」などを「日本」対「外国」といったカテゴリーでとらえようとする世界観を形成してしまうのです（McVeigh 2002）。

　「やさしい日本語」をめぐる議論にみられる「第一言語話者」と「第二言語話者」との二分化も、このような言語観に基づくものであると考えられます。しかし、第一言語話者と第二言語話者の日本語はそれほど簡単に区別できるものではありません。両グループにおいても「やさしい日本語」を必要とする人とそうではない人が存在しており、全ての日本語話者にとって「あったら助かる」場合と「必要ない」場合がありうることを前提にしなければなりません。ここまで主に第二言語話者への偏りを取り上げてきましたが、第一言語話者に関しても同じ問題が生じえます。要するに、「やさしい日本語」を必要とする人を「外国人」「障害者」「高齢者」などのように、（そもそも定義が曖昧な）特定の人に限定することが不適切です。対象とされる人にとっても、対象外とされる人にとっても、「要る」か「要らない」かについて自由に選択する権利を奪ってしまい、逆にいわゆる「情報弱者」を生み出してしまう危険性もはらんでいるからです。

1.2 「難しい日本語」vs.「やさしい日本語」という構想

第二言語話者を中心として議論されてきた「やさしい日本語」の構想において、もう一つの問題点が指摘されます。それは、日本語そのものが「難しい」言語であるという前提です。日本における外国籍住民とのコミュニケーションは主に日本語で行われていること（オストハイダ2002）や、外国籍住民のなかで、「国際共通語」とされている英語のわかる人は日本語がわかる人と比べて少ないこと（岩田2010）などが報告されて久しいですが、驚く人は未だに少なくないようです。つまり、日本語を第一言語としない人との日本語でのコミュニケーションにおいて、なんらかの支障が生じないと不思議に思う人が多いように見受けられます。詳細な考察は紙数の都合で割愛しますが、日本語を「特に難しい」言語とみなす傾向が強い背景として、例えば次のような社会心理的要因が挙げられます。

（1）敗戦後に日本国民の自尊心を回復するためにエセ科学として氾濫し、主に欧米との一面的な比較によって日本の文化と言語の「特殊性」と「均質性」を強調する「日本人論」的思想の残存　（ベフ1997）

（2）近年の「英語帝国主義」に抗する「日本語ナショナリズム」、つまり英語を絶対視する教育によって脅かされている「日本語人」としてのアイデンティティを強調する傾向の強化　（オストハイダ2017）

（2）に関してですが、日本と同様に英語教育に踊らされている韓国にも同様の傾向がみられることが興味深いです。大谷（2013）によると、韓国の高等学校で使用されている英語教科書には次のような文章が記載されています。「Among the world's 50 or so writing systems, Hangul is clearly much better than the rest（世界の約50の表記シ

ステムのなか、ハングルは明らかに一番優れている）」（大谷2013:
225、筆者訳）。日本の大学生の多くも、日本語の「難しさ」
や「美しさ」などについてのイメージを抱いています（大
谷2007）。なぜこのようなイメージを抱くようになったの
かと尋ねてみますと、「マスメディア」のほか、「国語（ま
たは英語）の先生から聞いた」という答えが少なくないこ
とからも、英語帝国主義と日本語ナショナリズムの相関関
係をうかがえます（オストハイダ2017）。

　では、実際はどうでしょうか。日本語は「特に難しい」
言語なのでしょうか。2006年から2018年までの間に
2263人の大学生に日本語の難易度について尋ねた筆者の
データによると、日本の学生はこの質問に対して大体3人
に2人が「はい」と答えています。海外からの学生はどう
でしょうか。大谷（2007）は、349人の韓国人留学生に日
本語学習の困難度について聞いていました（表1）。

表1　日本語の「難しさ」に対する意識の違い

日本語は他の言語と比べて…		日本語の学習は…	
特に難しい言語である	1535	非常に難しい	2
		難しい	6
難易度はほぼ同じである	619	どちらとも言えない	114
		易しい	129
特に簡単な言語である	109	非常に易しい	98
日本人大学生2263人（筆者）		韓国人留学生349人（大谷2007）	

　その結果から、言語習得の困難度は相対的な問題である
ことがよくわかります。例えば、ドイツ語を第一言語とす
る筆者にとっては、日本語より、ドイツ語に類似する英語
の方が習得しやすい言語であるのと同様、韓国語を第一言

88

〈やさしい日本語〉と多文化共生

語とする人にとっては、英語やドイツ語より、日本語の方が学習しやすい言語であるということになります。ではなぜ、日本では多くの人が隣国の人よりも、欧米の人の日本語学習観を基準としているのでしょうか。アジア諸国の日本語学習者、また日常的に日本語で生活する多くの外国籍住民からみれば、その根拠は希薄である場合が多いでしょう。日本文化の「特殊性」「均質性」を強調するために国内の多様性と隣国との共通点に目を向けない日本の言語文化教育が問い直されない限り、日本語そのものにまつわるイデオロギーと先入観、つまり「「日本語はむずかしいですね」といわれて優越感にひたるような意識」（安田2013: 335）が、第二言語話者との対等な日本語の分かち合いを妨げる要因の一つとして存続していくでしょう。日本語を「第二言語話者のためにやさしく」する前に、まずはこの点について考慮すべきでしょう。

2 ｜ 包摂的視座からみた「わかりやすさ」：ドイツの例

やさしいことばは多くの人に役立ちます。特に：知的障害や学習障害をもつ人。他の人にも役立ちます。例えば：読み書きがうまくできない人、ドイツ語がうまくできない人、お年寄りの人、手話を話す人、青少年。そして、全ての人が難しい文書に悩むことがあります。例えば：説明書、納税申告書、法律文、契約書。このような文書がやさしいことばで書かれていると、多くの人が喜びます。

（Büro für Leichte Sprache 2004、筆者訳）

2.1　ドイツの「やさしいことば」

上の引用は、ドイツのブレーメン市生活支援センター内にある「やさしいことば事務室」が公開している、ドイツの

「やさしいことば」についての趣旨説明です。1.1でみた趣旨「「やさしい日本語」が外国人被災者の命を救います」（弘前大学人文学部社会言語学研究室2016）と比べ、雰囲気が違うことは言うまでもありません。極端な例と比較しなくても、印象深いところがあります。それは「全ての人」への言及です。上で述べたとおり、「やさしい日本語」を提唱する人々も最近、さまざまな立場の人を視野に入れるようになりましたが、「全ての人」は見当たらない文言です。「やさしい日本語」のように、「健常な第一言語話者」を排除しながら特定の人のみを対象とする場合、本来はより多くの人の社会参画を目指す取り組みが、逆に不当な区別を助長し、排他的になりうることはすでに指摘しました。ドイツの「やさしいことば」の趣旨を考えた人々は、この点に相当の注意を払ったに違いありません。

　ドイツにおける「やさしいことば」は、必ずしもドイツ語そのものが「難しい」言語であるという前提の上で考案されていないことも示唆されます。要するに、「～語」という表現を——おそらく意図的に——避けているドイツの「やさしいことば」の趣旨は、1.2で考察した「難しい日本語」対「やさしい日本語」といった構想とは異なり、「わかりにくいことば」対「わかりやすいことば」という、より普遍的な理念に基づいていると言えます。また、情報保障を「インクルージョン」（社会的包摂）の理念から考えるアプローチであることもうかがわれます。ここで言うインクルージョンというのは、全ての社会構成員が各自のニーズに適した情報保障を受けることができると同時に、特別な配慮が必要と想定される人々が情報の受信者だけではなく、発信者としてもかかわっていることを意味しています。ドイツの「やさしいことば・ネットワーク」が作成した手引きによると、ことばをわかりやすくする作業にあたっては、学習障害をもつ人が必ず監修者として携わり、専

門家の立場から文書などのわかりやすさについて確認することとなっています（Netzwerk Leichte Sprache 2013）。

　インクルージョンの理念に基づく取り組みは日本にも存在しています。例えば、『みんながわかる新聞「ステージ」』が挙げられます（あべ2013, 打浪（古賀）2014）。主に知的障害をもつ人を想定して作成されている『ステージ』は、当事者が実際に編集に携わっています。この点は、ヨーロッパ各国における、わかりやすいことばで書かれている新聞と同じです（日本障害者リハビリテーション協会2008）。日本放送協会（NHK）の『NEWS WEB EASY』もわかりやすいことばでニュースを提供している取り組みの一つです（田中ほか2013）。日本語教師の協力を得て、毎日、「やさしい日本語」に書き換えた複数のニュースを提供しています。高い評価を得ている本サービスの意義と効果については全く異論ありませんが、ホームページに掲載されている次の趣旨に関しては、再考する余地があるでしょう。「「NEWS WEB EASY」は外国人の皆さんや、小学生・中学生の皆さんのために、わかりやすいことばでニュースを伝えます」（日本放送協会2018）。

2.2　政策としての「わかりやすさ」

2018年1月に、ドイツの「障害者平等法」に「わかりやすさと「やさしいことば」」という新条項が追加されました。内容をまとめると次のようになります（BMJV 2018、筆者訳）。

　　「行政機関は、知的障害あるいは精神障害をもつ人に対して、コミュニケーションをわかりやすいことばではかり、また求めに応じて、公的文書をわかりやすいことばで説明する義務があります。もし、わかりやすいことばでは十分に説明できない場合、「やさしいこ

とば」で説明しなければなりません。行政機関は、情報を積極的に「やさしいことば」で提供すべきです。ドイツ政府はそのため、「やさしいことば」における公務員の運用能力および作文能力の育成に努めます。」

　この条項は「障害者平等法」の一部であるため「障害者」が中心となっていますが、他の法律にも同様な観点を取り入れない限り、法的に定められている「やさしいことば」の対象は、本節の冒頭でみた趣旨とは若干異なり、「障害者」に限定されることになります。また、行政機関が相手を問わず、できる限り「わかりやすいことば」でコミュニケーションをはかろうとする努力は、ドイツにおいても必ずしも常識であるとは限らないことが示唆されます。いずれにせよ、法律によって、行政機関の言語使用に対して「わかりやすさ」を義務付ける働きかけは、情報提供のバリアフリー化への重要な一歩であるに違いありません。
　ドイツの「障害者平等法」に追加された条項に関して、もうひとつ言及すべき点があります。それは、「わかりやすさ」と「「やさしいことば」の使用」との区別です。つまり、わかりやすい説明が十分に理解されない場合のみ、マニュアル化された「人工言語変種」の性質をもつ「やさしいことば」に頼るという、2段階での調整が求められているところです。この区別は、「やさしい日本語」をめぐる議論にも重要な示唆を与えうるものであると考えられます。

3 「共通語としての日本語」への示唆

日本人は国語、すなわち日本語によって日本人となるのです。国語こそは日本人の魂の宿るところなのです。
（NPO法人日本幼児教育振興会 2017『小学国語読本』より）

上の文章は、「国語」を「日本人の精神的血液」とした上田万年（1895）の引用ではありません。その約120年後に出版された小学校1年生向けの読本から抜粋したものです。本章の冒頭で引用した「やさしい日本語」の趣旨における「外国人」と同様、「日本人」についても無論、一概に言えません。すなわち、日本国民が全員、このとりとめのない空想を鵜呑みにしているとは考えにくいです。しかし、無防備な子どもが小学生のころからこのような言語観を植えつけられると、「自分」のことばを平等に分かち合おうとする態度は、形成されにくいでしょう。

　本章で指摘しましたとおり、日本語の「第一言語話者」と「第二言語話者」を必要以上に区別しようとする傾向が観察されます。この傾向は、言語についてなんらかの「所有権」の存在を認める、つまり「ネイティブの日本語を正当なものとみなす意識」（牲川2006: 116）に基づいていると思われます。「共生言語としての日本語」（岡崎2002）という構想も例外ではありません。提案者の岡崎（2002）によりますと、「共生言語としての日本語」は、第一言語話者と第二言語話者の間、あるいは第二言語話者同士のコミュニケーションで使用される日本語です。そして、その日本語は「母語話者と非母語話者の間で実践されるコミュニケーションを通して場所的に創造されていくもの」であると述べています（岡崎2002: 59）。ここまでの議論は理解できます。しかし、岡崎（2002）は「共生言語としての日本語」に対し、第一言語話者同士のコミュニケーションで使用される「母語場面の日本語」も別に存在していると説明し、両者を明確に区別しています。また、「母語場面の日本語」は、「自集団の凝集性を確保する手だて」や「他の民族集団から区別する象徴」であるところまで主張しています（岡崎2002: 56–57）。

　「共生言語としての日本語」の問題点について詳細に分

析した牲川（2006: 121）は、「二種の日本語を並存させるという構想は適切ではない」と結論づけています。また、尾﨑（2013: 70）は「［…］多様な日本語をひっくるめて私たちが「日本語」と呼んでいるのです。この括弧付きの「日本語」の中に「共生日本語」も含まれます」と述べています。そのとおりですが、日本では「多文化共生」が語られる際、「日本文化と外来文化との共生」というとらえ方が一般的であるのと同様、いわゆる「共生日本語」も、第二言語話者との共生のなかで使われる日本語として解釈されているように見受けられます。この点は、岡崎（2002）の「共生言語としての日本語」の構想と大きく変わっていません。

　それに対して、筆者が考えている「共通語としての日本語」は、日本語のなかに含まれるものでもなく、新たに構想しなければならないものでもありません。単に日本語そのものなのです。

　第一言語話者か第二言語話者かを問わず、日本の社会はさまざまな背景をもち、コミュニケーションに関してもさまざまな能力とニーズを抱く人々によって構成されています。すなわち、社会のあらゆる側面において日常的に「多文化間」コミュニケーションが起こっており、その能力も要求されます。しかし、日本語を第一言語とする人を対象とした「日本語による多文化間コミュニケーション能力」の育成をめぐる取り組みは皆無に等しいです。例えば、日本の学校では膨大な時間と努力を尽くして、「英語が使える日本人」や「グローバル人材」の育成を目指していますが、同じ日本語を第一言語とし、障害をもつ人や高齢者などとはうまくコミュニケーションできる自信がない人も多いようです。バリアフリー、少子高齢化などのような課題も「共通語としての日本語」の一環であり、日本の言語教育政策での取り組みが急務です。しかし、単なるコミュニ

ケーション・マニュアル作りでは解決できない課題です。繰り返しになりますが、個々の相手の能力とニーズに配慮するコミュニケーション能力は、上の岡崎（2002）のことばの一部を転用すると、「実践されるコミュニケーションを通して」身につけていくものなのです。情報保障に関しても例外ではありませんので、受け手の言語権と自己選択権を尊重し、マニュアル化されたものに頼らず試行錯誤しながら取り組んでいくほかありません。

4 まとめにかえて

2011年の福島原発事故を受け、放射性物質による汚染について「ただちに人体に影響を及ぼすものではない」とした枝野官房長官の発言は記憶に新しいです。全ての住民がいわゆる「情報弱者」にされたこの例からわかるように、包摂的な情報保障を考える際には、ことばのわかりやすさだけではなく、政界や業界が意図的に作り上げる「難しい日本語」や情報操作なども念頭に入れ、権利としての情報保障を再認識する必要があります。

　情報保障そのものは、「ことば」だけの問題ではありません。常時、地域の社会生活のなかから始まるものなのです。自分の周りにはどのような人が生活しているか、また彼女／彼らとのコミュニケーションにおいてはどのような工夫が求められているかなどについての理解とそれを実際に把握する努力は、行政サービスやマスメディア、インターネットによる情報提供と同様に重要なのです。「やさしい日本語」の有無を問わず、災害などが起こってからの情報保障では手遅れだからです。

| 注 | [1] 例えば、「女性でも運転しやすい車まとめ! 乗りやすいのは?」（車の下取り! 損しない為の情報サイト 2018）などが挙げられます。 |

参考文献

あべ やすし（2013）「情報保障と「やさしい日本語」」庵功雄・イ ヨンスク・森篤嗣（編）『「やさしい日本語」は何を目指すか——多文化共生社会を実現するために』pp.279–298.　ココ出版

岩田一成（2010）「言語サービスにおける英語志向——「生活のための日本語：全国調査」結果と広島の事例から」『社会言語科学』13(1), pp.81–94.

上田万年（1895）『国語のため』冨山房

打浪（古賀）文子（2014）「知的障害者への「わかりやすい」情報提供に関する検討——「ステージ」の実践と調査を中心に」『社会言語科学』17(1), pp.85–97.

大谷泰照（2007）『日本人にとって英語とは何か——異文化理解のあり方を問う』大修館書店

大谷泰照（2013）『異言語教育展望——昭和から平成へ』くろしお出版

岡崎眸（2002）「内容重視の日本語教育」細川英雄（編）『ことばと文化を結ぶ日本語教育』pp.49–66.　凡人社

尾﨑明人（2013）「「やさしい日本語」で作る地域社会」庵功雄・イ ヨンスク・森篤嗣（編）『「やさしい日本語」は何を目指すか——多文化共生社会を実現するために』pp.59–77.　ココ出版

オストハイダ，T.（2002）「日本における「外国人とのコミュニケーション」を問う」森住衛（監修）『言語文化教育学の可能性を求めて』pp.303–314.　三省堂

オストハイダ，T.（2017）「日本の多言語社会とコミュニケーション——意識・政策・実態」宮崎里司・杉野俊子（編）『グローバル化と言語政策——サスティナブルな共生社会・言語教育の構築に向けて』pp.116–131.　明石書店

車の下取り! 損しない為の情報サイト（2018）「女性でも運転しやすい車まとめ! 乗りやすいのは?」http://www.kuruma-sitadori.com/car-related-column/car-woman-easy-to-drive.html

佐藤和之（1996）「外国人のための災害時のことば」『月刊言語』25(2), pp.94–101.

牲川波都季（2006）「「共生言語としての日本語」という構想——地域の日本語支援をささえる戦略的使用のために」植田晃次・山下仁（編）『「共生」の内実——批判的社会言語学からの問いかけ』pp.107–125.　三元社

田中英輝・美野秀弥・越智慎司・柴田元也（2013）「「やさしい日本語」による情報提供」庵功雄・イ ヨンスク・森篤嗣（編）『「やさしい日本語」は何を目指すか——多文化共生社会を実現するために』pp.31–57.　ココ出版

日本障害者リハビリテーション協会（2008）「わかりやすい言葉で—読みやすく、わかりやすい言葉で書かれたヨーロッパの国々の新聞とその開発の動き」http://www.dinf.ne.jp/doc/japanese/access/080403_in_plain_language.html

日本放送協会（2018）「NEWS WEB EASYについて」https://www3.nhk.or.jp/news/easy/

日本幼児教育振興会（2017）『小学国語読本—ふみのちから第一巻』コモンズ株式会社

弘前大学人文学部社会言語学研究室「減災のための「やさしい日本語」」http://human.cc.hirosaki-u.ac.jp/kokugo/EJ1a.htm

弘前大学人文学部社会言語学研究室（2016）「「やさしい日本語」が外国人被災者の命を救います」http://human.cc.hirosaki-u.ac.jp/kokugo/ejpamphlet2.pdf

ベフ，H.（1997）『イデオロギーとしての日本文化論』思想の科学社

ペルクゼン，U.（2007）『プラスチック・ワード—歴史を喪失したことばの蔓延』（糟谷啓介訳）藤原書店

安田敏朗（2013）「「やさしい日本語」の批判的検討」庵功雄・イ ヨンスク・森篤嗣（編）『「やさしい日本語」は何を目指すか—多文化共生社会を実現するために』pp.321–341. ココ出版

BMJV (Bundesministerium der Justiz und für Verbraucherschutz) (2018) *Gesetz zur Gleichstellung von Menschen mit Behinderungen: §11 Verständlichkeit und Leichte Sprache.* https://www.gesetze-im-internet.de/bgg/__11.html

Büro für Leichte Sprache (2004) *Für wen ist Leichte Sprache?* http://www.leichte-sprache.de/

Heinrich, P. (2012) *The Making of Monolingual Japan: Language Ideology and Japanese Modernity.* Bristol: Multilingual Matters.

McVeigh, B. J. (2002) Self-orientalism through occidentalism: How "English" and "foreigners" nationalize Japanese students. In *Japanese Higher Education as Myth* (pp.148–179). New York: M.E. Sharpe.

Netzwerk Leichte Sprache (2013) *Die Regeln für Leichte Sprache.* https://www.leichte-sprache.org/wp-content/uploads/2017/11/Regeln_Leichte_Sprache.pdf

第6章
「多文化共生」の実践としての
「やさしい日本語」
自治体施策の現場にみる「やさしい日本語」の考察

菊池哲佳

本章の概要

筆者は自治体施策の現場で「やさしい日本語」の実践に取り組んできました。これまでの実践を振り返り、減災のための「やさしい日本語」を有効に活かすためには、その限界性を考慮することが必要だと考えます。また平時においては、「やさしい日本語」は自治体の言語サービスの方法として有効ですが、それ以上に言語サービスの担い手としてコミュニケーションの心構え・態度を振り返る視点として重要です。さらに、動的アプローチから「やさしい日本語」を現在の言語的・文化的状況に位置づけたとき、「やさしい日本語」には多文化共生の実践としての、もしくは実践の視点としての意義が見い出せるのではないかと考えます。

キーワード

「やさしい日本語」、コミュニケーション、言語サービス、情報保障、多文化共生への動的アプローチ

1 はじめに

日本社会の多文化化が進行しています。2017年末の外国人住民数は256万人を超え、過去最高となりました[1]。同

年の訪日外国人数は2,869万人を超え、こちらも過去最多を記録しています[2]。そのような中、災害も頻発しています。最近の3年間だけを見ても、2016年の熊本地震、2017年の九州北部豪雨、2018年の大阪北部地震、西日本豪雨、北海道胆振東部地震などが起こり、各地で大きな被害をもたらしています。このように災害が頻発する日本で、外国人[3]をどのように救っていくかということは、1995年の阪神・淡路大震災以降、自治体の多文化共生政策においても重要な政策課題の1つとして位置づけられてきました[4]。減災のための「やさしい日本語」[5]が注目されるようになったのも、阪神・淡路大震災をきっかけとして、災害時の外国人への情報提供を円滑に行うための研究が進められてきたことによります（松田ほか2000）。

　私は2011年の東日本大震災をはじめ、2016年の福島県沖地震・津波、2018年の北海道胆振東部地震などで「やさしい日本語」への翻訳や情報提供活動に携わってきました[6]。また、私は日ごろ自治体の設置した地域国際化協会[7]の職員として多文化共生事業の企画・実施に携わり、日常業務においても私なりに「やさしい日本語」を実践しているところです。本章ではそれらの実践と省察を踏まえ、自治体施策における「やさしい日本語」の必要性と課題について考えたいと思います。

2 防災施策における減災のための「やさしい日本語」 ——その有効性と限界性

2.1 減災のための「やさしい日本語」の有効性・意義

　2011年3月に発生した東日本大震災では、減災のための「やさしい日本語」の有効性があらためて認識されました。当時、仙台国際交流協会（現在の仙台観光国際協会）は、仙台市が設置した「災害多言語支援センター」[8]を市民ボランティアや関係機関の協力を得て運営し、外国人被災

者への情報提供や相談対応を行いました。その際、主に英語、韓国語、中国語のほか、「やさしい日本語」によって情報提供や相談対応が行われました。

　それらの「やさしい日本語」はどのように受け止められていたのでしょうか。震災後、仙台国際交流協会（2012）が実施した外国人被災者へのインタビュー調査では、あるブラジル人女性が、仙台国際交流協会が地元のラジオ放送局と連携し、「やさしい日本語」でラジオ放送していたことについて「ゆっくりやさしい日本語なら、理解できる。「これから、やさしい日本語でながします」と聞くと安心」（仙台国際交流協会2012: 28）と話しています。このことから、「やさしい日本語」が被災地の外国人にとって安心を届ける役割を果たしていたことが見えてきます。

　一方で、東日本大震災では災害時に使われる語彙の難しさが外国人にとって「壁」となったことも明らかになりました。東北の地方紙『河北新報』（2011年6月28日付）では、「「避難」言葉の壁厚く　隣人の存在命運分ける」という見出しで記事が掲載されました。この記事では、沿岸地域で被災したフィリピン人妻たちにとって「高台に避難してください」という防災無線の日本語が難しかったという話が紹介されています。また、フィリピン人妻の一人は、同胞が津波の犠牲となったことについて「私も「高台」「避難」の意味は分からなかった。「高い所に逃げて」と繰り返し言われれば、助かったかもしれない」と取材で述べています。そのフィリピン女性が津波の犠牲となってしまった直接の原因が言葉の「壁」であったのか、真相は分かりません。しかし、少なくとも津波の脅威にさらされる恐れのある沿岸地域に住む外国人女性にさえ「高台」や「避難」のような災害時に使われる語彙には馴染みがなかったことは記事から読み取ることができます。逆説的ですが、この記事からも減災のための「やさしい日本語」が一刻を

争う状況下での情報伝達に有効であること、また情報の受け手に安心を届ける意義があることが見い出せます。

2.2　減災のための「やさしい日本語」の限界性

減災のための「やさしい日本語」は災害発生直後の情報提供の方法として確かに有効ですが、「やさしい日本語」を活かすためには同時にその限界も認識すべきように思われます。1つは時間軸での限界性の問題です。災害発生からある程度の時間が経過すれば提供する情報も複雑になっていきます。にもかかわらず、複雑化する情報をマニュアルやガイドライン[9]にしたがって「やさしい日本語」に翻訳することはどうしても時間を要するため、減災のための「やさしい日本語」の本来の目的である速報性は大きく損なわれます[10]。もう1つは、翻訳の担い手に関する限界性の問題です。災害時に、マニュアルやガイドラインをじゅうぶんに理解したうえで「正しく」翻訳できる人材が確保できるのか、という実際上の問題があります（私自身、これまでいくつかの災害に際して「やさしい日本語」への翻訳活動に従事してきましたが、「やさしい日本語」の主要な研究が示すマニュアルやガイドラインの要点をすべて押さえ、実践している自信はないことを告白します）。そもそも、マニュアルやガイドラインが複雑になれば、減災のための「やさしい日本語」の「だれでも比較的容易に作れる」という特徴が損なわれます[11]。そのような限界性を認識したうえで、災害時の外国人の情報保障に関わる人には、「やさしい日本語」を災害時の多言語の1つとして[12]より有効に活用するための実践研究を深めることが求められていると思います。具体的には、各地で頻発するさまざまな災害の現場で即応できるよう、災害時に使われる語彙の「やさしい日本語」化への充実を図ること、また、災害発生時のさまざまな場面を想定して、頻繁に使用される典型的な情報の「やさしい日

本語」版の充実を図ることが目下の課題であると考えます。

3 　自治体の言語サービスとしての「やさしい日本語」に求められる視点

ここまでは、減災のための「やさしい日本語」が災害時の多言語の1つとして有効であること、また、実践においてはその限界も認識したうえで、さらに有効に活用していくための方法を探る必要があることを述べました。ここからは「減災のための」という枠を超えて、近年は自治体などでも関心が高まっている平時の「やさしい日本語」の実践で求められる視点について、自治体施策との関連から考えたいと思います。

3.1　コミュニケーションにみる「やさしい日本語」の意義

私は地域国際化協会の職員として主に外国人相談事業、防災事業、外国につながる子どもの支援事業に取り組み、日常的に外国人住民と接する機会が多いのですが、「やさしい日本語」はその方法論はもとより、「やさしい日本語」の視点からコミュニケーションでの心構えや態度のあり方を振り返り、問い直すことにその意義があると思います。例えば、外国人相談の窓口には、行政窓口の担当者から「外国人の方が窓口にいらっしゃっているのですが、通訳をお願いします」といった依頼の電話がしばしば寄せられます。そこで窓口にいる外国人住民に電話を代わってもらうのですが、「やさしい日本語」を心がければ実はコミュニケーションがとれるというケースは少なくありません。つまり、積極的にコミュニケーションをとろうという心構えや態度が重要で、「やさしい日本語」はそのようなときの心強いコミュニケーション・ツールであると言えるでしょう。

また、外国人相談の現場では、外国人住民が市役所や保育所などからの文書を取り出して「これに何が書いてあるのか教えてください」と訪れることも日常的に見られる光景です。そのような相談の背景には、岩田（2016）の指摘するとおり、それらの文書で使われている日本語が難解であったり、文書の体裁が形式的で伝えるべき内容が分かりにくいことがあります。そして、そのような場合、受け取った外国人住民が読むのをあきらめたり、そもそも読まれないまま放置されるケースも散見されます。ある外国人保護者が学校からのお便りについて、「学校から届いたのでちゃんと読まなくてはならないと思い、私は辞書を引きながら一生懸命に読みましたが、前半に書かれていたことはあまり大切だと思えないことばかりでした。結局、大事なことはすべて途中から書かれていました」と言ったところ、他の外国人保護者が一様に「そうなんですよね」とうなずいていたことがありました。外国人保護者にとってはそのようなことはもはや「常識」であり、学校からのお知らせの「効率的な読み方」を経験的に学んでいるようです。しかし、すべての外国人保護者がそのような経験を積んでいるとは限りません。お便りも学校と保護者のコミュニケーションの１つであるという観点から、日本語表現や体裁への配慮が必要なのではないでしょうか。

　なお、このような配慮は文書だけではなく、公共サインなどでも行われるべきです（本田ほか2017）。例えば、仙台市地下鉄では車両内の行先を表す電光掲示板が日本語、英語、韓国・朝鮮語、中国語（簡体字）のほかに、ひらがなでも表示されるように切り替わります（図1参照）。これも「やさしい日本語」の１つと言えるでしょう。

3.2　言語サービスにおける「やさしい日本語」の視点の必要性
　本来であれば、外国人住民も行政サービスを等しく提供す

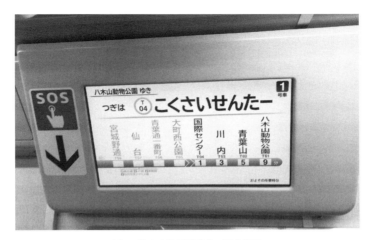

図1　仙台市地下鉄車内の案内表示

べき対象として[13]文書やサインは多言語化すべきでしょうし、行政窓口においては相談通訳者[14]・コミュニティ通訳者[15]を配置し、言語にかかわらず適切な情報提供が行える体制を整備することが理想です。しかし、時間・空間・人材等のリソースには制約があり、それが難しい現実があることから次善策としての「やさしい日本語」が求められます。河原（2004）は自治体における「言語サービス」について「外国人が理解できる言語を用いて、必要とされる情報を伝達すること」（河原2004: 6）と定義し、言語サービスを外国人に提供する場合の言語として「多言語化」、「日本語の簡素化」、「英語の簡素化」を挙げています。ここで言う「日本語の簡素化」がまさに「やさしい日本語」にあたるでしょう。「やさしい日本語」への公文書の書き換えについては、例えば庵ほか（2011）や岩田（2013）において、また自治体の窓口対応については本書柳田論文でその方法論が検討されています。また佐藤（2012）は、災害時の外国人の情報保障の観点から減災のための「やさしい日本語」を提唱しましたが、生活情報誌の作成を想定し

て「やさしい日本語」の考え方を平時にも応用する研究を行っています[16]。今後もそれらの研究のさらなる進展が望まれるところではありますが、しかし、その方法論以上に重要なのは、言語サービスをコミュニケーションの一環として位置づけ、その心構えや態度を言語サービスに関わるそれぞれの人が振り返り、問い直す視点ではないでしょうか。松尾ほか（2013）は外国人、ろう者・難聴者、知的障害者など多様な人々の情報保障について考察する中で「情報やコミュニケーションは、「やりとり」するものです」（松尾ほか2013: 26）と述べています。つまり、言語サービスにおいて重要なのは、情報を伝達する相手を想像し、相手に合わせて表現や体裁を考える視点ではないでしょうか。

　以上から、自治体の言語サービスにおいて「やさしい日本語」は有効なコミュニケーション・ツールではありますが、それ以上に「やさしい日本語」の視点からコミュニケーションの心構えや態度を振り返り、問い直すことが重要であり、そのことが情報保障につながると言えるのではないかと思います。

4 | 多文化共生の実践としての「やさしい日本語」

　ここまで、災害時に求められる減災のための「やさしい日本語」の意義と今後の課題、また自治体の言語サービスとしての「やさしい日本語」に求められる視点について述べました。ここでは、多文化共生施策の実施者としての立場から「やさしい日本語」について考察し、その意義と今後の課題について述べたいと思います。

　本旨から少々逸れますが、「やさしい日本語」について考えさせられる出来事がありました。全国各地で地域日本語教室の運営に関わる人々が集まった研修会でのこと

す。参加していたある外国人集住地域の自治体職員から、
「「やさしい日本語」と最近はよく言われますが、私の周り
には「やさしい日本語」が分かるという外国人は一人もい
ません。「やさしい日本語」が分かる外国人は相当に日本
語が分かる人なのではないでしょうか。もっとも、行政の
「難しい日本語」が分からないという日本人にとっては
「やさしい日本語」が分かりやすいという話はあります
し、その意味では役立っているとは思います」という話が
ありました。「やさしい日本語」が外国人住民にとってや
さしくないかもしれない、というその指摘自体が重要な問
題を示唆していると思いますが、それと同じくらい、集住
地域の自治体職員が「やさしい日本語」について外国人住
民に役立っているという実感を持っていないということの
意味は軽くないように思いました。さらに話は逸れるかも
しれませんが、私がかつて災害情報の多言語化をコーディ
ネートした際、翻訳の負担を軽減するための配慮から「や
さしい日本語」に翻訳した情報を各言語への翻訳スタッフ
（その多くは外国人スタッフでした）に手渡したところ、「「や
さしい日本語」ではかえって翻訳しづらいので、日本語の
原文がほしい」と言われたことがありました。私は普通の
日本語よりも「やさしい日本語」の方が翻訳の負担が軽い
だろう、と思い込んでいたわけですが、その一件以来、私
は翻訳者には基本的に日本語の原文を渡すようになりまし
た。

　このような「やさしい日本語」をめぐる認識のちがい
は、「やさしい日本語」の普及に伴って「やさしい日本語」
に対するイメージがさまざまになっていることが要因であ
るように思います。近年は、自治体職員の間にも「やさし
い日本語」の考え方が広まっており、外国人住民への配慮
という意味で望ましいことであると思うのですが、一方で
「何が「やさしい日本語」なのか」といった点にこだわっ

てしまい、かえってコミュニケーションで萎縮するような状況が見られることを懸念しています。「やさしい日本語」に込められた多文化共生社会の実現という理念とは裏腹に「やさしい日本語」が人々のコミュニケーションを阻むものとなってしまっては本末転倒です。

　そのような問題意識から、私は「やさしい日本語」を多文化共生の実践、もしくは実践の視点として捉え直す必要があると考えています。その前提として「多文化共生」をどのように捉えるかを考えたいと思います。多文化共生の概念については総務省の研究会（2006）における定義[17] が多文化共生政策に関わる人々の間ではよく知られていますが、山西（2010）は多文化社会における文化的状況について、文化を静的、固定的、相対主義的に理解し、その多様性への尊重のみを強調する静的なアプローチでは今の状況に対応できないとし、「「人の中」に、「人の間」に、文化的対立・緊張状態が生じていることを認識し、その状況を克服するための文化への動的なアプローチが必要」（山西2010: 16）と述べています。言語はまさに文化そのものですから、「やさしい日本語」も文化の動的状況を読み解きながら実践していく必要があると言えるでしょう。また、同様の観点から「やさしい日本語」の必要性を考えるうえで「各言語社会の多層性と、厳然としてある階層性をみきわめていく必要がある」（安田2013: 333）という指摘も重要だと思われます。これらの指摘を踏まえ、動的なアプローチから「やさしい日本語」を多文化社会の言語的・文化的状況の中で位置づけようとすれば、「やさしい日本語」とは何か、ということではなく、「やさしい日本語」を多文化共生の実践、もしくは実践の視点として捉えるところにその意義を見い出せると言えるのではないでしょうか。

　「やさしい日本語」の多文化共生の実践、もしくは実践の視点として捉えるとき、「やさしい日本語」の基本的な

課題が浮かび上がってきます。それは、「やさしい日本語」が「普通の日本語」とは別の言語として位置づけられている現状をどのように乗り越えていくかということです。自治体施策における言語的状況について考えるならば、「やさしい日本語」が「普通の日本語」とは異なる「特殊な言語」として位置づけられている現状[18]を超えて、「普通の日本語」が外国人だけではなく、誰にとっても分かりやすい日本語となることを目指す視点となっていくことが求められるのではないでしょうか。「普通の日本語」と「やさしい日本語」がそれぞれ異なる言語として位置づけられる現状に留まらず、誰にとっても分かりやすい日本語となるように探っていくプロセスにこそ、「やさしい日本語」の本質的な意義があるように思います。

5 | おわりに

庵（2013）が述べるとおり、「やさしい日本語」は多文化共生社会の実現に向けた「試金石となる概念」（庵2013: iv）の1つであると思います。多文化社会の問題解決に向けて、「やさしい日本語」という視点から実践・研究がいっそう深められていくことを期待しています。また、そのための「やさしい日本語」の協働実践研究[19]コミュニティの充実が望まれます。私も実践者として微力ながら貢献していきたいと願っています。

注

[1] 法務省入国管理局統計（2018年9月15日参照）http://www.moj.go.jp/nyuukokukanri/kouhou/nyuukokukanri04_00073.html
[2] 日本政府観光局統計（2018年9月15日参照）https://www.jnto.go.jp/jpn/statistics/data_info_listing/pdf/180116_monthly.pdf
[3] 本章では、国籍にかかわらず、異なる言語や文化を背景に持つことから問題を抱えやすい人々を「外国人」と呼びます。
[4] 例えば、森田（1998）、自治体国際化協会（2006）を参照。

［5］ 減災のための「やさしい日本語」とは、弘前大学人文学部社会言語学
研究室・減災のための「やさしい日本語」研究会が提唱する日本語表
現で、災害時に外国人が適切な行動をとれることを目的としていま
す。減災のための「やさしい日本語」では、使用する語彙レベルを旧
日本語能力試験3級程度としています。

［6］ 東日本大震災での実践については菊池（2013）を参照。

［7］ 地域の国際化の推進を目的として、総務省（旧自治省）が地域の中核
的民間国際交流組織として認定した団体の総称。都道府県や政令市が
設置したいわゆる国際交流協会のことを指します。

［8］ 仙台市災害多言語支援センターの活動概要は仙台国際交流協会
（2012）を参照。

［9］ 例えば、『〈増補版〉「やさしい日本語」作成のためのガイドライン』
（弘前大学人文学部社会言語学研究室2013）、『「やさしい日本語」の
手引き』（愛知県2013）、『「やさしい日本語」で伝える―分かりやす
く 伝わりやすい日本語を目指して』（横浜市2017）などがあります。

［10］ 弘前大学人文学部社会言語学研究室（2016）は、「やさしい日本語」
が必要な理由として「災害情報を迅速かつ正確に伝えることができ
る」としています。

［11］ 弘前大学人文学部社会言語学研究室ホームページ参照（2018年9月15
日参照）。http://human.cc.hirosaki-u.ac.jp/kokugo/EJ2shitsumon.htm#Q2

［12］ 佐藤（2009）は「やさしい日本語」について「必要最低限の安全を
保障する情報を伝えるためだけの表現法」であり、「あくまでも、地
域社会に居住する大多数話者から漏れてしまう少数外国語話者たちに
伝えるもう一つの外国語（＋1）という位置づけである」（佐藤2009:
183）としています。

［13］ 地方自治法第10条第2項において「住民は、法律の定めるところに
より、その属する普通地方公共団体の役務の提供をひとしく受ける権
利を有し、その負担を分任する義務を負う」と規定しています。ま
た、2012年には外国人登録法が廃止されるとともに、外国人住民の
利便の増進及び市区町村等の行政の合理化を目的として、外国人住民
も住民基本台帳法の適用対象に加えられました。総務省ホームページ
参照（2018年9月15日参照）。http://www.soumu.go.jp/main_sosiki/
jichi_gyousei/c-gyousei/zairyu/

［14］ 多文化社会専門職機構では相談通訳者を「コミュニティ通訳の活動分
野である司法・行政・教育・医療の領域において、言語間の「橋渡し
役」を務める専門職」と定義しています（2018年9月15日参照）。
http://tassk.org/certificate/

［15］ 「言語・文化的マイノリティを通訳・翻訳面で支援することによって
ホスト社会につなげる橋渡し役」（杉澤2011）を「コミュニティ通訳」
と呼びます。

［16］ 弘前大学人文学部社会言語学研究室では、災害発生後72時間以内の
「やさしい日本語」を「カテゴリーⅠ」とし、発災後72時間以内に限

らない生活情報を伝えることを目的とした「やさしい日本語」を「カテゴリーⅡ」として新たに提案しています。

[17] 多文化共生の推進に関する研究会（2006）では「多文化共生」について「国籍や民族などの異なる人々が、互いの文化的ちがいを認め合い、対等な関係を築こうとしながら、地域社会の構成員として共に生きていくこと」と定義しています。

[18] 例えば、行政が住民に情報を発するときには当然ながらその日本語表現は慎重に吟味されますが、その情報を同様に「外国語」で発する際には、日本語ほど吟味されることはありません。また、その際に「やさしい日本語」は「外国語」として扱われているのが実情だと言えるでしょう。

[19] 協働実践研究とは「研究者と実践者が同じ地平に立ち、それぞれの専門性と知識を最大限に活かしながら協働して問題の分析とその解決の道を探っていこうという研究の方式」（高橋2007: Ⅱ）です。

参考文献
愛知県（2013）『「やさしい日本語」の手引き』愛知県地域振興部国際課多文化共生推進室

庵功雄・岩田一成・森篤嗣（2011）「「やさしい日本語」を用いた公文書の書き換え―多文化共生と日本語教育文法の接点を求めて」『人文・自然研究』5, pp.115–139. 一橋大学

庵功雄（2013）「まえがき」庵功雄・イヨンスク・森篤嗣（編）『「やさしい日本語」は何を目指すか―多文化共生社会を実現するために』pp.ⅲ–ⅳ. ココ出版

岩田一成（2013）「文法から見た「やさしい日本語」」庵功雄・イ ヨンスク・森篤嗣（編）『「やさしい日本語」は何を目指すか―多文化共生社会を実現するために』pp.117–140. ココ出版

岩田一成（2016）『読み手に伝わる公用文―〈やさしい日本語〉の視点から』大修館書店

河北新報（2011）「「避難」言葉の壁厚く―隣人の存在命運分ける」（2011年6月28日付朝刊記事）河北新報社

河原俊昭（2004）「言語サービスとは」河原俊昭（編）『自治体の言語サービス―多言語社会への扉をひらく』pp.5–11. 春風社

菊池哲佳（2013）「東日本大震災に見る多文化社会コーディネーターの役割」『シリーズ多言語・多文化協働実践研究』17, pp.58–73. 東京外国語大学多言語・多文化教育研究センター

佐藤和之（2009）「生活者としての外国人へ災害情報を伝えるとき―多言語か「やさしい日本語」か」『日本語学』28(6), pp.173–185. 明治書院

佐藤和之（2012）「多言語としての「やさしい日本語」支援を考える―災害時の外国人住民への情報保障ということ」日本通訳翻訳学会第13回年次大会配布資料

自治体国際化協会（2006）「特集 防災・災害と外国人支援」『自治体国際化フォーラム』203, pp.2–18.　財団法人自治体国際化協会

杉澤経子（2011）「多言語・多文化社会における専門人材の養成」近藤敦（編）『多文化共生政策へのアプローチ』pp.194–208.　明石書店

仙台国際交流協会（2012）「仙台市災害多言語支援センター活動報告」『「多文化防災」の協働モデルづくり報告書』pp.31–34.　財団法人仙台国際交流協会

高橋正明（2007）「多言語・多文化ブックレットの発刊にあたって」『多言語・多文化ブックレット』1, pp.I–V.　東京外国語大学多言語・多文化教育研究センター

多文化共生の推進に関する研究会（2006）「多文化共生に関する研究会報告書—地域における多文化共生の推進について」総務省

弘前大学人文学部社会言語学研究室（2013）『〈増補版〉「やさしい日本語」作成のためのガイドライン』

弘前大学人文学部社会言語学研究室 減災のための「やさしい日本語」研究会（2016）「「やさしい日本語」が外国人被災者の命を救います」http://human.cc.hirosaki-u.ac.jp/kokugo/ejpamphlet2.pdf（2018年9月15日参照）

本田弘之・岩田一成・倉林秀男（2017）『街の公共サインを点検する—外国人にはどう見えるか』大修館書店

松尾慎・菊池哲佳・モリス, J. F.・松崎丈・打浪（古賀）文子・あべやすし・岩田一成・布尾勝一郎・高嶋由布子・岡典栄・手島利恵・森本郁代（2013）「社会参加のための情報保障と「わかりやすい日本語」—外国人、ろう者・難聴者、知的障害者への情報保障の個別課題と共通性」『社会言語科学』16(1), pp.22–38.　社会言語科学会

松田陽子・前田里佳子・佐藤和之（2000）「災害時の外国人に対する情報提供のための日本語表現とその有効性に対する試論」『日本語科学』7, pp.145–159.　国書刊行会

森田豊子（1998）「阪神・淡路大震災後の外国人相談窓口の変化」『国際協力論集』5(3), pp.127–145.　神戸大学国際協力研究科

安田敏朗（2013）「「やさしい日本語」の批判的検討」庵功雄・イ ヨンスク・森篤嗣（編）『「やさしい日本語」は何を目指すか—多文化共生社会を実現するために』pp.321–341.　ココ出版

山西優二（2010）「多文化共生に向けての居場所とは」『シリーズ多言語・多文化協働実践研究』13, pp.58–73.　東京外国語大学多言語・多文化教育研究センター

横浜市（2017）『「やさしい日本語」で伝える—分かりやすく 伝わりやすい日本語を目指して　第4版』横浜市国際局政策総務課・市民局広報課

第7章

「やさしい日本語」の活用に向けて
横浜市の取り組み

髙木祐輔

本章の概要

2018年8月末現在、横浜市には、およそ9万5000人と多くの外国人市民が暮らし、その出身はおよそ160の国と地域にわたります。同市ではこうした日本語を母語としない市民への情報発信として、2010年度策定「横浜市多言語広報指針」に基づき、外国語6言語に加え、「やさしい日本語」による情報提供を行っています。

本章では、横浜市が「やさしい日本語」による情報発信を行うに至った背景、その基準策定の過程、および情報発信への取り組みについて、横浜市への聞き取りをもとに紹介します。

キーワード

横浜市、やさしい日本語、情報発信、外国人、多言語

1 はじめに

横浜市のホームページによると、同市では、2018年8月末現在、およそ9万5000人の外国人市民が暮らし、その出身はおよそ160の国と地域にわたっています。こうした日本語を母語としない市民への情報発信として、横浜市では、2010年度に策定した「横浜市多言語広報指針」に基

づき、外国語6言語に加え、「やさしい日本語」で情報提供を行っています。指針作成当初、「やさしい日本語」については、全国的に明確な基準がなく、同市では一橋大学の庵功雄教授をはじめとする研究グループと協力し、検討会を立ち上げ、横浜市独自の「やさしい日本語」の基本的な考え方と文法をまとめました。さらに、（公財）横浜市国際交流協会（以下「YOKE」）の協力のもと、行政がよく使う言葉およそ600語を「やさしい日本語」に訳し、2016年度に考え方や文法と合わせた基準を完成させています。本章では、横浜市が「やさしい日本語」の基準と行政用語の語釈一覧を作成した過程、また、「やさしい日本語」による情報発信を進めるための取り組みを、横浜市への聞き取りをもとに取り上げます。

2 横浜市が「やさしい日本語」の活用を進める理由

外国人市民が多く在住する横浜市が「やさしい日本語」の活用を進めている理由は主に2つあります。1つ目は、全ての母語に対応することが難しいためです。もう1つは、災害時、平時を問わず、より迅速に情報伝達ができるためです。また、同市は外国人市民に日常生活に必要な最低限の日本語を覚えてもらうことは、円滑な地域生活に繋がると考えています。まず、同市の外国人市民数の推移、語学能力についての調査を取り上げます。その後、2つの理由について述べます。

2.1 横浜市に住む外国人市民

横浜市内の外国人市民の人口は、2011年に発生した東日本大震災のときに一時減少傾向を見せたものの、その後も右肩上がりを続けています（図1）。

2003年度末に6万人強だった人口が、2015年度には8

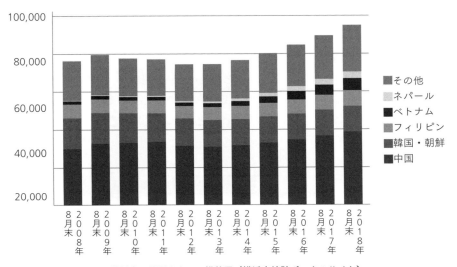

図1　横浜市の外国人人口の推移図（横浜市統計ポータルサイト）

万人を超え、現在は約9万5000人の外国人市民が暮らしています。

国籍別の割合を2003年8月末（図2）と2018年8月末（図3）で比較すると、中国が6ポイント、ベトナムが5ポイント、ネパールが4ポイント増加しています。「その他」の国籍を合わせると、およそ160の国と地域を出身とする外国人市民が暮らしています。

こうした状況を踏まえ、横浜市は2010年度に策定した「横浜市多言語広報指針」に基づき、外国語6言語（英語、中国語（繁体字、簡体字）、ハングル、スペイン語、ポルトガル語）に加えて、これら6言語を母語としない外国人市民等への配慮として「やさしい日本語」による情報提供を行っています。

2.2　全ての言語に対応することの難しさ

より多くの外国人市民に情報を届けるためには、日本語版の広報物に加え、多言語版の広報物を作ることが望ましい

と思われます。しかし、全ての母語に翻訳するための予算を確保することは現実的ではありません。また、災害などの緊急時に、多言語による情報発信を迅速に行うには、人手や時間の確保といった多くの課題があります。さらに、多言語への翻訳は、成果物の確認を行う職員が全言語を理解できるわけではないことから、翻訳の質が一定しないという問題があります。

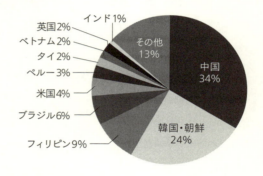

図2　横浜市の外国人割合（横浜市統計ポータルサイト）

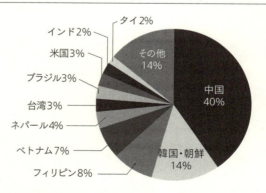

図3　横浜市の外国人割合（横浜市統計ポータルサイト）

2.3　外国人市民から見た日本語

「やさしい日本語」による情報発信を進める横浜市に住む外国人市民にとって、日本語はどのような言語なのでしょうか。本項では、外国人市民へのアンケートをもとに、外国人市民にとって日本語がどういう存在であるかという点について考察します。

横浜市では2013年度に横浜市に住む外国人市民を対象に「外国人意識調査」を行っており、以下のような質問に対し、約1500名から回答を得ています。

(1) 日本語以外で日常会話のできる外国語は何か
(2) 日本の生活で困っていることや心配なことは何か
(3) どのくらい日本語ができるか
(4) 今後、日本語を学びたいと思うか

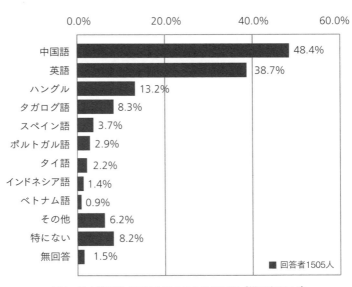

図4　日本語以外で日常会話のできる外国語（横浜市2014）

報告書で公開されているデータを参考に、質問1に対する回答を図4に、質問2に対する回答を表1にまとめました。質問1に関しては、1位は中国語48.4％、2位は英語38.7％となっており、全ての外国人に英語が通じるわけではないことがわかります。この調査に加えて、横浜市では2012年にもインタビュー調査を行っており、「外国人は英語ができると思われているためか、英語で話しかけてくれるが母語でないためわからない」という外国人市民の声を取り上げています。このことからも、英語による翻訳だけでは対応が十分ではないことがわかります。

表1　外国人市民が困っていること・心配なこと

順位	項目	2013 年度	2009 年度（順位）
1	日本語の不自由さ	24.7%	30.6%（1）
2	仕事探し	16.7%	27.6%（3）
3	病院・診療所に外国語のできる人がいない	14.4%	17.5%（6）
4	税金	14.1%	27.8%（2）
5	外国語の通じる病院・診療所の探し方	13.6%	14.6%（7）

　質問2では「日本語の不自由さ」が一番多く、平成21年度の調査に続いて、「困っていること・心配なこと」の第1位となっています。

　質問4では、全体の68.4％が日本語を学びたいと回答しています。また、質問2で「日本語の不自由さ」と回答した人の学習意欲をクロス集計したうえで、「積極的に学びたい」「機会があれば学びたい」「無料なら学びたい」との回答を合わせると、87.9％が日本語を学びたいと回答しています。

　質問3では、日本語の会話が「よくできる」が38.1％、「まあまあできる」が37.1％と、合計で75.2％の外国人市民が「日本語の会話ができる」と回答しています。また、

118

〈やさしい日本語〉と多文化共生

日本語を読むことが「よくできる」は31.9％、「まあまあできる」が32.6％と、合計で64.5％の外国人市民が「日本語を読むことができる」と答えています。質問1「日本語以外で会話のできる外国語」の1位が中国語の48.4％であったことを踏まえると、最も多くの外国人市民が会話を行える言語は、英語でも中国語でもなく、日本語であることがわかります。一方で、外国人市民は、生活において日本語で困ることが多いこと、日本語学習に前向きなこともわかりました。このような状況を鑑み、横浜市は「やさしい日本語」で情報伝達することが、多言語社会では有効であり、以下3つのメリットがあると考えました。

- 日本語が不自由な方にもわかりやすく伝えることができる
- 災害など迅速な対応が求められる際、早く広く伝えることができる
- 外国人に日本語習得を促し、円滑な地域生活へ繋げることができる

　本節で述べたように、横浜市は外国人市民に対するアンケートや人口調査などをもとに、外国人市民を取り巻く環境を把握し、「やさしい日本語」に対する取り組みを始めました。現在も工夫を凝らし、各種団体との協力のもと、その活用を進めています。次節以降、その取り組みのための基準策定過程、活用の実践例を取り上げます。

3 「やさしい日本語」の基準策定

　「やさしい日本語」を地方公共団体で活用する際、関係する部署が多岐にわたるため、その基準策定が重要となります。また、「やさしい日本語」導入後、継続して活用して

いくためには、様々な工夫が求められます。本節では、横浜市における基準策定の過程、具体的な基準・書き換え例を取り上げます。

3.1　書き換え基準策定に向けて

「やさしい日本語」で情報発信する横浜市には、教職員を含めて約4万5000人の職員がおり、18の行政区、26の局統括本部のそれぞれが、市政情報や事業の広報を行っています。そのため、市が発信する「やさしい日本語」に関する明確な基準がない場合、ある部署では「ルビを振るだけでよいのでは」と考える一方、他の部署では「難しい言葉は全て言い換える必要がある」と考えるなど、部署ごとに認識が異なり、様々なレベルの「やさしい日本語」が発信されてしまうおそれがあります。

　そのため、横浜市は平成25年度から28年度にかけて、「やさしい日本語」の基準策定に取り組んでいます。平成25年度には、一橋大学の庵教授をはじめとする研究グループや外国人市民等と協力し、「やさしい日本語」の語彙のレベルや、文法などの基準を定めました。続いて、26年度からは、行政がよく使う語彙を「やさしい日本語」に書き換える取り組みを行い、3か年で約600語の語釈を作成しています。この基準では、語彙や漢字を日本語能力試験のＮ4程度のレベルにすることを定めており、このレベルであれば、行政文書の8割が言い換え可能とされています。

3.2　書き換え基準の3つの柱

基準は、考え方、文法、語彙の3つから成ります。「やさしい日本語」は単に言葉を簡単にするだけでなく、異なる文化への配慮を必要とすることから、横浜市では、3つの柱のうち「考え方」を大切にしています。

3.2.1　考え方の基本ルール

横浜市が重要とする「考え方」を紹介します。1つ目は、「伝えるメッセージを絞り、一番伝えたいコアメッセージを中心に文を作成する」ことです。2つ目は、「読み手の目線で整理し、優先順位をつける」こと、3つ目は「抽象的な表現を控え、具体的に書く」ことです。例えば、例1の日本語は例2のように、はっきりとした表現にすることが求められます。

（1）こちらでの喫煙はご遠慮ください。
（2）ここでたばこを吸わないでください。

3.2.2　文法と表記の基本ルール

日本語学習では、「受け身」の表現を初級後半に習得します。そのため、受動態（例3）を能動態（例4）に書き換えます。また、文を複雑にしないよう、「原則として〜」（例5）は、言い切りの形（例6）にします。また、イベントの広報で使用する「無料」や「タダ」という表現は、横浜市の基準では「0円」という表記に統一しています。

（3）カードを渡された方
（4）カードを受け取った方
（5）原則として、禁止します。
（6）してはいけません。

4 ｜「やさしい日本語」による行政用語の語釈作成ルール

横浜市では、「YOKE」の協力のもと、行政でよく使われる言葉およそ600語を「やさしい日本語」に書き換えています。例えば、「押印」であれば「はんこを紙に押すこと」、「介護」であれば「ふだんの生活にたすけがいる人の

世話をすること」となります。

　語釈作成にあたり、横浜市では、まず、同市のウェブサイト上でよく使われている行政用語を抽出し、抽出した用語の説明文を所管部署が作成しました。次に、国際局・市民局・YOKE・有識者・外国人市民が話し合いながら、「やさしい日本語」への書き換えを行い、最終的に所管部署が決裁を行うという流れで作業を進めました。語釈の作成は、外国人市民の生活に密着した分野から取り組み、2014年度は戸籍・教育、2015年度は、福祉・医療、税金、保険年金、防災、ごみ、2016年度はマイナンバー、交通、防犯、道路が追加されています。

5 「やさしい日本語」の活用に向けた取り組み

　横浜市では「やさしい日本語」の活用に向け、様々な取り組みを行っています。本節では『やさしい日本語で伝える』の発行、職員向けサポート、書換え支援システムを取り上げます。

5.1 『やさしい日本語で伝える』の発行

　横浜市では、前述したように、外国人向けに「やさしい日本語」で文章を作成するための基準として、『「やさしい日本語」で伝える―分かりやすく 伝わりやすい日本語を目指して』を作成しており、現在、第4版が公開されています。

　その中で、「やさしい日本語」に書き換えるための手順・コツが詳細に記載されています。内容も版を重ねるごとに充実し、初版では、「やさしい日本語」の基本的な考え方と文法が中心でしたが、第2版からは、行政でよく使われる言葉の語釈、第3版では「福祉」「税金」「保険と年金」「防災」「ごみ」に関する分野、第4版では「マイナン

122

〈やさしい日本語〉と多文化共生

バー」「交通・道路」など様々な分野に関する語釈が追加
されています。

5.2　職員へのサポート

3年をかけて作成した語釈は約600に上りますが、市役所
からの情報発信は日々行われており、「やさしい日本語」
による書き換えを行うには、現場の職員の協力が必要とな
ります。横浜市では、そのためのサポートとして、責任
職・職員向けの研修を行っています。また、2017年度か
ら「出前講座」と呼ばれる朝礼時間を活用した研修を実施
しています。研修に参加できない職員に対しては、隙間時
間を利用し自席で学べるようeラーニング（理論編10分、実
践編10分）によるサポートを行っています。併せて、「書
き換え支援システム」（詳細は本書10章中島・岩田論文参照）
の利用を開始し、職員が文書を「やさしい日本語」へ円滑
に書き換えられるよう体制整備を進めています。

5.3　書き換え支援システム

「書き換え支援システム」は、一橋大学の庵教授をはじめ
とする研究グループが開発したもので、文章（例7）を入
力すると、書き換え基準に適合しない箇所を自動検知して
くれます。また、システムの中には、行政がよく使う言葉
の語釈も搭載されています。

（7）「大規模地震特別措置」に基づく警戒宣言や大規模
　　地震、暴風警報発令などの緊急災害時に備え、児
　　童の保護対策を次のように定めています。

上記の文章を「やさしい日本語」に書き換える際、シス
テムが検知した難しい語彙に注意するだけでなく、「やさ
しい日本語」の3つの柱である「考え方」を意識して書き

換えると、以下のような文章になります。

(8)「○○小学校は、災害（地震や大雨など）が起きたとき、休むことがあります。子どもたちを守るためです。詳しいことは、下の文章を読んでください。」

このように「書き換え支援システム」を利用することで、職員が「やさしい日本語」へスムーズに書き換えることができることから、各部署で専門家に頼ることなく、文書を「やさしい日本語」で書き換える動きが広がっています。

5.4 職員による書き換え例

「やさしい日本語」は、リーフレットやポスターでの活用が進んでいます。例えば、市民に税金の使いみちをわかりやすく案内するためのリーフレット「ハマの台所事情」、防災訓練のお知らせをするポスター（図5）、小児救急のかかり方（図6）を作成するなど、各部署が外国人市民向けの書き換えを進めています。

図5は横浜市の防災訓練に関する外国人市民向けのポスターで、通常版をもとに「やさしい日本語」で書き換えられています。「やさしい日本語」版では、「防災訓練」という日本語を知らない人のために、実際の訓練の様子の写真と「地震から体を守る練習をします」とわかりやすい言い換えで、市民への参加を促しています。また、通常版では掲載されていない内容が多く見られます。具体的には、料金や申し込みに関する項目（「0円」、「いりません」）、問い合わせ先の電話番号、開催場所の地図など、外国人市民に配慮した構成となっています。これは、横浜市の掲げる書き換え基準（考え方、文法、語彙）の3つを反映した内容となっており、他自治体で書き換えを行う際にも参考となるで

しょう。

　図6は小児救急に関する冊子の表紙で、左は通常版、右は「やさしい日本語」で書かれた簡易版となっています。通常版は全29ページ、「やさしい日本語」版は全4ページと、ページ数が異なります。表紙を比べると、「やさしい日本語」版では、まず救急医療とは何なのかについて説明があり、母国とは異なる医療制度に外国人市民が戸惑わないよう配慮がなされています。

　また、このパンフレットは何の目的で作成されているかについても明記されています。この書き換えでは、「やさしい日本語」版のページ数を通常版より減らす、表紙には外国人市民にとって有用な情報から記載する、など様々な

図5　防災に関する言葉をやさしく（横浜市2018）

 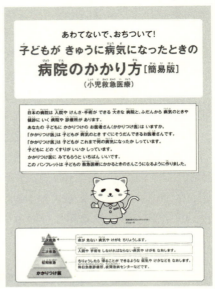

（通常版）　　　　　　　　　　　（やさしい日本語版）

図6　医療に関する言葉をやさしく（横浜市2017・2018）

工夫が見られます。このような情報量のコントロール、情報の優先順位づけに関する考え方は、他の冊子などを「やさしい日本語」版に書き換える際にも、役立つでしょう。

6 「やさしい日本語」のさらなる活用へ向けて

現在、「やさしい日本語」は、地方公共団体のみならず、NHK「NEWS WEB EASY」、株式会社MATCHAの訪日旅行者向けWEBマガジン「MATCHA」など、民間での活用も始まっています。横浜市では、「やさしい日本語」の活用は、行政からの情報発信にとって有効なだけではなく、市民と外国人市民との有効なコミュニケーションツールにもなるとし、今後、ラグビーワールドカップやオリンピック・パラリンピックなど、内外からの来訪者を迎える機会

を捉えて、活用を進めていくことも視野に入れています。また、外国人市民だけでなく、子どもや高齢者、障害のある方に対しても、わかりやすい伝え方として活用していく取り組みを進めるとしています。

　実際、公文書は日本語母語話者にとっても、わかりづらい点があることは否めません。今後、本章で取り上げた横浜市の「やさしい日本語」の活用に向けた取り組みが組織・個人へ広がり、また、その対象が外国人市民のみならず、日本語母語話者へ広がることが期待されます。

7 ｜ よくある質問

　「やさしい日本語」の活用を進める横浜市には、市民の方、各種団体、他自治体などから質問が寄せられます。本節は、その一部を紹介します。

　1. 横浜市の取り組みはボトムアップで始まったのですか、トップダウンで始まったのですか？
　　　横浜市での「やさしい日本語」の取り組みは、各職場の職員レベルで始まりました。各職場から発信する「やさしい日本語」のレベルを統一するために、国際局と市民局が中心となって、平成25年度から基準の作成などの取り組みを進めています。現在は、各部署の協力のもと、取り組みを進めています。

　2.「やさしい日本語」を活用しようと思ったきっかけは？
　　　外国人市民の方々に、市のホームページについてどう思うかインタビュー調査を行ったところ、「やさしい日本語はわかりやすい」というご意見を多くいただいたことがきっかけです。

3. 職員へのサポートなど、運営はどの課が行っているのですか？

　事業全体は国際局と連携して進めていますが、職員向けのサポート等を行うのは市民局広報課です。「やさしい日本語」の意義や有効性、書き換えのポイントなどを伝えるための職員向け研修を開催しています。例えば、「やさしい日本語」で伝えるための出前講座では、広報課の職員が、「やさしい日本語」の書き換え基準、実際の書き換え練習、サポートシステムの紹介、「やさしい日本語」が有効な理由などについて、各課の朝礼時間や各区局主催の研修などで説明を行っています。

4. 行政用語の語釈作成はどのように進めたのですか？

　市役所だけで行うのは現実的ではありません。横浜市では、各所管部署の職員に加えて専門家のアドバイスを受けつつ、（公財）横浜市国際交流協会「YOKE」や、外国人市民の方の協力を得て、作成しました。

5. 行政用語の語釈は公開されていますか？

　はい。横浜市で作成している『「やさしい日本語」で伝える—分かりやすく 伝わりやすい日本語を目指して』で公開されています。WEB（http://www.city.yokohama.lg.jp/lang/ej/kijun.html）では、一括版の18ページ以降に掲載されています。

6. 外国人の方の反応は？

　「やさしい日本語」の基準作りに参加した外国人市民の方からは、「やさしい言葉は、コミュニケーションを円滑にする」、「ホームページなどで使ってほしい」、「ふりがなやイラストがあると便利」、「敬語や丁

寧語は難しい」という意見がありました。また、話し方について「子ども扱いするような話し方は避けてほしい」、「はっきりした発音で話してもらうと助かる」といった声もありました。

　一方で、ホームページに関するインタビュー調査の中で、少数ですが、わかりにくいという意見も頂きました。例えば、「日本語レベルが一定以上の人には読みにくい」、「ふりがなが書いてあって読みにくい」という声がありました。

7. 「やさしい日本語」への書き換えは誰でもできますか？

　はい。特に難しい知識や技術は必要ありません。横浜市で作成している『「やさしい日本語」で伝える─分かりやすく 伝わりやすい日本語を目指して』に「やさしい日本語」の重要なエッセンスが凝縮されています。WEB（http://www.city.yokohama.lg.jp/lang/ej/kijun.html）の一括版の3～4ページを読めば、皆さんもすぐに「やさしい日本語」の文章作りに取り掛かることができます。

8. 書換えシステムは誰でも利用できますか

　はい。横浜市が使っているものとは違いますが、同様の機能のシステムを以下のURLから、どなたでも利用できます。

http://tk2-226-22941.vs.sakura.ne.jp/Yasanichi1/

参考文献　横浜市医療局がん・疾病対策課（2018）『小児救急のかかり方HANDBOOK』

横浜市医療局がん・疾病対策課（2017）『子どもが　きゅうに病気になったときの病院のかかり方［簡易版］（小児救急医療）』

横浜市国際局政策総務課・市民局広報課（2017）『「やさしい日本語」で

伝える―分かりやすく 伝わりやすい日本語を目指して　第4版』
横浜市総務局危機管理室（2018）『横浜市総合防災訓練ポスター』

参照ホームページ
　　　　　　やさしい日本語書換え支援システム
　　　　　　　　http://tk2-226-22941.vs.sakura.ne.jp/Yasanichi1/
　　　　　　横浜市市民局『やさしい日本語での情報発信について』
　　　　　　　　http://www.city.yokohama.lg.jp/lang/ej/kijun.html
　　　　　　横浜市統計ポータルサイト
　　　　　　　　http://www.city.yokohama.lg.jp/ex/stat/jinko/non-jp/new-j.html

調査協力者　　横浜市市民局広報課やさしい日本語担当の皆様

第8章

公用文がやさしくならないのはなぜ?

岩田一成

本章の概要
この章では、公用文が難解になってしまう原因を執筆者（書き手）の視点で分析します。結論として以下の4点を提示しています。①読者の読解力の想定が高めになりやすいこと、②公用文の内容によってはわかりやすさが事務コスト増につながること、③わかりやすさは配慮表現（ポライトネス）と対立すること、④わかりやすさは正確さと対立すること。職員研修などを通して、こういったわかりやすさを阻害する要因を共有していくことが大事だと主張します。

キーワード
公用文、読者の想定、事務コスト、ポライトネス、正確さ

1 はじめに

この論文では、公用文（公的文書）がなぜ難解になってしまうのか、というテーマを突き詰めてみたいと思います。

1.1 公用文が難しいこと

公用文に難解なものがあることは岩田（2016）がたくさんの例とともに紹介しています。例えば以下の文章（『県営住宅入居者募集』の一部）をご覧ください。

入居者が60歳以上の方又は昭和31年4月1日以前
に生まれた方であり、かつ、同居し又は同居しよう
とする親族のいずれもが60歳以上の方若しくは昭
和31年4月1日以前に生まれた方又は18歳未満の
方である世帯。
(岩田2016: 101)

　県営住宅に入りたい人が読む文章です。こういう難解な
文章に出くわすと担当課に問い合わせの電話をする人が増
えます。これは職員さんの勤務時間が削られるので事務コ
ストの増大となります。また、これを見て申請書類を書く
人は当然、誤記入が増えます。入居条件がよくわからない
からです。難解な文章にストレスを感じる人も出るでしょ
う。こう考えていくと、難解な文章は各所に被害をもたら
すはずなのです。
　ところが、各地に難解な文書が存在するのはどうしてで
しょうか。中国やドイツでも文書の難解さが問題になって
いるようですから（岩田2016）、これは日本だけの問題で
はなさそうです。

1.2　先行研究

公用文が難解になる原因はいろいろな指摘があるのです
が、岩田（2016）がそれらを整理しています。そこでは以
下の4点を紹介しています。

① 国語教育の問題：作品鑑賞中心で作文の授業をしっ
　かりしてこなかったのではないかなど
② 職員の防衛本能：下手なことを書くと訴訟を起こさ
　れてしまう
③ 教養としての難解文書：日本語には知識階級と庶民
　で異なる2種類の日本語を使っており、公用文は前
　者に属する難解な文書であるべきだという認識が日

本人にはある

④ 組織の細分化：役所の組織が細分化することで専門
用語が増えている

　また言語政策を振り返っている岩田（2019予定）では、
本来談話レベルの問題である公用文の難解さを語句レベル
の解決策で対応しようとしてきた歴史を問題点に上げてい
ます。本章では、以上の指摘を出発点としますが、国語教
育や国語政策といった制度的な問題はひとまず置いてお
いて、書き手の心の中の問題に絞って論を展開したいと思い
ます。公用文が難解になってしまう原因を執筆者の心の視
点で分析します。

2 | 読者の想定が難しい

　最初の論点は、書き手の文章難易度調整能力が実情と合っ
ていないという問題です。書き手を批判したいのではな
く、人間とはそんなものだという議論です。話し言葉のと
きは、相手の顔を見ながら調整すれば、ある程度相手に伝
わる表現が選べますが、書き言葉はこれができないため難
しいのです。しかも我々は往々にしてやさしくしすぎるこ
とはなく、難しめになってしまうのです。実用書の編集な
どは「相手は中学二年生と思え」と想定してちょうどいい
くらいになるようです（斎藤2007）。同書では中学生でも
わかるようなルビ付きの本が非常に売れていること、つま
り大人も読んでいるということを指摘しています。

　では、公用文は誰を想定しているのでしょうか。文部省
が出している『三訂版　公用文の書き方資料集』の付録1
は『文部省　公文書の書式と文例』となっており、以下の
記述があります。

133

第8章　公用文がやさしくならないのはなぜ？

第1　これからの公用文は、どうあるべきか
　　法律が法律の専門家だけにわかり、通達が官庁の事
務に慣れた人だけにわかるというのではいけない。公
用文は、義務教育を受けた人ならば、だれでも一応わ
かるということが理想である。　　　　（文部省1960: 77）

やはり中学生なんですね。完全に空文化している気もしま
すが、公用文は中学を卒業した人が読めるという建前でで
きているようです。
　ここではちょっと中学生が読める文章について考えてみ
ます。次の問題を見てください。これは新井（2018）で紹
介されている中高校生の基礎的読解力を調査するための問
題です。

問1　次の文を読みなさい
　仏教は東南アジア、東アジアに、キリスト教はヨー
ロッパ、南北アメリカ、オセアニアに、イスラム教
は北アフリカ、西アジア、中央アジア、東南アジア
におもに広がっている。

　この文脈において、以下の文中の空欄にあてはまる
最も適当なものを選択肢のうちから1つ選びなさい。

　オセアニアに広がっているのは（　　　　）である。
　①ヒンドゥー教　②キリスト教　③イスラム教　④仏教
　　　　　　　　　　　　　　　　（新井2018: 195–196）

　この程度の問題でも、正解は中学生が62％、高校生が
72％だそうです。義務教育が終わっている人にもこの文
章はそこそこ難しい（3人に1人は読めない）ということにな

134
〈やさしい日本語〉と多文化共生

ります。みなさんが思っているよりも中高生の読解力は低いと思いませんか？ つまり、相当低めに設定しないとわかりやすくならないのです。

3 わかりやすさと事務コスト

わかりやすさは事務コスト増につながります。特にお金に関わるお知らせはこの問題が関わってきます。ここではアメリカの例と日本の例を紹介します。

3.1 アメリカのGAに関するお知らせ

ある論文（Labov & Harris 2013）で紹介されているのは、1982年のペンシルベニア州での出来事です。財政難のため低所得者への援助（GA：General Assistance）を見直そうとしていました。172ドル（／月）の支給を継続して受けられるグループと90日で打ち切られるグループをそれぞれchronically needy（慢性的に貧しい）、transitionally needy（過渡的に貧しい）と名付け、分けました。この呼称がすでに難解な文章の前触れです。福祉局から対象者に文書で通達されたのですが、そこで出された文章が余りにも複雑・抽象的で意味がわからなかったために、弁護士が動いて、ラボフ（W. Labov）という研究者と一緒に、これを直そうとします。以下は、transitionally needyの定義です。

> Transitionally needy persons are those who are not limited in employability by their circumstances and should be able to support themselves without public assistance...

論文では、これらは理解するのは難しいとした上で、

135

第8章　公用文がやさしくならないのはなぜ？

'not limited in employability by their circumstances' は 'able to work' の複雑な言い回しであると指摘しています。非常に回りくどい言い回しを使っていることがノンネイティブの私たちにもわかります。

　もっと具体的にわかりやすくしたら、どうなったのでしょうか。この文章は、90日で打ち切られる人は（条件が合えば）申請をすることができるという内容でした。異議申立てのようなものを出せるのですが、元文章で出したときは300件あった異議申立てが、わかりやすく文章を書き換えて、具体的にして出すと、一気に10,000件になったということが報告されています。

　このような例を考えると、わかりやすくした方が明らかに事務コスト（職員の対応に関わるコスト）は上がってしまうことになります。しかも、援助費の受給者が増えるわけですから、財政も逼迫します。こういった事情が背景にあると、無意識のうちに難解で複雑な文章を書いてしまいます。文章をわかりやすくしなさいといっても、そんな簡単にはならないだろうと思います。

3.2　日本の後期高齢者制度に関するお知らせ

日本も状況は同じようなもので、社会福祉関係のお知らせは間接的な言い回しをしています。以下に後期高齢者の制度に関する文章（『後期高齢者医療制度』）を取ってきました。

　制度のしくみ
　　世界有数の医療水準を達成した国民皆保険制度をこれからも持続可能とするために、医療制度改革が行われてきました。その中で、後期高齢者医療制度は、国民全体で高齢者の医療を支えるものとして、これまでの老人保健制度から移行し、平成20年4月にスタートしました。

新しい制度は『高齢者の医療の確保に関する法律』に基づき、各都道府県に設置された広域連合により運営され、被保険者は各地域の医療費に見合った保険料を負担することとなりました。高齢者の医療費は、医療機関等の窓口での自己負担分を除き、保険料が1割、公費（国県市の税金）が5割、現役世代の加入する他の医療保険が4割を負担しています。

　今後さらに高齢化が進みますが、みんなで支え合いこれまで通り安心して医療を受けることができ、健康あふれる長寿社会をめざすものです。　　（岩田2016: 49）

　これもとても抽象的で、後期高齢者制度がどう変わったのかわかりにくく書かれています。制度の大枠説明がないこと、対象者の負担が上がるという事実が述べられていないことなどが文章をわかりにくくしています。アメリカの例と似ていますが、「高齢者の負担が上がります」なんてことをわかりやすく書いてしまったら、恐らくクレームの電話が鳴りやまず、事務コストが随分上がってしまうことでしょう。

3.3　わかりやすさとコスト減

ここまではわかりやすさがコスト増につながる例を見てきましたが、わかりやすさは実はコスト減にもつながります。例えば、高齢者関係のお知らせには、書いている文言の意味がわからないと必ずたくさんの質問が来て、職員さんは窓口でその対応に追われるわけです（1.1で紹介したお知らせなども問い合わせが増えるパターンでした）。いろいろな自治体で問い合わせ対応に苦労されているという話を耳にします。「やさしい日本語」研修会などをやると、お年寄りに対応している窓口の方が、たくさん参加してくださいます。電話をかけてきたり質問に来たりする人たちへの対

応を事務コストだと考えれば、わかりやすい文章を書くことで事務コストが下がるのです。まずこのようなところから、わかりやすさの長所をアピールしていくべきだろうと思います。

3節では、わかりやすさがコスト増になったりコスト減になったりすることを見てきました。この両者の兼ね合いをどう考えるべきでしょうか。はっきりいえることは、3.1のアメリカの例のように論点をはぐらかすことで補助金の申請を減らそうというコスト削減活動は、倫理的に大きな問題を抱えていますが、3.3で見たわかりやすさから問い合わせを減らすことによるコスト削減活動は、倫理的に全く問題がありません。むしろ、書き手も読み手もウィンウィンではないでしょうか。

4 わかりやすさと配慮表現（ポライトネス）

丁寧に文章を書くとわかりにくくなります。これが本節のテーマです。料金の支払いを求める場面で「直ちにお支払いいただけますようよろしくお願いいたします」と言っても「今すぐお金を払ってください」と言っても伝達内容はほぼ同じです。しかし相手への配慮、伝達効率が異なります。

滝浦（2008）の中でブラウン＆レヴィンソンのポライトネス理論を解説している箇所があります。そこではその理論の本質をうまく図式化しており、相手への遠慮の度合いが下がるほど伝達の効率性は上がっていくと説明しています。つまり、上の例で前者は相手への配慮はありますが伝達効率が低い、後者の無配慮な直言は一番伝達効率が高いということになります。わかりやすさは配慮表現（ポライトネス）の対立概念なのです。宇佐美（2013）はこの対立の存在を実験で上手に示しています。

4.1　P変種への固執

1.2の先行研究で「③教養としての難解文書」という考えが公用文を難しくしているという議論を紹介しました。そこでは、日本語には知識階級と庶民で異なる2種類の日本語があるという考えが前提となっていました。この先行研究を援用して、相手への配慮を考慮した丁寧な言葉遣いとストレートな直言基調の言葉遣いの2種類を言語変種であると考えてみたいと思います。イギリスではこういった議論が早くからなされており Ross（1954: 114）の U（upper class）と non-U（their antonyms）の議論は有名です。これを日本語に応用してみたいと思います。

　あくまで議論の展開上の措置ですが、仮にP変種（ポライトな言い回し）とS変種（ストレートな言い回し）とでもしておきましょう。難解な公用文への志向とは、P変種への固執と言い換えることができます。

　最上（1985）では北海道庁の職員を対象にアンケートを行って公用文に対する印象を聞いています。50%以上の人が「かた苦しい、親しみにくい、難解」と答え、70%以上の人が「硬い、パタン化している、形式的」と指摘しています。ただし、自由記述では、以下の意見が紹介されています。

　　　行政用語については難解であるとか、堅苦しいとか
　　　色々な批判があるが、行政庁の出す文書には、それな
　　　りの権威を持たせなければならない場合もあり、それ
　　　が期待される場合も少なくないので、一定の型を持ち
　　　続けるべきであると思う。　　　　　　　（20代男性）

　こういうコメントから公用文におけるP変種への固執がはっきり見て取れます（筆者が行う自治体の研修でも同様の意見を言う方がいらっしゃいます）。同論文では、若い世代では

官庁の権威主義の傾向が肯定的に受け取られているという指摘も行っており、難解な公用文への志向は年配の方だけの問題でもなさそうです。公用文は難解でかまわないと開き直ってしまわれたら、決してわかりやすくはならないと思います。

4.2　S変種への抵抗感

ここでは公用文から少し離れますが、S変種への抵抗感というものを考えてみたいと思います。日本社会はどうもS変種に抵抗感があるのではないかと感じることがあります。注意喚起の例を使って論じますが、本来注意喚起は情報伝達が重要ですのでストレートな物言いが好まれるはずです。

　自治体職員さんなどを対象とした講演で私が使う材料に、動物園の檻の話（尾上1999）があります。「この動物は季節により獰猛になることがありますので、手すりから身を乗り出して手や顔をオリに近づけますと……」といった一般的な動物園の注意書きが、神戸の王子動物園では簡潔であるというものです。そこでは一言「かみます」となっているそうです。ここで会場から笑いが起こるのですが、ストレートな物言いは後者ですし、伝達効率の高さは後者の方が高いかと思います。実はこの注意喚起、王子動物園でも子どもエリアだけの話で、さすがの関西も大人エリアは普通の注意喚起になっています。

　岩田（2017）では、オーストラリアの動物園を紹介しながら、「かみます（These animals bite）」なんていう注意が珍しくないことを指摘しています。また、タバコの注意書きなどもイギリスのタバコを紹介しながら、「死にます（Smoking kills）」なんていうストレートな表現がされていることを日本の注意書きと比べながら紹介しています。こういった事実を突き詰めていくと、どうも日本はストレー

トな物言いに抵抗感があるのではないかと思ってしまいます。「かみます」などというオーストラリアでは普通に使われている注意喚起が、日本では笑いのネタになってしまうわけですから。この状況では、なかなかわかりやすい文章にはなりません。わかりやすさは相手への配慮表現をある程度抑えないと成立しないことを、書き手はもう少し認識する必要があるでしょう。

5 わかりやすさと正確さ

わかりやすさは正確さともぶつかります。つまり正確に書こうとすればするほど難解になるのです。ここでいう正確さとは2種類のものがあり、用語を正確に書きたいというものと、情報を詳細に叙述することで正確に伝えたいというものです。1.2で紹介した②職員の防衛本能が、ここでいう用語や情報の正確さと関わっています。後で訴訟になったら困るので正確さを重視することになりますが、それではわかりやすい文章には決してなりません。悩ましいところです。

5.1　用語の正確さ

専門用語が難解になっているのは、1.2で指摘した「④組織の細分化」が背景にあります。各部署で扱う内容が高度に専門化することで、もはや他の組織ではわからない用語が出現します。公用文の執筆には、法律文などを基にしていることもありますが、それらの用語を正確にそのまま使っては一般の人にはわかりません。

　こういった専門用語を使ってしまう心の奥には、公式な文書では正確な用語を使わなければならないという責任感もあるでしょうし、ちょっと専門性を見せびらかしたいという見栄もあるでしょう（内田2003）。新聞の文章を専門

家に分析してもらった結果を紹介している片山（1984）では、情報源の発する用語をそのまま記事にしてしまうのは記者の消化不良が原因ではないかと分析しています。これは的確な指摘で、専門的な用語をわかりやすく書き換えて伝えるには、書き手がその内容を熟知していることが前提となります。さまざまな理由はあるでしょうが、しかるべき定義もなく専門用語を振り回している限り、文章は全くやさしくはなりません。

5.2　情報の正確さ（詳細な叙述）

詳細に情報を伝えようとすると文章は難解になります。海保（1988）のいうところの「説明の詳しさ×説明のわかりやすさ＝一定」の法則です。例を紹介しましょう。保育園の保育料について説明している「月途中入退園の保育料」という文章です。

> 月の初日以外の日に入園し、又は月の末日以外の日に退園した乳幼児の入園月又は退園月の保育料の額は、日割りした額となります。ただし①月の初日が休園日の月に、その月の休園日でない最初の日に入園するとき、又は②月の末日が休園日の月に、その月の休園日でない最後の日に退園するときなどは、日割り計算はしません。
>
> （岩田2016: 26）

　詳細に書こうとすると読みにくくなるのがおわかりいただけるのではないでしょうか。本書所収の打浪・岩田論文では、NHKニュースとNHK NEWS WEB（子どもや外国人向けのニュース）、ステージ（知的障がい者向け新聞）を比較し、わかりやすいメディアは情報量が大きく減っていることを指摘しています。情報を詳細に書こうとした分だけわかりやすさが失われているということを書き手は実感すべきです。

6 まとめ

　ここまで、公用文がなぜ難解になってしまうのか、という
テーマで書き手の心の中を分析してきました。以下にまと
めます。

- ・書き手は読者の読解力の想定が高めになりやすい（2
節）
- ・公用文の内容次第でわかりやすさが事務コスト増につ
ながる（3節）
- ・わかりやすさは配慮表現（ポライトネス）と対立する（4
節）
- ・わかりやすさは正確さと対立する（5節）

　ここで論じた難解さの原因をまずは書き手が理解しなけ
ればなりません。職員研修などを通して、こういったわか
りやすさの阻害要因を書き手が共有することで、バランス
の取れた文章が書けるようになるのではないでしょうか。

参考文献　新井紀子（2018）『AI vs 教科書が読めない子どもたち』東洋経済新報社
岩田一成（2016）『読み手に伝わる公用文―〈やさしい日本語〉の視点か
ら』大修館書店
岩田一成（2017）「7 注意喚起の内容と伝え方」本田弘之・岩田一成・倉
林秀夫『街の公共サインを点検する』pp.81–94.　大修館書店
岩田一成（2019予定）「言語政策から見た「公用文のわかりやすさ」」『社
会言語科学』22(1).
宇佐美洋（2013）「「やさしい日本語」を書く際の配慮・工夫の多様なあ
り方」庵功雄・イ ヨンスク・森篤嗣（編）『「やさしい日本語」は何
を目指すか―多文化共生社会を実現するために』pp.219–236.　ココ
出版
内田樹（2003）『ためらいの倫理学』角川文庫
尾上圭介（1999）『大阪ことば学』創元社
海保博之（1988）『こうすればわかりやすい表現になる―認知表現学への
招待』福村出版

片山朝雄（1984）「新聞用語を新聞文章—「だれにでもわかる」とはどういうことか」『新聞研究』392, pp.51-54.

国立国語研究所「外来語」委員会（編）（2006）『外来語言い換え手引き—分かりやすく伝える』ぎょうせい

斎藤美奈子（2007）『趣味は読書。』ちくま文庫

滝浦真人（2008）『ポライトネス入門』研究社

最上勝也（1985）「ことばの行革 官庁用語の諸問題」『放送研究と調査』35(7), pp.22-39.

文部省（1960）『三訂版 公用文の書き方資料集』http://www.bunka.go.jp/kokugo_nihongo/sisaku/joho/joho/series/21/21.html

Ross, A. S. C. (1954) Linguistic class-indicators in present-day English. *Neuphilologische Mitteilungen, 55*, pp.113-149.

Labov, W. & Harris, W. (2013) Addressing social issues through linguistic evidence. In J. Gibbons (Ed.), *Language and the Law* (pp.265-305). London and New York: Routledge.

第9章
やさしい日本語の使い手を養成する
自治体職員対象の「やさしい日本語研修」の実践から

栁田直美

本章の概要

やさしい日本語の重要性が認識されるようになり、自治体においても、多言語翻訳による情報提供に加え、「やさしい日本語」を用いた情報提供が行われるようになってきました。それに伴って全国各地で自治体職員対象のやさしい日本語研修が行われ、日本語教育関係者が研修を担当しています。本章では筆者が行っている地方自治体職員対象の「やさしい日本語」研修プログラムの内容やその意図を紹介し、やさしい日本語の使い手を養成するために大事なことは何かについて考えます。

キーワード

やさしい日本語研修、自治体職員、やさしい日本語の使い手

1 はじめに

現在、日本に住む外国人は260万人を超え、今後も増加が見込まれます。コミュニティのメンバーである外国人住民に対して、日本人側はどのように情報を提供し、また彼らの要望をどのように吸い上げていくか、そして彼らとどのように相互理解を深めていくか。多文化共生社会へと変貌

を遂げつつある日本社会が直面する課題は、これまでの日本社会のコミュニケーションスタイルにも影響を及ぼす可能性があります。

　従来、外国人への情報提供は英語や中国語など外国語への翻訳という方法が多く取られてきました。しかし、多言語翻訳の限界もあって、阪神淡路大震災や東日本大震災などで注目を集めた弘前大学人文学部社会言語学研究室が提唱する「減災のためのやさしい日本語」や、庵ほか（2013）が提唱する平時における「やさしい日本語」など、日本人側が日本語を調整して行う情報提供の必要性が指摘され、認知されてきています。

　自治体においても、多言語翻訳による情報提供に加え、「やさしい日本語」を用いた情報提供が行われるようになってきました。全国各地で自治体職員対象のやさしい日本語研修が行われ、日本語教育関係者が研修を担当しています。筆者もやさしい日本語の研究をしていることから、研修の依頼を受けることが多くなってきました。

　本章では筆者が行っている地方自治体職員対象のやさしい日本語研修プログラムの内容やその意図を述べます。そのうえで、やさしい日本語の使い手を養成するために大事なことは何かについて考えます。

2 ｜ 自治体職員対象のやさしい日本語研修プログラムの概要

　筆者が行っている自治体職員対象のやさしい日本語研修では、各部署から1名から数名の方が参加する形が多く、直接外国人に対応する方から、ふだんの業務ではほとんど外国人の対応は行わないという方まで、さまざまな方が参加します。参加者によってやさしい日本語の必要度は異なるわけですが、これには、研修を主催する課（国際交流課であったり広報課であったりします）の担当者の「広くやさしい日

146

〈やさしい日本語〉と多文化共生

本語について考え、全体で問題意識を共有したい」という
意図があります。やさしい日本語は一部で取り組むものでは
なく、全庁の課題であるという意識は、どの自治体の研修
担当者からも伝わってくることです。

　研修にかける時間は、1時間半の研修を月1回・計5回
連続で行うもの、朝10時から17時までの1日がかりのも
の、午後の勤務時間のうち2〜3時間を割くものなど、自
治体によってさまざまですが、すべての研修は勤務時間内
に行われ、研修の目的や予算、時期、職員にとって適切な
時間設定などが考慮されています。

　研修時間に応じて内容は変わります。長い時間の場合
は、外国人住民にも協力をお願いし、やさしい日本語への
書き換えや、やさしい日本語での会話の実践練習を行うこ
とができます。やはり実際に外国人住民とやりとりをする
ことは、参加者のみなさんに大きな影響を与えるようで
す。もちろん、長い時間をかければいろいろなことができ
ますが、依頼を受ける際は、さまざまな制限の中で最大の
効果が得られるよう、研修担当者と打ち合わせを行って内
容を決めていきます。時間設定によって足したり引いたり
しますが、研修プログラムはおおむね、以下のような流れ
で行います。

表1　やさしい日本語研修プログラムの流れ

① ウォーミングアップ

② 日本国内の多文化化とやさしい日本語

③ やさしい日本語で書いてみよう

④ 窓口対応のやりとりを見て考えよう

⑤ やさしい日本語で話してみよう

⑥ やさしい日本語の活用を考えよう

　研修プログラムはワークショップ形式で行い、1グルー

プ3〜5人に分かれて参加者同士で意見交換をしながら進めていきます。次節ではそれぞれのセクションの内容とその意図について述べます。

3 | 研修プログラムの内容と意図

3.1 やさしい日本語は特別なもの？

「①ウォーミングアップ」では、グループの中で話す人、聞く人、観察者の3つの役割を決め、話す人には「この研修に参加した動機」など1つのトピックについて次の3つの場面で話してもらいます。話す内容は3場面ともに同じです。

　　場面①：初対面の方に話してください。
　　場面②：仲のいい友人に話してください。
　　場面③：外国人に話してください。

聞く人は話す人に合わせて役割を演じてもらいます。観察者はそれぞれの場面の違いを観察してもらいます。

場面①と場面②について観察者からは、「場面①では敬語だが、場面②ではフランクな話し方になった」、「場面②の方が表情が柔らかい」、「場面②では方言が出た」などの報告があります。場面③では、「ゆっくりはっきり話している」、「ジェスチャーが増えた」、「簡単な言葉を使って話している」などの報告があります。

このセクションの意図は、やさしい日本語は決して特別なものではないと知ってもらうことです。我々は場面①と場面②のように、ふだんから相手に合わせてふるまいの調整を行っています。外国人に対して行う日本語の調整も日常の調整の延長線上にあるものであると思ってもらうことで、やさしい日本語に対する心理的なハードルを下げることがねらいです。

3.2 やさしい日本語について知る

「②日本国内の多文化化とやさしい日本語」では、やさしい日本語についての基本的な知識を紹介します。

まず、日本に住む外国人数の推移、研修を行う自治体に住む外国人数の推移、出身国の構成、在留資格について法務省の統計データなどを使って紹介し、日本国内や研修参加者の自治体の実態について考えます。

次に、日本に住む外国人が自分の母語以外にできると答えたのは英語よりも日本語のほうが多いというデータ（岩田2010）を紹介し、「外国人＝英語」ではないこと、災害時は日本語での情報提供によって救える命が多くなることなどについて考えます。

さらに、災害時のやさしい日本語から平時のやさしい日本語へと広がってきたやさしい日本語の変遷について紹介します。

最後に、やさしい日本語の活用事例を紹介します。やさしい日本語で情報発信をしている自治体の例やNHKのやさしい日本語のニュースの取り組み、やさしい日本語がインバウンドで活用されている例などを取り上げます。

このセクションの意図は、やさしい日本語が求められるようになった背景や活用事例に関する情報を提供し、やさしい日本語を学ぶ必要性があるのかどうか、考えてもらうことです。やさしい日本語のテクニックを学ぶ前に、この研修に参加者自身で意味づけをしてもらうことが必要だと考えるからです。

3.3 やさしい日本語のテクニック――書き言葉編

「③やさしい日本語で書いてみよう」では、やさしい日本語への書き換えを行います。書き換えを行う語・文、研修参加者が書き換えた例は以下のようなものです。

表2　やさしい日本語への書き換え（語・文）と書き換え例

語・文	書き換え例
(1) 停電	「電気が止まっています」 「電気が止まります」
(2) 公共の交通機関	「バスや電車」 「バス・電車・船・飛行機など」
(3) 電車が運転を見合わせています	「いま、電車が止まっています」 「電車が止まっています」

　上の書き換え例には、その他にルビをふったり、すべてひらがなで書くなどの工夫も見られます。

　研修の中では、グループ内で、(1) は、今電気が止まっているのか、それともこれから止まるのか、(3) は、電車がこれから動く可能性をどのように表すのかなどについて、(2) は、例示が効果的ですが、公共の交通機関として考えられる可能性をすべて示すのか、それとも使用が想定されるものだけに絞るのかなど、さまざまな議論が起こります。

　次に、応用編として、表3のような文章を書き換える練習を行います。

表3　やさしい日本語への書き換え（文章）

関東地方でいつ起きてもおかしくないとされるのは東海地震と首都圏直下型地震であるが、両者は相前後して起こる可能性が高く、首都東京を始めとする人口密集地に甚大な被害をもたらすことが危惧されている。
　　　　　　　野田・森口（2014）『日本語を書くトレーニング』から引用

　ここでは、書き方のステップとして、ステップ1：短文・単文にする、ステップ2：やさしい言葉に変換する（具体的に）、ステップ3：やさしい文法に変換する、を提示して書き換えを行ってもらいます。

このセクションは、やさしい日本語への書き換えでは、正確に、かつ受け手にとって必要な情報を示す方法はさまざまであること、どうしても長くなりがちな文を短く切ることの重要性を知ってもらうことを目的として行います。

3.4　立場を逆転——外国人の気持ちになって考えよう

　「④窓口対応のやりとりを見て考えよう」は、研修プログラムの中で筆者がもっとも大事にしているセクションです。ここでは、外国人の立場に立って、2つの窓口対応の映像を見て、診断してもらいます。診断項目は以下の5項目です。

表4　診断項目

1. 積極的な参加態度	熱心な、協力的な、丁寧な、礼儀正しい
2. 落ち着いた態度	自信がある、リラックスしている、慣れている
3. 相手に合わせた説明	相手の話をよく聞く、相手が理解しているか確認する・注意する、相手がわからないときに助ける
4. わかりやすい説明	短い文で話す、例を示す、小さく分けて説明する
5. 外国人向けの説明	言い換える、ゆっくり話す、ジェスチャーを使う、簡単な言葉を使う

　この診断項目は、外国人に日本人の「説明」をいくつか見てもらい、観点を抽出したものです。これまでやさしい日本語には外国人側の視点があまり生かされてきませんでした。外国人にとって真に「やさしい」とはどういうことなのかを明らかにすることで、やさしい日本語が日本人側の独りよがりにならず、日本人側・外国人側双方にとってよりよい形を目指せるのではないかと考え、このようなセクションを設けています。診断項目設定までの詳しい経緯については、栁田（2015b）を参照してください。
　外国人が高く評価する日本人側の話し方において5つの

診断項目のうち、どれが大きく影響を与えるのでしょうか。外国人を対象に調査を行ったところ、口頭での対面コミュニケーションの場合、外国人は日本人が会話に積極的、誠実に参加しているか否か（1. 積極的な参加態度）、会話相手の外国人に合わせた説明が行われているかどうか（3. 相手に合わせた説明）という観点を重視する傾向があることがわかりました。

「積極的な参加態度」という観点については、口頭での対面コミュニケーションの場合、必ずしも「やさしい日本語」が言語的調整という技術的な側面にとどまらないことを示唆しているといえます。また、「相手に合わせた適切な説明」という観点については、口頭での対面コミュニケーションの場合、一律に言語的調整を行うのではなく、会話の相手に寄り添った対応が必要であることを示しているといえるでしょう。

研修では、まずこの点に触れ、技術的な側面よりも相手が日本人の場合と同様、コミュニケーションを大事にすること、そのうえで技術的な部分を少しずつ学んでいくことの重要性を伝えるようにしています。

診断項目を理解したら、次に映像を見て診断を行います。映像は実際の自治体職員と外国人住民に協力してもらった窓口対応のロールプレイです。戸籍課とこども家庭支援課の2つの場面があり、5分程度視聴します。

図1　窓口対応ロールプレイの映像

映像を見ながら、参加者は以下の診断シートの各項目に点数（1点から5点）と、良かった点、改善したほうがいい点を記入します。

■観察者診断シート（戸籍課）

ほとんどできなかった　　まあまあできた　　よくできた

1点　2点　3点　4点　5点

評価項目		点数
1. **積極的な参加態度**：熱心な，協力的な，丁寧な，礼儀正しい		点
良かった点	改善した方がいい点	
2. **落ち着いた態度**：自信がある，リラックスしている，慣れている		点
良かった点	改善した方がいい点	
3. **相手に合わせた説明**：相手の話をよく聞く，理解しているか確認する・注意する，相手がわからないときに助ける		点
良かった点	改善した方がいい点	
4. **わかりやすい説明**：短い文で話す，例を示す，小さく分けて説明する		点
良かった点	改善した方がいい点	
5. **外国人向けの説明**：言い換える，ゆっくり話す，ジェスチャーを使う，簡単な言葉を使う		点
良かった点	改善した方がいい点	

図2　診断シート

2つの映像を視聴し、診断シートの記入が終わったら、グループで診断結果を共有します。それぞれがつけた点数の平均点を出し、平均点をグラフにプロットすることによって、診断結果を可視化します。

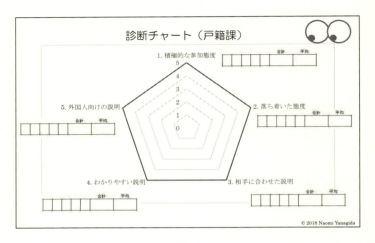

図3　診断チャート

　診断シート・診断チャートは、やりとりから受ける印象を可視化するためのツールであり、決して「いい」「悪い」を判定するためのものではありません。これらのツールは、大塚・森本（2011）を参考に作成しました。診断シートを用いることで、ぼんやりとした印象ではなく、注目すべき点が明確になり、診断結果を診断チャートを使って他者と共有することでやさしい日本語のイメージをメンバー間の共通認識として持つことが可能になります。さらに、他者を診断するということは、自身の行動をふりかえる際に有効であり、その後に行う実践において、自分の言語行動を客観的に分析することができるようになります。
　この診断チャートを作成しながら、各項目の点数の理由を話したり、高く評価した項目や低く評価した項目について話したりして、外国人住民（受け手）にとってやさしい窓口対応とはどのようなものなのかをグループで考えていきます。
　このセクションは、他者の窓口対応を観察・評価し、その評価をグループで共有・可視化することによって、窓口

対応の受け手である外国人住民にとってやさしい対応のイメージを作ること、ふだんの自身の窓口対応をふりかえることを目的としています。

3.5　やさしい日本語のテクニック──会話編

「⑤やさしい日本語で話してみよう」では、「④窓口対応のやりとりを見て考えよう」でつかんだイメージに加えて、会話におけるやさしい日本語のテクニックについて考えます。ここでは、書き言葉とは異なる、会話に特徴的な以下のようなものを取り上げます。

表5　やさしい話し方・聴き方のポイント

やさしい話し方	やさしい聴き方
（1）文を短く、終わりを明確にする （2）理解しているかどうか確認する （3）やさしい言葉に言い換える	（1）あいづちをたくさん打つ （2）相手の話を理解したことをはっきり示す （3）繰り返し、確認する （4）相手が困っていたら、積極的に助ける

　このポイントも、外国人に慣れている日本人と慣れていない日本人の話し方の違いを分析して得られた結果です。詳しい内容については柳田（2015a）を参照してください。

　やさしい話し方については、書き言葉と同じく、文を短くすること、文の終わりをはっきり示すことが大事です。加えて、相手が自分の話を理解しているかどうかの確認を躊躇しないことも重要です。「やさしい言葉」については、①文の終わりは「です」「ます」、②漢字の言葉は避ける、③敬語は避ける、④短縮語は避ける、を追加のポイントとして伝えます。

　しかしながら、自治体職員の方にとって、敬語を避けることは心理的負担の大きい項目です。自治体職員の窓口対応の発話の中には、サービス敬語ともいわれる「年金のほ

う、加入されてますか」、「記入していただくような形になります」なども頻繁に見られます。自治体職員の方にとって、敬語は相手への敬意を示す手段です。相手が外国人であっても、お客様である以上、敬語を使用しないことは非常に難しいことだということを研修担当者は十分に理解しておく必要があります。

　時間に余裕があればこの後に以下のような設定で実践練習を行います。

表6　やさしい日本語会話実践練習

あなたは、知り合いの外国人から「市役所からこどものための大事なお知らせが来たが、意味がよくわからない」と相談されました。内容を外国人に説明してあげてください。

【市役所からのお知らせ】
11月11日（月）から15日（金）までの5日間、インフルエンザの無料予防接種を実施します。

★予防接種に当たっての注意事項
接種を判断する際に、疑問等があれば、あらかじめ、かかりつけ医や保健所、お住まいの市区町村の予防接種担当課に確認して、十分納得したうえでお申し込みください。

　この練習では実際に外国人住民の方に相手役になってもらうこともあります。また、各部署の窓口対応事例を題材に練習してもらうこともあります。練習の際も、映像視聴の際と同様、観察者が診断シートを使って診断し、練習の後に良かった点、改善したほうがいい点などを議論します。

　このセクションの目的は、会話における留意点を伝えることと、これまでの研修の学習内容を実際の場面につなげることです。

3.6　やさしい日本語を現場で活用するために

　最後に「⑥やさしい日本語の活用を考えよう」です。研修

内容を研修の中だけで終わらせないために、参加者自身の現場でどのように活用できそうかを考えてもらいます。できるだけ具体的にイメージをしてもらうようにして、グループで意見をまとめてもらいます。

4 研修担当者として大事にしていること

ここまで、自治体職員対象のやさしい日本語研修プログラムについてご紹介してきました。研修実施にはさまざまな条件や制約がありますが、筆者が研修担当者として大事にしていることは以下のような点です。

まず、「やさしい日本語の必要性を認識してもらうこと」です。研修を主催する方はやさしい日本語の必要性を認識して依頼されますが、研修参加者の方の中にはやさしい日本語という言葉を初めて聞いたという方も少なくありません。そのような中でやさしい日本語のテクニックだけを取り上げても、それが誰にとってどのような役に立つのか、自分にとってもいいことなのかはわからないだろうと思います。そのため、研修の中では、外国人住民の実態や、やさしい日本語が必要とされるようになった背景などを紹介したり、やさしい日本語がふだんの調整の延長線上にあるものであることを認識していただけるようにしています。

次に、やさしい日本語のテクニックのポイントを「短い文」に絞るということです。筆者が外国人と接する機会の少ない日本人と外国人の会話を観察していると、短い文の発話が非常に少ないことに気づきます。そのため、「短い文」を意識するだけでも、かなりコミュニケーションの破綻を防げる可能性があるのではないかと思い、研修ではとにかく一文を短く、文の終わりを明示することを強調しています。

最後に、研修は研修担当者と参加者によって作り上げる

ものだということです。筆者は日本語教育、やさしい日本語が専門ですが、参加者は自治体職員という専門職の方々です。研修の中では、こちらが書き換えなどのモデルを示す場合でも「提案」という形で行うようにしています。筆者が書き換えるべきだと思った情報でも、自治体職員の側から見れば、書き換えることで意味が違ってしまうということもあります。お互いの専門性を生かして議論を重ねることでよりよい形を目指していきたいと思っています。

5 おわりに

　本章では、筆者が行っている自治体職員対象のやさしい日本語研修プログラムの内容とその意図について紹介し、自治体職員の方にやさしい日本語の使い手になっていただくために大事にしているポイントを述べました。
　ではもし、あなたがやさしい日本語の使い手を養成するとしたら、どんな状況の誰を対象に、何を大事なポイントとして取り組みますか。
　庵（2016）でも述べられているように、やさしい日本語は「考え方」であり、正解があるわけではありません。やさしい日本語の重要性を認識している方にとっては、筆者の研修の知識の部分や意識に働きかける部分よりも具体的なテクニックの紹介や練習が必要かもしれません。あるいは、すでにやさしい日本語を実践されている方なら、その実践をふりかえったり共有する方法を扱ったほうがいいかもしれません。
　日本人と外国人が日本語でコミュニケーションをし、ともに生活していくために、言語は大きな役割を果たします。やさしい日本語の使い手を養成するために日本語教育関係者ができることは多いですし、日本語教育ができる社会貢献の１つの方法だと思っています。ですが、やさしい

日本語の使い手になってほしい方たちが何を課題としているのかを知り、その課題に合わせたプランを組み、ともに課題に取り組むことができなければ、やさしい日本語の養成者としては不十分なのではないでしょうか。筆者もこのことを考え続けながら、今後も自分にできるやさしい日本語の使い手の養成のあり方について考えていきたいと思います。

付記
本研究は平成29–31年度科学研究費（若手研究（B））「外国人との接触場面における日本人の「説明」に対する評価指標の開発」（課題番号17K13483 研究代表者：栁田直美）の助成を受けている。

参考文献

庵功雄・イ ヨンスク・森篤嗣（編）（2013）『「やさしい日本語」は何を目指すか─多文化共生社会を実現するために』ココ出版

庵功雄（2016）『やさしい日本語─多文化共生社会へ』岩波新書

岩田一成（2010）「言語サービスにおける英語志向─「生活のための日本語：全国調査」結果と広島の事例から」『社会言語科学』13（1），pp.81–94.

大塚裕子・森本郁代（2011）『話し合いトレーニング』ナカニシヤ出版

野田尚史・森口稔（2014）『日本語を書くトレーニング　第2版』ひつじ書房

弘前大学人文学部社会言語学研究室　http://human.cc.hirosaki-u.ac.jp/kokugo/ej-top.html

栁田直美（2015a）『接触場面における母語話者のコミュニケーション方略─情報やりとり方略の学習に着目して』ココ出版

栁田直美（2015b）「特集やさしい日本語の研究動向と日本語教育の新展開─母語話者の「説明」に対する非母語話者の評価観点」『ことばと文字』4, pp.46–54.　くろしお出版

^第10^章
書き換え支援システム
公用文をやさしい日本語に

中島明則　岩田一成

本章の概要
本章では、〈やさしい日本語〉を普及するためのシステム
を紹介します。このシステムは「やさしい日本語」科研に
よって作成されたもので、二つのプログラムからなりま
す。
一つは「公用文作成支援システム」で、書き換え作業本体
のプログラムです。入力された公用文を解析し、書き換え
後のやさしい日本語の候補を表示するものです。もう一つ
は「やさにちチェッカー」で、文章をチェックし5つの指
標でやさしい日本語かどうかを判定するものです。これら
はインターネットから、常時使用可能となっています。

キーワード
支援システム、やさにちチェッカー、書き換え支援、公用
文、インターネット

1 | 公用文作成支援システム

専門用語が多く、硬い日本語の代表ともいえる公用文です
が、公用文をやさしい日本語にすることを目標として公用
文作成支援システムは作成されました。コンピュータの処
理能力が高度になった現在でも、入力された日本語文書

を、完全なやさしい日本語に自動変換することは困難となっています。本システムでは、文章を解析して、単語を中心に書き換え後のやさしい日本語の候補を表示し、書き換え作業を支援する機能の実装を行いました。

1.1 システムの基本動作

Webブラウザ上でシステムを使用すると、二分割された画面が表示されます。左側が文章の入力部、右側が書き換え部となっており、入力部に文章（公用文）を入力すると、即時に解析を行い、単語（または語のまとまり）に分割して、書き換え部に表示されます。

　書き換え部では、書き換え候補が強調表示され、マウスカーソルを合わせることで、難しい語に対応したやさしい日本語のリストがポップアップします。ポップアップリストから妥当な候補を選択することで文章作成を支援します。

　単語の区切り位置の変更（単解析ボタン）や範囲を選択して再解析を行う機能（解析ボタン）もあり、また書き換え部で文字を直接入力する機能（入力可ボタン）もあります。

　診断ボタンでは、書き換え後の文章の難易度をやさにちチェッカーに送って判定することができ、支援システムとは、別ウィンドウに表示されます。

1.2 書き換え

システムは以下の流れでの処理を行っています。

> 1. 入力されたテキストを形態素解析機MeCabを使用して形態素に分解する。

2. 形態素単位に難語と易語が登録された辞書を引き一致するか判定を行う。

3. 辞書がヒットした語を着色、ヒットしなかった語はそのまま表示する。

4. 着色箇所へのマウスカーソルを移動することで、候補を表示する。

5. 書き換え候補から語を選択することで、原文を書き換える。

例えば「発熱して欠席したときは、医師が押印した診断書を持参してください」という文章を入力すると、まず「発熱」のところが書き換え対象としてマークされ「熱が出ること／熱が出たり／熱が出ます……」などの書き換え候補がポップアップに提示されます。

2 やさにちチェッカー

このプログラムは、文章がやさしい日本語かどうか、語彙・漢字・硬さ・長さ・文法の5つの指標でチェックを行います。それぞれの指標で5段階評価を行い、総合判定も表示します。視覚的にわかりやすいよう、5つの指標をレーダーチャートで表示し、指標ごとに入力文に着色する機能を持っています。

入力欄に文章を入力し、Checkを行うと文章を5つの指標それぞれで評価します。評価点は以下の通りです。

> 語彙：旧日本語能力試験の3級語彙をベースにした初
> 級語彙の比率で判定。
>
> 漢字：漢字を含む語の使用率で難易度を判定。
>
> 硬さ：文中の名詞の密度により硬い文章かどうかを判
> 定。
>
> 長さ：文ごとに語数を長さとみなし、文の平均長さで
> 判定。
>
> 文法：5種類の難しい文法がどれくらい使われている
> かで判定。

　評定は、各々5段階（1から5）、総合判定は合計点を基にAからEで評価します。具体的に厚生労働省のウェブから以下の文章をコピーして、やさにちチェッカーに入れてみました。

> 外国人技能実習制度は、我が国が先進国としての役
> 割を果たしつつ国際社会との調和ある発展を図って
> いくため、技能、技術又は知識の開発途上国等への
> 移転を図り、開発途上国等の経済発展を担う「人づ
> くり」に協力することを目的としております。
> 平成28年11月28日に公布され、平成29年11月1
> 日に施行された外国人の技能実習の適正な実施及び
> 技能実習生の保護に関する法律（平成28年法律第89
> 号）に基づいて、新しい技能実習制度が実施されて
> います。　　　　　　　　　「外国人技能実習制度について」

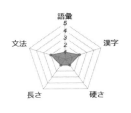

項目	評定	解説	対応
語彙	1	とても難しいです。	初級語彙が70%未満です。
漢字	2	難しいです。	漢語が多すぎます。
硬さ	1	法律文レベル	1文あたりの平均名詞数が15を超えています。
長さ	1	とても難しいです。	1文が長いものが2あります。
文法	2	難しいです。	難しい文法が3種類含まれています。

　総合判定はDとなり、この文章が大変難しいという判定をしています。みなさまの読んだ実感と合ってるでしょうか。解説欄にマウスカーソルを合わせると説明がポップアップし、リンクをクリックすることで入力欄の該当箇所を着色表示することができます。このレーダーチャートはバランスよく広がっていくと〈やさしい日本語〉に近づきます。ここではその各項目を詳しく説明していきます。

2.1　語彙

語彙の総数に占める初級語彙の割合で判定しています。UNIDICで形態素解析した後で計算しています。旧日本語能力試験の3級語彙（4級語彙を含む）に若干の修正を加えたものを「初級語彙」と呼んでいます。パーセントはテキスト全体の延べ語数に占める割合です。

- 分子（初級語彙に該当する語彙素数）
- 分母（UNIDICで形態素解析した語彙素数。ただし、空白、補助記号、名詞-固有名詞-地名は除く）

判定基準：

1：初級語彙が70％未満

2：初級語彙が70％以上80％未満

3：初級語彙が80％以上90％未満

4：初級語彙が90％以上95％未満

5：初級語彙が95％以上

2.2　漢字

漢語使用率と漢字語彙難易度という二つの尺度から判定しています。漢語使用率は、名詞と動詞の総数に占める名詞と動詞の漢語の割合を計算します。漢字語彙難易度とは、学年別漢字配当表（低学年・高学年）、常用漢字表を用いて、4段階（低、高、常、外）で評価しています。詳しくは以下に紹介します。

Ⅰ）漢語使用率（名詞＋動詞）

分子は品詞が［漢語名詞と漢語動詞］の個数です。漢語判定は「かたりぐさ」を使用し、サ変動詞は「する」の箇所がサ変動詞であるものを指定し、その前節名詞（名詞かつサ変可能）を漢語判定しています。分母は品詞が［名詞＋動詞］の個数です。複合名詞は判断せず、個々の名詞1語としています。

Ⅱ）漢字語彙難易度（低、高、常、外）

分母はいずれも、漢語（名詞＋動詞）の個数です。分子に以下の4パターンを設定して4つの数値を計算して出します。これらの数値を用いて判定基準に利用します。

a）低：漢語のうち、漢字が学年別漢字配当表（低学年）440文字のみで構成される個数を分子としたもの。少数点以下第3位を四捨五入し、第2位まで表示しています。

b）高：漢語のうち、漢字が学年別漢字配当表（高学年566文字及び低学年440文字）のみで構成される個数を分子としたもの。少数点以下第3位を四捨五入し、第2位まで表示しています。

c）常：漢語のうち、漢字が常用漢字表（学年別漢字配当表を含む）のみで構成される個数を分子としたもの。少数点以下第3位を四捨五入し、第2位まで表示しています。

d）外：漢語のうち、漢字が常用漢字表（学年別漢字配当表を含む）以外を含む個数を分子としたもの。少数点以下第3位を四捨五入し、第2位まで表示しています。

判定基準：

1：漢字語難易度「外」が0.01以上、または「常」が0.13以上。
　　→いずれかが該当するときは「難しい漢字を含む語が多すぎます」とコメント表示

2：漢語使用率が0.60以上
　　→「漢語が多すぎます」とコメント表示

3：漢語使用率が0.45以上0.60未満
　　→「漢語の量については普通です」とコメント表示

4：漢語使用率が0.45未満かつ漢字語難易度「低」
0.40未満
　→「漢語の量は適切ですが、易しい漢字を含む語
　　が少ないようです」とコメント表示

5：漢語使用率が0.45未満かつ漢字語難易度「低」
0.40以上
　→「漢語の量が適切で、易しい漢字を含む語も多
　　く易しいです」とコメント表示

2.3　硬さ

文中の名詞の数をカウントして文名詞密度（一文における名詞の数を平均したもの）を計算し判定します。分子は名詞の内容語数[1]で、分母は文の数です（文中の「。」「.」「？」の数でカウント）。一文中の名詞の数が増えると文章が硬くなるというのは以下のようなことです。「アルコールをたくさん飲みます。そして、運転します。そうすると事故にあうかもしれません」を「過度のアルコール摂取後の運転は事故のリスクを高めます」に変えると硬くなります。後者は一文中に名詞がぎゅーっと詰まっているのがわかるのではないでしょうか。文名詞密度については岩田ほか（2015）でデータを出しています。

判定基準：

1：文名詞密度が15超なら法律文レベル

2：文名詞密度が12超なら専門書と法律文の中間レベル

3：文名詞密度が9超なら専門書レベル

4：文名詞密度が6超なら児童文学と専門書の中間レベル

5：文名詞密度が6以内なら児童文学レベル

2.4 長さ

文章中の各文の語数（＝一文の長さ）を元に判定します。各文は文境界「。」「！」「？」で区切ります（カッコ＝（）「」【】｛｝［］内の文境界は、文境界としない）。また、改行のみで区切られ、文境界のない行は見出しと判定し対象外です（見出しと判定しても、行の最後が「、」の行は継続している文として対象とする）。

> 判定基準：
>
> 1：文の平均長さが40語超ならとても多い
> 2：文の平均長さが25語超なら多い
> 3：文の平均長さが25語以内なら普通
> 4：文の平均長さが20語以内なら適切
> 5：文の全てが20語以内ならとてもやさしい

2.5 文法

難解であると判断した文法5種類が何種類出現するかをカウントして判定します。難解であると判定した文法は以下の5種類です（文法項目の選択に関しては岩田（2013）を参考にしている）。

> 1：接続詞、並列助詞「および、ならびに、または、もしくは、につき、にて」[2]
> 2：受身、可能、尊敬
> 3：尊敬、謙譲
> 4：文末が「とする、となる、である」
> 5：連用中止

> 判定基準：
>
> 0：難しい文法が5種類なら、とても難しい
> 1：難しい文法が4種類なら、とても難しい
> 2：難しい文法が3種類なら、難しい
> 3：難しい文法が2種類なら、ふつう
> 4：難しい文法が1種類なら、適切
> 5：難しい文法がなければ、とてもやさしい

2.6 総合判定

語彙、漢字、硬さ、長さ、文法の5項目それぞれの5段階評価を集計し、A，B，C，D，Eの5段階で総合判定します。

> 判定基準：
>
> A：評定点の合計が21点以上＝5以上が1つはある
> B：評定点の合計が16点以上＝4以上が1つはある
> C：評定点の合計が11点以上＝3以上が1つはある
> D：評定点の合計が6点以上＝2以上が1つはある
> E：評定点の合計が5点＝オール1以下

3 ｜ まとめ

現在、本システムは複数の自治体で採用されており、実用段階にあります。ただ、〈やさしい日本語〉はかっちりとした正解があるわけではなく、状況や目標によって柔軟に変化していくものです。この点を研修などで職員さんたちに伝えていかなければならないでしょう。あくまで本システムは、書き換えをするときの一つの目安であるという認

識が重要です。

コンピュータ資源
開発言語：Python2.7、JavaScript
DB：MYSQL5.0
WEBフレームワーク：Flask
ORマッパ：SQLAlchemy
WEBフォーム拡張：WTForms
JavaScriptライブラリ：JQuery
CSSフレームワーク：Bootstrap

文字処理ツール
形態素解析エンジン：MeCab0.98
日本語係り受け解析器 CabCha0.60
日本語辞書：ipadic2.7.0（MeCab用）、
　　　　　　UNIDIC2.1.2（MeCab用）
高頻度語辞書：松田他（2010）を基に作成した辞書
　　　　　　　（未公開）
漢語辞書：かたりぐさ
語彙辞書：「日本語を読むための語彙データベース
　　　　　　Version 1.1」（松下2011）

謝辞
本システムは以下の研究補助金の支援を受けて作成したもので、「やさしい日本語」のウェブサイトからアクセスできます。

①ウェブサイト
　http://www4414uj.sakura.ne.jp/Yasanichi/index.html
②補助金（共に日本学術振興会科学研究補助金による基盤研究（A）
　・「やさしい日本語を用いたグローバルコミュニケーション社会実現のための総合的研究」（課題番号22242013 研究代表者：庵功雄 平成22年度〜25年度）
　・「やさしい日本語を用いた言語的少数者に対する言語保障の枠組

み策定のための総合的研究」（課題番号 25244022　研究代表者：庵功雄　平成 25 年度〜28 年度）

注

[1] 名詞は UNDIC での形態素解析で、品詞が以下のものです：名詞-普通名詞-副詞可能、名詞-固有名詞-地名-国、名詞-普通名詞-サ変可能、名詞-普通名詞-形状詞可能、名詞-普通名詞-一般、名詞-固有名詞-人名-名、名詞-固有名詞-一般、名詞-固有名詞-人名-姓、名詞-固有名詞-地名-一般、名詞-固有名詞-組織名、名詞-固有名詞-人名-一般。

[2] 各文法形式の抽出方法は以下の通りです：1．語彙素が「及び」、語彙素が「並び」＋語彙素が「に」、語彙素が「又」＋語彙素が「は」、語彙素が「若しくは」、書字形が「に」＋「つき」、語彙素が「にて」、2．語彙素が「られる」で品詞が「助動詞」、語彙素が「れる」で品詞が「助動詞」、3．語彙素が「下さる」（ただし、直前の語彙素が「て」のときは除く）、語彙素が「頂く」、書字形が「お」＋任意の形態素 1 個または 2 個＋語彙素が「為る」、書字形が「ご」＋任意の形態素 1 個または 2 個＋語彙素が「為る」、4．語彙素が「と」＋「為る」（ただし、書字形が「と」「し」「て」を除く）、5．品詞が「動詞」で活用形が「連用形」＋語彙素が「、」。

参考文献

岩田一成（2013）「文法から見た「やさしい日本語」」庵功雄・イ ヨンスク・森篤嗣（編）『「やさしい日本語」は何を目指すか―多文化共生社会を実現するために』pp.117–140.　ココ出版

岩田一成・森篤嗣・松下達彦（2015）「「やさにちチェッカー」―公的文書の難易度を指標化するシステムの開発」『日本語教育学会秋季大会予稿集』pp.407–408.

松下達彦（2011）「日本語を読むための語彙データベース Version 1.1」http://www17408ui.sakura.ne.jp/tatsum/database.html

松田真希子・児玉茂昭・竹元勇太・石坂達也・森篤嗣・川村よし子・山本和英（2010）「コーパスの異なりと単語親密度を活用した日本語共通基礎語彙の抽出」『言語処理学会第 16 回年次大会発表論文集』pp.579–582.

第11章

誰にでも伝わる「公共サイン」の手法を考える
〈やさしい日本語〉の一歩手前に

本田弘之

本章の概要

本章では「やさしい日本語」の考え方を公共サインに援用し、誰にでも伝わる「公共サイン」のあり方について考えます。「公共サイン」は、その社会で最も基本的なコミュニケーション手段となるので、日本語を母語としない人にも伝わらなければならないこと、その点で、現在おこなわれている多言語サインと日本語ローマ字表記には問題があることを指摘して、公共サインは、ピクトグラムを主にしてローマ字とかな表記を併用するスタイルを基本にすべきことを主張します。

キーワード

公共サイン、ピクトグラム、ローマ字表記、かな表記、多言語サイン

1 | 「公共サイン」とは

本章では「公共サイン」について考えてみたいと思います。2017年に筆者たちは『街のサインを点検する』（大修館）という本を上梓しました。これは、フィールドワークに基づく「公共サイン」の調査です。特にサインを言語学的に考察したという点で、はじめての報告だと思います。

ここにその内容の一部を再録し、さらにその後、筆者が考えてきたことをお話しします。

　ところで「公共サイン」ということばにあまりなじみがない方もいらっしゃるかもしれません。宣伝広告やデザインの分野では、街に掲示された様々な看板やポスター、立て札など様々な掲示物の総称として「サイン」という用語を使っています。そのサインの中で広告や宣伝（商業サイン）ではないものを「公共サイン」と呼んでいます。たとえば、トイレや非常口、コインロッカーやバス乗り場などの位置・案内の掲示を思い浮かべていただきたいと思います。

　なお「公共サイン」と称していますが、設置（掲示）者が「公共団体・組織」であるという意味はありません。個人や企業が設置したサインであっても、目的が宣伝・広告でなければ「公共サイン」です。

2 ｜ 「公共サイン」が持つ性質とは

　公共サインと商業サインという二つのサインを区別する具体的な基準は何でしょうか。筆者は、掲示場所における「コミュニケーション」の有無だと考えています。

　商業サインは、クライアント（掲示者）からの一方的な「語りかけ」として作成されます。たとえば乗用車の広告であれば「こんなに魅力的な車があります」、飲み屋の看板であれば「こういう店がありますから、来てください」という語りかけです。

　それに対し、公共サインは、それを必要としている人への「回答」としてそこに置かれています。「トイレはどこですか？」「ロッカーの使い方を教えてください」という質問への「回答」として、あらかじめ掲示されているのが公共サインなのです。

174

〈やさしい日本語〉と多文化共生

「商業サイン」は、それだけではコミュニケーションとはいえません。もちろんクライアントは、想定顧客とコミュニケーションしたいと考えて広告を掲示するわけですが、「スルー」されてしまう方がずっと多いわけです。まれにコミュニケーションを求める人が現れた場合にも「詳しくはWEBで！」「電話でのご予約は……」などとサインの外へコミュニケーションを誘導することが可能であり有効です。

　それに対し、公共サインは回答として掲示されているので、その場でコミュニケーションが完結しなければなりません。「トイレはどこですか？」という（おそらくは緊急の）問いかけに「詳しくはWEBで！」と返答するわけにはいきません。

　このように、公共サインは、その場でコミュニケーションが完結するように掲示しなければならないのですから、確実に読み手に「伝わる」ことが最も重要です。これに対して、商業サインは「伝わる人にだけ伝わればよい」と割り切ってデザインされます。

　そして、ここに一つの問題が生じるわけです。それは、この本を手にしている方にあらためていう必要はないと思いますが、公共サインによるコミュニケーションを必要としている人たちの中に日本語が読めない人、あるいは、日本語の読解力に制限がある人が増えている、ということです。

3 ｜ 外国人にも読める「公共サイン」の重要性

　この数年間で、日本を訪問する外国人観光客が急増し、2800万人以上に達しています（JNTO：2017年）。さらに、日本社会に暮らす外国人も着実に増加し、約256万人（法務省：2017年末）を数えます。つまり、公共サインの前に

立つ人の50人に1人は外国人なのです。

　ところで、公共サインの役割とは、何でしょうか。つまり、人々はなぜ公共サインを必要とするのでしょうか。その最も大きな役割は「自由な移動を保障すること」だと思います。

　いままで、一口に公共サインといってきましたが、その内容は大きく5種類に分かれます。それは、①施設や乗り場などがそこに／そこであることを示す「位置サイン」、②施設や乗り場がどこにあるかを示す「誘導サイン」、③立ち入り禁止や禁煙などを示す「規制サイン」、④使用方法や利用時間を示す「案内サイン」、そして、⑤路線図や構内・店内の施設を示す「案内マップ」です。

　このうち、①・②・⑤は、人々の移動を助けるために掲示されているサインであり、④も移動に関する内容が少なくありません。見知らぬ土地、なじみがない場所で、人々は公共サインを見て移動するのです。

　土地になじみのない「生活者としての外国人」は、公共サインを頼りに移動しなければなりません。ですから「今日から地域の日本語教室で日本語を勉強しよう」という人が、1人で電車やバスに乗って教室まで行けるように公共サインがデザインされていることが必要です。そのためにトイレや非常口の掲示はもちろん、鉄道駅やバス乗り場の案内サインも、日本語の知識の有無にかかわらず「来日したその日からわかる」ようにしておかなければならないと思います。

　このように、彼らが日本に来たその日から、公共サインを見て市内を自由に移動できるということは、非常に重要なことだと思います。日本に暮らす外国人が、迷うことなく、スムーズに、安心して歩ける街をつくっていくことは、先住者である日本人も、自分たち自身の問題として、真剣に考えておかなければならない課題なのです。

176

〈やさしい日本語〉と多文化共生

というのは、どんな国・地域でも、外来者の比率が高くなるにつれ、都市に「場違いな人間が立ち入ると危険なエリア」が生まれてしまう可能性があります。そのような危険なエリアができてしまう理由の一つに、その地の言語が理解できないため、移動が自由にできない人々が、自分たちの言語だけで生活ができる特定のエリアに集住して、排他的な空間を生んでしまうということがあげられるからです。

　ですから、日本語習得のいわゆる「ゼロ初級」から〈やさしい日本語〉を理解できるようになるまでの間にいる人にも読めるサインが理想的な「公共サイン」のあり方だと思います。つまり「誰にでもわかる公共サイン」が〈やさしい日本語〉の一歩手前に必要であると筆者は考えているのです。

4 ｜「誰にでも伝わる公共サイン」は可能か？

　さて「社会の多言語化」と「誰にでも読める公共サイン」という二つの項目を並べたとき、誰もが想起するのは、近年急速に掲示が増えつつある「多言語サイン」ではないかと思います。

　現在、最も普及しているのは、日本語の他に英語、中国語、韓国語の四つの言語が併記されている多言語サインです。このようなサインを「標準四言語」サインと呼ぶのだそうですが、この標準四言語サインは、役に立っているのでしょうか。あるいは、今後も役に立つのでしょうか。

　JNTO（日本政府観光局）が発表している「訪日外客数」(https://www.jnto.go.jp/) によると、訪日客の3分の2が中国語、韓国語を話す人々だと考えられるので、現在のところ標準四言語サインは役に立っているといえそうです。なお、この「訪日外客数」には、留学生や技能実習生など長

期滞在する人も含まれていますが、圧倒的多数は、主に観光を目的として来日した短期滞在者です。

しかし、長期滞在者、つまり、日本で暮らしている外国人については、出身地の比率に変化が起きています。たとえば10年ほど前の日本語学校や大学の留学生クラスは、現在の観光訪日客と同じように7割から8割が中国・台湾・韓国の出身者で占められていました。しかし、近年はその比率が低下しています。日本学生支援機構（JASSO）の「外国人留学生在籍調査」（http://www.jasso.go.jp/）によれば、中国・韓国・台湾出身者が50％程度にまで減少しています。代わって増加しているのがベトナムをはじめとする東南アジア出身者、そしてネパールをはじめとする南アジア出身者です。

さらに急増している技能実習生、そして新設される「特定技能」ビザで来日する外国人も、やはり「標準四言語」以外の地域から来る人々が大きな比率をしめることになると考えられます。

このような在留外国人比率の動向から推測すると、ごく近い将来、標準四言語サインでは、対応できなくなることが明らかです。どうすればよいのでしょうか。

5 | 多言語サインは日本だけの現象

このような疑問から、筆者たちは、日本と世界の公共サインの比較対照調査をおこなってきました。特に重点的に調査をしたのは、ドイツを中心とするEU諸国です。

EUは、その言語政策の理念として「複言語主義」を掲げています。つまり、多くの言語が併存する社会が大前提として認識されているわけです。そして、現実的にも、すでにその社会に多くの移民を抱えています。このように日本よりはるかに多言語化が進むヨーロッパの公共サイン

が、日本が目指すべきモデルになると考えたわけです。

　こうして世界各地の公共サインの写真を数千枚撮影し、それを分類した結果、「公共サイン」の表示は、大きく3タイプに分類されることが明らかになりました。

　　タイプ①　現地公用語のみ、あるいは、それに英語を併
　　　　　　記したサイン
　　タイプ②　多言語サイン
　　タイプ③　ピクトグラム

　タイプ①のサインは、ヨーロッパのみならず、世界中で普遍的に見られます。

　英語が国際共通語化しつつある現状は、複言語主義を唱える（さらにイギリスの脱退が決定している）EU諸国でも、否定しようのない事実なので「自国語＋英語表記」となるのはしかたがない、と考えているようです。言語学的に見ても、活用（動詞の変化）や曲用（性・数・格による名詞の変化）が複雑なヨーロッパ諸語（主にインドヨーロッパ語族）の中で、現代英語だけは、顕著に単純化（「孤立語」化）が進行しており、すべてのEU市民にとって「平等に」習得が易しい言語となっていますから、共通語として使われるのは意味のないことではないともいえます。

　ただし、英語を採用する理由の根底に、このような「英語は易しい言語」という感覚があるためか、ヨーロッパの公共サインの英語表記は、できるだけシンプルな単語でシンプルな表現をおこなうことが徹底されています。日本の英語サインには、時として「英語がよくおできになるんですね」と皮肉をいいたくなるような複雑な表現がしばしば見られますが、それとは対照的です。

　またヨーロッパ諸言語では、自国語と英語の単語が完全に、あるいは、ほぼスペルが同じ、という場合がしばしば

179

第11章　誰にでも伝わる「公共サイン」の手法を考える

見られますが、このような場合、英語の併記を省略することが普通に見られます。これに対し、日本の多言語サインでは、日本語と中国語の単語（漢字）が同じであっても、決して省略しません。しかし、公共サインの本来の目的を考えると、省略型の表示の方が合理的です（写真1）。

タイプ③ピクトグラムの使用は、世界中でおこなわれていますが、特にヨーロッパでは、その使用が進んでいるように思われます。

公共サインの多言語化を完全に推し進めようと考えた場合、その究極の姿は「世界中のすべての言語を併記すること」になりますが、これが実現不可能なことは誰にでもわかります。

しかし、考え方を変えて、もし、すべての人に理解可能な言語があれば、その言語を一つだけ表示すればすむ、ということになります。ピクトグラムは本来、このような発想から生みだされたものですから、ピクトグラム・サインは、究極の多言語サインである、ということができるでしょう。

いまのところ、ピクトグラムの多くは、自国の公用語、さらに英語と併記して使われており、世界的にピクトグラムのみでの使用が一般化しているのは「トイレ」（男女に加え車椅子などのシルエット）と「非常口」の2種類ではないか、と思います。しかし、中欧・北欧などでは、ピクトグラム以外の言語（文字）を極力排除して、ピクトグラムのみでコミュニケーションを成立させようとしているように思われます（写真2）。

さて、問題は日本で普及しつつあるタイプ②の多言語サインです。公共サインの調査はEU以外の地域でもおこなったのですが、その結果、明らかになったのは「街のいたるところに多言語の公共サインが見られるのは日本だけ」という意外なものでした。

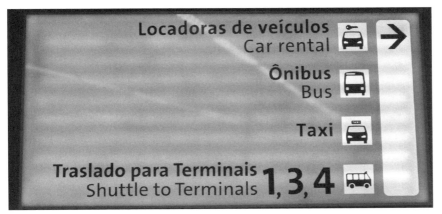

写真1　サンパウロ（筆者撮影）

写真2　コペンハーゲン（筆者撮影）

　たとえば、フィンランドのヘルシンキ空港は、その地理的位置を生かして東アジア諸国とEU諸国を結ぶハブ空港になりつつあります。そこでは、EU域外ターミナルの到着エリアに限って多言語サインが見られます（写真3）。しかし、EUターミナルに入るとそれがなくなります。

　また、前掲書の共著者である倉林氏が最近、パリを調査した結果によれば、観光客の多いメトロのフランクリンルーズベルト駅（シャンゼリゼ大通りの真ん中に位置する）のみ、多言語（日本語、ロシア語、中国語、アラビア語）で駅名が表記されていたそうです。

　日本においても、時折、（中国語の）簡体字と繁体字が併記されているサインが見られます。繁体字を併記する観光

181

第11章　誰にでも伝わる「公共サイン」の手法を考える

写真3　ヘルシンキ（筆者撮影）

地では、大陸以外に台湾、香港から来る「お客様」のことを意識していることが多いようで、これは「おもてなし」の気持ちの表明ということになるでしょう。つまり、多言語サインというものは、観光客に対する「おもてなし」の表明として、場所を限定して掲示されるものなのではないでしょうか。

　訪日観光客への「おもてなし」の気持ちを表すために多言語サインを掲示することは否定しませんが、居住者の生活を支えるための公共サインは、やはりピクトグラムを中心に考えるべきだと思います。

6 ｜ 日本におけるピクトグラムの使われ方の問題点

　ところで、ピクトグラムは、日本でもよく使われています。それどころか、日本で本格的にピクトグラムが使われるようになったのは、1964年の東京オリンピックから、というのが通説ですから、すでに50年以上使われているのです。ところが、日本では、世界標準とは異なる奇妙なピクトグラムの使い方が非常に多く見られます。

それは、ピクトグラムと多言語の併記です。前節で述べたとおり、ピクトグラムと自国の公用語、あるいは英語も併記するという使用法は世界的な標準ですが、日本では、ピクトグラムに加えて標準四言語を併記したサインがいたるところに見られます。

　しかし、このような使用法が、ピクトグラムを役に立たないものにしている例が散見されます。つまり、ピクトグラムを使うことによって「文字を使わずに伝える」という本来の意味が忘れられてしまい、ピクトグラムが掲示されているにもかかわらず、併記された文字が読めなければ意味が伝わらない、つまり、ピクトグラムは単に装飾として「イラスト代わりに添えてみました」というサインが少なくないのです。

　ピクトグラムは、世界共通の「文字」なのですから、ピクトグラム・サインは、ピクトグラムだけで意味が通じるようにデザインするのが当然です。「文字」が読めなければ、意味が伝わらないのでは、外国人をとまどわせ、言語障壁をさらに高くしてしまいます。ピクトグラムも多言語表記も……というサインを掲示するのは、やめるべきです。

7 ピクトグラムでは表現できないもの

　前節まで述べてきたとおり、社会に多くの外国人を迎え入れるにあたって、公共サインはピクトグラムを全面的に採用するべきである、というのが筆者の主張です。ただ、ピクトグラムの使用には、一つ大きな問題があります。

　それは、ピクトグラムで表現できるのは、その場所・施設の「機能」だけであり、「発音」を表現することはできないということです。つまり、トイレやコインロッカー、乗り場の所在は、ピクトグラム（と矢印）で伝えることができますが、「八重洲口」「丸の内口」といった地名をとも

なう案内は、ピクトグラムではできません。同じように「国際線ターミナル」とか「第二ターミナル」といった施設（建物）名も表現できません。トイレなら場所にかかわらず、そこにあるものを使えばいいのですが、駅の出口や空港ターミナルは、そうはいきません。

　したがって、これら地名や施設の名前、すなわち「固有名詞」については、ピクトグラム以外の表示方法を考えなければならないということになります。ただし、ピクトグラム以外といっても、発音を視覚的に伝達する方法は、いまのところ（おそらく将来も）文字しかないと思われます。したがって考えるべきことは「どのように文字を使うか」ということになります。

8 ｜ 言語によるローマ字表記の「異なり方」

　社会言語学的な考察はさておき、現実的に世界の文字使用は「ローマ字（roman alphabet）言語」と「それ以外の文字言語」という二項対立の状態にあります。さらに、「ローマ字言語」の人が、圧倒的にローマ字しか理解できないのに対して、「それ以外の文字言語」の人は、その多くがローマ字も理解できるという状態が世界の現実です。したがって「誰にでも伝わるサイン」を目指すのであれば、文字としては、日本語（の文字）にローマ字を併記することを一番に考えるべきでしょう。

　しかし、ここで注意しておかなければならないことは、世界的に統一されたローマ字表記法というものはないということです。ローマ字は26文字しかありませんが、各言語の「オト」の数（音韻数）は一定しておらず過不足が生じます。だから、それぞれの言語は、26文字をやりくりして、あるいは、それに付加記号を足して、その言語に合わせたスペリング（綴り）を定め、その言語専用のローマ

写真4　北京（筆者撮影）

字表記法をつくります。そのため、ローマ字表記法は、言語によってかなり異なっています。そして、この各言語に固有のローマ字表記法を決定する主体は国家です。

　国家は、それぞれ公用語をどのように表記するか、という規則（正書法）を定めています。このとき「それ以外の文字言語」を使う国では、固有の文字と共にローマ字を使った場合の正書法も定めていることが多いのです。

　たとえば、写真4は北京の中心部にあるサインです。道路標識が二つの文字で表記されています。一つは、いうまでもなく漢字で表記されています。そして、その下にローマ字が併記されています[1]。しかし「Qianmen」「Guangchang」という地名（通りの名）を一体どのように発音するかとまどう人も多いことと思います。それは、このローマ字の綴りが「ピンイン」（漢語拼音）という、中国のローマ字正書法に従って書かれているからです。

　このような事情は「ローマ字言語」でもまったく同じように起きます。筆者は、ポーランドに滞在した経験がある

のですが、ポーランドにいったばかりのころは、ポーランド語で書かれた地名の多くが読め（発音でき）ませんでした。たとえば、みなさんは「Oświęcim」「Wieliczka」などをどう読めばいいかわかりますか（どちらも有名な世界遺産です）。

　少し古い調査になりますが、2001年に文化庁がおこなった「日本語に対する在住外国人の意識に関する実態調査」では「ローマ字が読める」という回答が51.5%にとどまっていました。つまり約半数の在住外国人が、ローマ字が読めないと答えたわけです。しかし、これを文字どおり「ローマ文字」（roman alphabetという文字種）が読めないのだ、と解釈してはいけないと思います。つまり、これは、筆者が「Oświęcim」「Wieliczka」というポーランド語を読めなかったのと同じように「ローマ字表記の日本語」が読め（発音がわから）ない、という意味なのでしょう。

　このように、ローマ字表記でも、その言語がまったくはじめての人には、どのように読むかという見当がつきにくいのです。まず、その国の言語の発音とローマ字表記法の関係を学ぶことが必要になります。日本語教育においても、ゼロ初級（完全な初心者）のクラスを開始するときには、まずローマ字表記で五十音表を示し、発音を教えるのが普通です。

9 ｜ 日本語ローマ字表記が抱える大きな問題

　ところが、日本語はそのローマ字表記に大きな問題を抱えています。日本でも「訓令式」と呼ばれるローマ字表記法が定められているのですが、現実には「ヘボン式」と呼ばれる表記法が広く使われており、さらに、ヘボン式のローマ字といっても、ヘボン（James Curtis Hepburn）本人が策定した書き方以外に、それを「修正」した書き方、さらに

それを「修正」した書き方……という調子で「修正ヘボン
式」にいくつかのバージョンが存在しています。つまり、
事実上、日本語のローマ字表記法は「定まっていない」状
態にあるのです。

　さらに、日本人がそのような事情をあまり気にしていな
いことも問題です。これが漢字の書体の差異であれば、直
ちに真剣な討論が起きるのではないかと想像するのですが
……。結果として、日本の公共サインのローマ字表記は、
正しく読むのが難しい状態になってしまっています。

　ここでは、三つの問題を指摘しておきましょう。①長音
を表記しないこと、②英語を基準としていること、③ルー
ルが系統的ではない（例外が多いこと）の三点です。

①　訓令式では長音（－）を表す記号が決められているの
　ですが、ヘボン式には、はっきりとした決まりがあ
　りません。そのため、いつの間にか「ヘボン式では
　長音を表現しない」ことが常識となっています。し
　かし「日本語の音体系では、長音になるかならない
　かで別の語彙になる」（岩田2017）のでローマ字が実際
　の発音と一致しないことが頻繁に起こります（写真5）。
②　ヘボン式は、英語母語話者が読むことを念頭におい
　て定められました。そのため英語以外の「ローマ字
　言語」を母語としている人には、読めないことがあ
　ります。特に耳から日本語（の単語）を覚えた非英語
　母語話者にその傾向が強くでるのではないかと思わ
　れます。
③　②と重なりますが「英語話者にとっての読みやすさ」
　を優先させて綴りを決めたので、五十音表との間に
　「ズレ」が生じ、例外が多くなっています。たとえ
　ば、「ち」がtiではなくchiに、「つ」がtuではなく
　tsuになっています。あくまで「日本語のローマ字表

記」なのですから、「ち」と「つ」も、「た」「て」「と」にそろえるべきだろうと思います。

写真5　滋賀（蘆田颯介氏撮影）

　写真5のように漢字が読めなければ、どちらに行けばいいか判断できないような標識は、外国人が車を運転するときに大きな障害になります。これからは、訪日観光客がレンタカーで移動するような場合だけではなく、日常生活を支える物流の仕事を外国人が担当するようなケースも想定しなければならなくなると思います。
　さらに、写真6のローマ字、ことに右下の「juni」を「ジューニ」と読める外国人はいないのではないでしょうか。それどころか、日本人でも上に書かれた「十二」という漢字を見なければ読めないと思われます。

写真6 札幌（筆者撮影）

　なお、この駅名サインは標準四言語で表記されていますが、日本語、中国語、韓国語は「18」「12」「24」とアラビア数字なのに、英語だけがローマ字（読み）表記になっています。ここにも固有名詞をどのように表記するか、という問題の一つがあります。

　日本語のローマ字表記を考えるというと、訓令式かヘボン式のどのバージョンを採用するべきか、ということに議論が傾きがちだと思いますが、とにかく表記を統一して、誰でもローマ字が読める（発音がわかる）ようにするということが、いま現実的に必要なことだと思います。

10 公共サインには「ひらがな・カタカナ」がまず必要

　先ほども取りあげた「日本語に対する在住外国人の意識に関する実態調査」（2001年：文化庁）によると、日本在住の外国人がもっとも「読める」文字はひらがなでした。ひらがなは84.3％の人が、カタカナは75.2％の人が読める、と回答しています。その一方、ローマ字が51.5％だったのに対し、漢字が少し読めると答えた人が48.5％でした。つまり、日本で暮らす外国人に地名や人名などの固有名詞を伝えたい場合、最も必要なのは「かな表記」であると思

われます。

　しかし、かな表記の公共サインを街中で見かけることは、ほとんどありません。わずかな例外は、鉄道の駅名標でしょう。鉄道会社によって形式はまちまちで、最近は、多言語や駅ナンバリングを併記しているものも多いのですが、国鉄時代からの伝統によって、駅名標には、必ずひらがなが添えられています。

　ところが、それ以外の公共サインでは、かな表記をほとんど見ません。たとえば、道路の案内表示は「難読地名」でも、漢字とローマ字だけで表示されるのが原則です（写真7）。

写真7　京都（岩田一成氏撮影）

　しかし、在住外国人でローマ字と漢字を少し読める人は、どちらも半数程度しかいないのです。したがって、誰にでも伝わる公共サインとするためには、かな表記を主として、ローマ字と漢字を併記するという手法がベストではないかと思います。

11　「やさしい公共サイン」の手法とは

　最後に、いままで述べてきたことをまとめて「やさしい日本語」に準拠した「やさしい公共サイン」のあり方をまとめておきたいと思います。

　まず「やさしい日本語」と「やさしい公共サイン」の考

え方の異なる点について述べます。

　「やさしい日本語」が、その読み手として考えるのは、主として在住外国人ですが、「やさしい公共サイン」の対象者は、それよりも広く、日本に来たばかりで「日本語ゼロ初級」の在住外国人や短期の訪日外国人も含まれます。したがって「まったく日本語の文字（かな・漢字）」が理解できない人に対しても、一定の配慮がなされなければなりません。そのためには、日本語ローマ字表記の再検討と統一が必要です。

　その一方「やさしい日本語」は、かなり複雑な内容を伝えなければならない場合がありますが、「やさしい公共サイン」はそうではありません。「やさしい公共サイン」が伝えなければならないものは、①（公共のための）施設の機能・用途、②その施設への方向・進路、③場所を示す固有名詞、④禁止・危険表示（立ち入り禁止など）です。

　いままで述べてきたように、①はピクトグラムで、②はピクトグラムと矢印で、そして本章ではふれませんでしたが、④については、ピクトグラムと赤い斜線で伝えられるようにデザインできると考えられます。③については、必ず「かな」とローマ字を表示して、それに漢字を添えるという考え方をとるべきです。

　なお、それ以外のこと、たとえば複雑な機械や器具の使い方などは、「やさしい公共サイン」の枠を超えるものであり、デジタルサイネージや機械翻訳、さらにはVR技術などを使って多言語で伝えられるようにするしかないのではないか、と考えます。

注

［1］このサインではWest St. など一部分が英語に翻訳されています。また、正しいピンイン表記に不可欠な声調記号が省略されているという大問題もありますが、いずれも中国語をローマ字表記する上での問題なので、本章ではふれません。

参考文献　　　岩田一成（2017）「5　ローマ字表記を考える」本田弘之・岩田一成・倉林秀男『街の公共サインを点検する─外国人にはどう見えるか』pp.55–70.　大修館書店

本章は、以下に掲載した筆者の文章から一部を引用いたしました。
「外国人目線からサインを見る」『Sings』11, pp.40–43.（2018.3）
「公共サインのローマ字表記について考える」『Sings』12, pp.46–47.（2018.9）
公益社団法人日本サインデザイン協会編集・一般社団法人日本野外広告業団体連合会発行

第12章
ことばのバリアフリーからみた
ピクトグラムと〈やさしい日本語〉

あべ・やすし

本章の概要
本章では、ことばのバリアフリーの視点から、ピクトグラムや〈やさしい日本語〉について批判的に検討します。ことばのバリアフリーという視点からすれば、ピクトグラムにしても〈やさしい日本語〉にしても、バリアをさげることはできても、だれでもわかるものにはならないといえます。ピクトグラムや〈やさしい日本語〉のわかりやすさに注目することはもちろん大切です。しかし、それでもバリアになってしまう場合のことも、考える必要があります。

キーワード
障害、情報、ピクトグラム、固定観念、コミュニケーション

1 | はじめに

ことばのバリアフリーとは、日本語だけを対象にしたものではありません。かなり幅のひろいものです。必要であれば、通訳・翻訳することも、ことばのバリアフリーです。文字ではなく、音声でつたえることも、ことばのバリアフリーです。くわしくは『ことばのバリアフリー』という本を見てください（あべ2015）。ここでは、ことばのバリアフリーの視点から〈やさしい日本語〉について考えます。

193

なお、本章は「情報保障と「やさしい日本語」」という文章を補足する内容になっています（あべ2013）[1]。今回は、わかりやすい表現とされている「ピクトグラム」が、ほんとうに、みんなにとってわかりやすいのか、考えてみたいと思います。そして、その表現がわからないとき、通じないときに、どのようなしくみがあればいいのか、考えてみたいと思います。

2 ピクトグラムにもバリアはある

　ピクトグラムというものは、ものごとを視覚的にわかりやすく表現したものです。余分な情報をとりのぞいて整理して、見ただけでそれがなにをさすのか、理解できるように工夫したものです。たしかに、ピクトグラムのほとんどは、ぱっと見て理解できるといえるでしょう。けれども、時代の変化や文化のちがいなどによって、だれにとってもわかりやすいとはいえないようなピクトグラムがあるのもたしかです。場合によっては、時代の変化にあわせて、これまで定着してきたピクトグラムをかえる必要があるものも、一部にはあるようです。

2.1　ゆれうごく社会のなかのピクトグラム

　社会のなかで、文化や価値観、技術などが変化し、それを表現する「ことば」も変化していきます。ほとんど自覚しないうちに変化する表現もあれば、時代にあわせて、かえる必要があると議論され、あたらしくなる場合もあります。たとえば以前は、病院のなかで看護師は「ナースキャップ」という帽子をかぶっていました。ナースキャップをかぶることが衛生的であると考えられていたためです。しかし現在では、ナースキャップをかぶる風習はなくなりました。むしろ非衛生的であると考えられるようになったか

らです。しかし、世間のイメージとしての「看護師」はどうでしょうか。病院にいって看護師がナースキャップをかぶっていないことにおどろく人はすくないでしょう。それでも、看護師を絵にするときには、ナースキャップをかぶった姿にしている例がたくさんあります。たとえば、「看護師　アイコン」というキーワードでウェブにある画像を検索してみてください。ナースキャップをかぶっている絵がたくさんでてきます。アイコンとは、ものごとを単純化して絵にしたもののことです。現在の看護師の姿を単純化しても、ナースキャップをかぶっている絵にはならないはずです。しかし、これまでのイメージがナースキャップを復活させてしまうということです。イメージとして、ナースキャップが「わかりやすい」ということもあるでしょう。もちろん、ナースキャップをかぶっている姿を目にしたことのない世代にとっても、わかりやすいとはかぎりません。とはいえ、たとえばナースコールのボタンに絵をつけるのにナースキャップをもちだすことが、しばらく続くのではないでしょうか。

　ここでいいたいことは、イメージや記号というものは、保守的な面があるということです。人は、ものごとをそのままに見るよりも固定観念をとおして世界を見ているということでもあるでしょう。

2.1.1　性別を表現する

わかりやすいというだけで、それが適切な表現といえるのかどうかという問題もあります。たとえば、トイレのピクトグラムについてです。これまでの社会では、公共施設のトイレは、空間を男女の2種類にわけてきました。だからこそ、「左に男、右に女、まんなかに区切り」という絵がトイレのマークとして使用されてきました。しかし、これまでの「性別」というものの考え方は時代にあわなくなっ

てきています。多くの人にとって、性別というものは、はっきりと区別できるものであるとしても、男と女という2つのワクに、おさまっていたいと思わない人もいます。あいまいに見える人もいます。自分にとってしっくりこない体をかえて自分の思う性別を生きている人もいます。これまでの公共のトイレは、男性用なら男性用のトイレのなかに小便器がならんでいて、そして個室のトイレもならんでいる、女性用なら個室のトイレがならんでいるというデザインになっています。そうではなくて、完全に個室のトイレが通路に面してたくさんならんでいるというデザインであれば、それは性別をとわないトイレであるといえます。人の目を気にせずに利用できるという意味で、他人には性別がはっきりしないように見られてしまうことのある人にとって、完全な個室トイレは利用しやすいものであるといえます。日本でいえば、車いすトイレであるとかコンビニなどの男女兼用のトイレが、完全な個室トイレであるといえます。そのようなトイレのことをアメリカ英語では「inclusive restroom」（だれでも使えるトイレ）とか「all gender restroom」（あらゆるジェンダーのトイレ）といいます。ウェブで画像を検索してみると、いろいろなピクトグラムがでてきます。おもしろいのは、トイレの便器をえがいたピクトグラムが登場していることです。性別というゆらぎのある概念をもちださなくても、わかりやすくトイレを表現することはできるということです。

　なお、これまでの男女像のワクにあてはまらないことを表現したピクトグラムとして、右半分だけスカートをはいている人の絵が使用されていることもあります。わたしの意見としては、適切な表現であるとは思えません。性別についてのマイノリティ専用トイレをつくるという対策についても、適切だとは思えません[2]。結局のところ、どのように表現するのかという問題にとどまることではなく、こ

196

〈やさしい日本語〉と多文化共生

の社会をどのように設計するのかという問題であるといえます。いろいろな人がいるなかで、どのようなトイレをつくるのか。そして、どのように表現するのか。つまり、トイレそのものについての議論とピクトグラムについての議論がともに必要であるということです。なぜなら、これまでのトイレは、みんなにとって利用しやすいものではなかったからです。これまでの「わかりやすさ」は、みんなにとって納得のいくものではなかったからです。「わかりやすい」というだけでは、それが「いい表現」であるとはいえないということです。

2.1.2 危険をつたえる

地雷原ということばがあります。地面の下に、地雷がたくさんうまっている場所という意味です。戦争や紛争によって、地雷がたくさんうまっている地域が世界にはあります。日本で生活していると、地雷原というものはあまりイメージできないものです。地雷の危険を表現するピクトグラムがどのようなものであるのか、しらない人がほとんどでしょう。英語で「minefield　sign」（地雷原　サイン）とウェブで画像を検索してみると、でてくるのはほとんどがガイコツの絵です。日本語では「ドクロマーク」とよばれています。日本で生活している人にそのガイコツの絵だけを見せても、それが地雷の危険を意味することは通じないでしょう。地雷が身近にある地域にすんでいる人でも、何年も爆発がなければ地雷のことをわすれてしまうかもしれません。地雷の耐久性がながいことを考えれば、地雷そのものやその標識についての知識をつたえつづけていく必要があります。

　危険をつたえる標識には、放射性物質についてのものもあります。放射線被ばくの危険をうったえる標識についても、考える必要があります。それは、どこか外国のことで

はなく、日本でも考えていく必要のある問題です。

　『100,000年後の安全』というドキュメンタリー映画があります（マイケル・マドセン監督、2010年）。原子力発電で使用した放射性廃棄物（核のゴミ）をどのように保管するのか、そしてどのようにその危険性を未来の世代（10万年さき）につたえるのかという問題について、フィンランドのとりくみを紹介した映画です。

　この問題については『放射性廃棄物の憂鬱』という本でもとりあげられています（くすど2012）。楠戸伊緒里（くすど・いおり）はつぎのように書いています。

　　高レベルの放射性廃棄物の放射能がウラン鉱石と同じレベルまで下がるのに、ガラス固化体で数万年、使用済燃料なら10万年程度かかる。特に処分後1000年間は、廃棄物の放射能は非常に高く危険な状態が続く。だから処分場を閉鎖した後に、人々が処分場の存在や危険性に気づかず、処分場に誤って足を踏み入れないように、処分場を建設する世代の責任として、十分な対策をあらかじめ講じておかなければならない。

（同上：216）

　核のゴミが安全な状態になるまで1000年、10万年というながい年月がかかるので、次世代のために、その危険性をわかりやすく表現しないといけないということです。楠戸は記録するための素材についても、つぎのようなむずかしさを指摘しています。

　　処分場の危険性や我々の世代が用いた技術を未来の世代に、確実に的確に伝えることは非常に難しい。…中略…1000年後ならば紙に書いた資料でも大丈夫かもしれないが、1万年後となると紙がボロボロになっ

てインクも消え、読めない状態になっているだろう。また、処分場であることを示す標識類も、時が経てば壊れたり、何が書いてあるのか読めなくなったりするだろう。

だから、耐久性や壊れにくさを重視し、記録を残すための材料として何を使って、どこに、どのように文字や記号や絵を刻むのかということが重要な問題になってくる。そこで、古くから人間が利用してきた岩石や金属から、現代人が開発した新素材までを視野に入れた、記録保存に関する科学的な研究開発が行われている。　　　　　　　　　　　　　　　　　　（同上:218）

さらに、楠戸は言語が変化することについて指摘し、「1万年後に処分場の標識を見つけたごく普通の人が、それを見て放射性廃棄物の処分場だと理解できるかどうかについては想像もつかない」と書いています（同上:219）。

これは、どのような素材に、どのように表現すれば時空をこえて情報を伝達できるかという問題です。ピクトグラムは時空をこえる表現なのでしょうか。とてもむずかしい問題です。しかし、さけることのできない課題です。

2.2　わかりやすい音サインとは

ピクトグラムは、わかりやすい。言語のかべをこえて通じる。ほんとうにそうでしょうか。じっさいには、そうでないこともあります。ピクトグラムがまったく通じないこともあるのです。たとえば、目の見えない人にとっては、ピクトグラムは見えません。なので、わかりません。そのため、さわってわかるピクトグラムが必要です。あるいは、音サインによる情報が必要です（「サイン音」ともいいます）。しかし、たとえば『街の公共サインを点検する』という本を見ても、案内放送や音サインについては、まったくとり

199

第12章　ことばのバリアフリーからみたピクトグラムと〈やさしい日本語〉

あげられていません（ほんだ ほか2017）。ことばのバリアフリーの視点からいえば視覚情報だけをとりあげるのではなく、「みる、きく、さわる」という点に注目した議論が必要です。「だれでも目が見えるはずだ」という固定観念にもとづく議論ではいけないのです。音サインは「サウンド・ピクトグラム」とよばれることもあります。音のピクトグラムということです。

　このような音サインの課題については、『バリアフリーと音』という入門書があります（日本騒音制御工学会編2015）。ここでは、岩宮眞一郎（いわみや・しんいちろう）による説明を見てみます（いわみや2018）。岩宮は、サイン音にもとめられることとして、「わかりやすい」ことと「憶えやすい」ことの2つをあげて、つぎのように説明しています。

　　　わかりやすいサイン音というのは、なにを伝えたいかがイメージしやすい音である。憶えやすいサイン音とは、音の特徴を言語に置き換えて表現するという、擬音語化しやすい音と考えている。

　　　　　　　　　　　　　　　　　　　　　　　（同上：53）

　視覚情報とはちがって、聴覚情報である音サインは、「聞こえてくる」という特徴があります。視覚情報であれば、見ようとしなければ見えないわけです。そのため、聴覚情報は同時にあちこちから聞こえてくることもあります。騒音のせいで、聞きたい情報が聞こえない、聞こえにくいということもあります。そのため、岩宮が指摘しているように、音サインについては、つぎのような点も注意する必要があります。

　　　……複数のサイン音が混在する状況においては、それぞれが異なる特徴を持ち、容易に聞き分けられるとい

200

〈やさしい日本語〉と多文化共生

った配慮も必要とされる。　　　　　　　　（同上：52）

　これは「音」情報ならではの特徴であるといえるでしょう。

2.3　たとえばトイレのなかで

　トイレのなかでは、文字表示と音サインだけでは不十分です。さわってわかるボタンが必要です。そもそも、公共空間にいるかぎり、付近にいる人に声をかけて、質問することができます。しかし、トイレのような個室にいる場合、だれかに声をかけることはできません。そのため、手元にあるのが「ながす」ボタンなのか、「非常」ボタンなのか、さわってわかることが必要です（あるいは音声案内が必要です[3]）。ボタン以外にも、便器自体に「ながす」ためのレバーがついているほうが安心だといえるでしょう。見えない人のすべてが点字をよめるわけではありません。感覚的に、さわってわかる。つまり、わかりやすいことが必要です。

　経済産業省のウェブサイトに「公共トイレの洗浄ボタン等の配置に関する国際規格が発行されました」というページがあります（http://www.meti.go.jp/policy/economy/hyojun/AD/toilet.html）。日本から提案された「流すボタン」などの配置の基準がISO国際規格として採用され、2015年12月15日に発行されたことを紹介する内容です。この国際規格の概要として、つぎの4点があげられています。

（1）ペーパーホルダー、流すボタン、非常呼出しボタンは便器の左右どちらかの壁にまとめて設置すること

（2）流すボタンは、…中略…ペーパーホルダーの真上に設置し、非常呼出しボタンは流すボタンと同じ

高さで便器後方に設置すること

（3）非常呼出しボタンは、個室の中で倒れてしまった姿勢から操作できる位置にも設置すること

（4）ボタン類の色使いには、見つけやすいよう周囲とのコントラストに配慮し、非常呼出しボタンには（赤色等）その役割が伝わりやすい色を採用すること

（同上ウェブページ）

　つまり、配置を工夫することでも、わかりやすくなるということです。トイレットペーパーはおおきいので、どこにあるのか、わかりやすい。そして、その真上に「ながす」ボタンがあれば、とてもわかりやすいといえます。

　空間のなかに、ピクトグラムも音サインもあるということです。記号そのものだけでなく、その配置についても注目する必要があるでしょう。見つけやすいこと、見やすいこと、聞きやすいこと、区別しやすいことが重要です。

3　教育するだけでいいのか

　ことばをわかりやすくすることは、当然のことです。公共性のある情報は、つたわらないといけないからです。しかし、その情報がわかりやすく表現されているからといって、「わかるはず」だとか「わかるようになるべき」だと思ってはいけないのです。教育の現場にいる人は、学習者に期待をかけてしまいがちです。これだけのことは身につけてほしい、わかるようになってほしい。そんなふうに期待しています。その期待が、いきすぎてしまうと、相手にとっては負担になってしまいます。もちろん「わかるはずがない」というふうに期待をかけないことは問題です。けれども、教える側の思うようにならないことがあることを、はっきりと意識する必要があります。さらに、教える

側は、学ぶ側を「思うようにしたい」と思ってしまうことが、すくなくないということも、理解しておく必要があります。

それが「わかりやすい表現」に見えても、わからないことはあります。そのことを、そのままうけいれることが重要です。

そうでなければ、〈やさしい日本語〉のとりくみは、ハードルをさげているつもりでいても、だれかにとって、こえられないバリアをつくってしまうことになります。バリアをなくすためには、教育の視点ではなく、通訳者のような問題意識をもつことが必要です。教育の視点は、ある意味で「おなじになること」を期待するということです。なにかを「共有すること」を期待するということです。そのため、はなしが通じることに価値をおいてしまいがちです。そこには、言語をとおして理解しあえるはずだという期待、固定観念があります。しかし、だれもが自由にあつかえる言語をもっているわけではないのです。

たとえば、市田泰弘（いちだ・やすひろ）は「手話通訳」について説明するなかで、「不就学ろう者」について説明しています。不就学ろう者とは、「たしかな母語をもたず、本人と周囲の人々との間だけで共有されるホームサインを用いる」人のことです（いちだ2005: 155）。

市田は不就学ろう者に対する通訳について、つぎのように説明しています。

　　不就学ろう者は、日本語も手話も十分な能力をもっていない。そのため、手話通訳者は、対象となる聴覚障害者の日本語と手話の能力とその使用について正確に把握し、適切な通訳を行う必要がある。その前提として手話通訳者には、対象者の日本語能力に依存することなく、日本手話だけでコミュニケーションできる能

力が要求される。不就学ろう者に対しては、身振りな
ど言語外の視覚的手段を駆使する必要もある。

(同上：155-156)

　つまり、その人とコミュニケーションをとること（相手
の意思をくみとり、相手になにかをつたえること）がもっとも重
要なことです。「日本語」にこだわるとか、言語にこだわ
ることは、人のためにならないのです。
　共有できることばがなくても、なんとか、つたえようと
すること。いっしょにいること。相手の意思をくみとろう
とすること。そのような、通訳者や介助者の姿勢をもつこ
とが必要であると思います[4]。期待をかけることは、ある
ときには、残酷なことです。その人の今の姿をみとめない
ということでもあるからです。

4 ことばだけの問題ではない

　ことばをわかりやすくするだけでは、情報をとどけること
はできません。ことばをおぎなうこと、情報をつけたすこ
とも場合によっては必要不可欠なことです。
　自治体国際化フォーラムが作成した「多言語生活情報」
を見てください（http://www.clair.or.jp/tagengo/）。さまざ
まな項目についての情報があります。そのなかに「医療」
があります。そこで「救急」についての説明を見ると、救
急車を電話でよぶ方法が書いてあります。そして「これら
の通話料は無料です。救急車は無料となっていますが、マ
イカーやタクシーで運べるぐらいの軽い病気やけがの場合
は、利用できません」と書いてあります。
　日本では、緊急通報の電話料や救急車の利用が無料であ
ることは常識のようなものです。しかし、他の国では有料
であることがあります。その人に必要な情報をとどけるこ

204

〈やさしい日本語〉と多文化共生

とが大切です。どのような補足説明が必要なのか、注意する必要があります。

　日本の「常識」といえば、ハンコがあります。「だれでもハンコをもっている」というような考え方をしてしまいがちです。けれども、日本の法律では、外国人の場合は署名（サイン）でかまわないこと（ハンコを使うことを強制されないこと）が、さだめられています。「外国人ノ署名捺印及無資力証明ニ関スル法律」といいます。1899年にできました。ほとんどの人にとって「ハンコをおすこと」が常識であるせいで、見おとされていることがあるのです。

　大切な情報をきちんとつたえるためには、なにが大切な情報であるのか、その人にとって必要な情報とはどんなものであるのか、把握する必要があります。しかし、日本の常識のなかで不自由なく生活している人にとっては、思いつかないこと、気づけないことであるかもしれません。情報を補足するためには、知識が必要です。その知識は、いろいろな人と接するなかでしか身につけることはできないものです。日本の常識をそのまま〈やさしい日本語〉で表現していても、通じないことがあるし、大事な情報がぬけおちてしまうことがあるのです。

5 対面ではないということ

　いろんな情報が、どこかにあります。インターネット上にある。役所にある。新聞に書いてある。市町村の広報誌に書いてある。でも、それをしらない。それがわからない。どんな情報がどこにあるのか、わからない。そんなとき、どうすればいいのでしょうか。だれに聞けばいいのでしょうか。たとえば、どこのだれでしょうか。ひとつひとつ、思いつくものをあげてみてください。その選択肢がたくさんあればあるほど、安心できる社会であるといえます。な

にかあれば、おねがいできる窓口がどれだけあるでしょうか。質問に気軽に答えてくれるところが、どれだけあるでしょうか。

　対面ではない状態で発信されている情報が、どれだけわかりやすいか。どれだけわかりやすくできるか。もちろんそれも、大事なことです。しかし、つたえたい情報が、つたえたい人に、とどいているかどうか、確認するようなとりくみが、どれだけあるでしょうか。必要な場合には、その人のところまでいって、説明するというとりくみが、どれだけあるでしょうか。そのようなこともまた、大事なことなのです。一方通行の情報提供には限界があります。対面ではないこと自体に、むずかしさがあります。人が社会のなかで、どのような環境におかれているのか。社会の問題として、「ことばのバリアフリー」の課題があります。やさしい日本語のとりくみも、社会のありかたを見つめなおすきっかけとして考える必要があります。

6 おわりに

ピクトグラムは、表面的には、わかりやすいように思えます。けれども、大切な情報というのは、たくさんあります。そのすべてを、わかりやすくピクトグラムにすることができるのか。具体的に考えてみると、むずかしい課題です。たとえば食べものについての情報について考えてみます。食べもののアレルギーをもつ人はたくさんいます。宗教などの理由で、食べないものがある人もいます。たとえば、「そば」という食材をどのように表現するのか。そばの実のかたちをどれだけ正確に、わかりやすく絵にしてみても、「そばの実」をしらない人には、わかりません[5]。めんの絵をそばのピクトグラムにしている例もあります[6]。しかし、めん類は、そばだけが原料ではありません。そば

206

〈やさしい日本語〉と多文化共生

料理は、めんだけではありません。また、モモ（くだもの）のピクトグラムを見ると、日本で使われているものは、日本の文化で定着しているモモのイメージを土台にしたものが多く、文化を問わない表現にはなっていません[7]。

　結局のところ、大事なことは、それがなにか、わからないときのために、対策をとることではないでしょうか。表示のなかで、わからないものがあれば、「？」（はてなマーク）のボタンをおすと写真がでるとか、説明がでる、音声案内がでるというような設計になっていれば、安心がふえます。気軽に質問できる状況であれば、もっと安心でしょう。余裕のないところに、ことばのバリアフリーはありません。「予算がないから」ということばをすぐにいってしまう社会には安心がありません。

　〈やさしい日本語〉は、みんなのものになることはありません。なので、翻訳も通訳も必要です。ことば以外のことについて、環境をととのえることも必要です。逆にいえば、「みんなでやさしい日本語を」というような発想は、だれかのことをわすれたまま、現実を見ないまま、自分たちにとって都合のいいことをいっているだけのことかもしれません。

注

[1] なお、あべ（2018）は、あべ（2013）の前半（日本語表記の問題）を補足した内容になっています。本章は、あべ（2013）の後半でとりあげたピクトグラムについて、ほりさげて議論します。

[2] たとえば、遠藤（2018）で「みんなに大切なトイレの話」が語られています（同上：168–171）。

[3] 当事者の声として「以前、大阪の私鉄でトイレを使ったとき、個室に入ると「水は自動的に流れます」という音声が流れてうれしかった」、「やっぱりこんなふうに音声で教えてもらえるのがいちばんありがたい」という意見があります（にいろ2016：30）。視点をかえれば、音声案内や警報音は聞こえない人にはわかりません。聞こえない人にとっては、フラッシュライトによる情報も重要です。松森果林（まつもり・かりん）は「トイレのフラッシュライト」について、つぎのよう

にのべています。

> 聞こえる人がトイレに入っているときに緊急事態が発生した場合は、非常ベルや館内放送を聞いてトイレから避難することができるでしょう。けれども聞こえない人が個室に入り、ドアを閉めてしまうと外部の様子がわかりません。そんなとき、目に見える「光」が危険を知らせてくれれば、安心して用をたすことができます。
> （まつもり 2014: 172）

[4] わたしは障害者の介助者をしています。その役割や特徴については、あべ（2014）でつぎのように説明しています。

> 現在、わたしは身体障害者の介助の仕事をしている。重度訪問介護という。そのなかで、言語障害のある脳性まひの人の発言をききとり、通訳することもある。介助者のなかには、言語障害のある人の発話をききとるのが上手な人もいれば、そうでない人もいる。上手な人でも、最初からスムーズにききとることができるわけではない。時間をかけて、上手になっていくものだ。あせっていたり、尊重する姿勢がなかったりすれば、ききとるのが困難になる。短時間しか介助が保障されていないと、じっくり話をきくことはできなくなる。また、介助者が本人の自己決定権を尊重していなければ、そもそも話をきこうとすらしなくなる。本人の自己決定権を保障するためにも、長時間の介助を保障する必要がある。ただ衣食住を保障すればいいというものではない。
> （同上: 163）

おなじような視点にたったものとして、不就学の高齢ろう者についてのべた大矢（2016）がある。大矢暹（おおや・すすむ）はつぎのようにのべています。

> 高齢ろうあ者の暮らしや人生から学ぶ。これはその場限りの手話通訳だけで学べるものではありません。手話通訳活動は幅広い多様な内容をもっています。重要なことは、ろう者と継続した関わりのもてる「場」がつくられるかどうかです。　（同上: 75）

そして、大矢は「コミュニケーションに必要な手話の獲得すらさまたげられてきたろう者をよく理解するには、長期間に渡って生活時間を共有することが不可欠です」とのべています（同上: 76）。人が孤立せずに、だれかと時間を共有できるということも、大切なことです。その時間のなかで、関係ができてくる、そして、通じるものができてくるということです。

[5] そばの実のピクトグラムとして、たとえば株式会社フードピクトによる「フードピクト」（https://www.foodpict.com/concept）、東京都多言語メニュー作成支援ウェブサイトの「食品ピクトグラム（絵文字）」（http://menu-tokyo.jp/menu/pictogram/）の例があります。

[6] たとえば、大学生協の「メニューカードのアレルギー表示」を見てください（https://gakushoku.coop/commitment/）。

[7] たとえば、注［5］にあげた東京都多言語メニュー作成支援ウェブサ

イトのピクトグラム。また、「桃　アイコン」でウェブにある画像を検索しても、でてくるもののほとんどは日本的なモモのイメージによるアイコンです。

参考文献

あべ・やすし（2013）「情報保障と「やさしい日本語」」庵功雄（いおり・いさお）・イ ヨンスク・森篤嗣（もり・あつし）（編）『「やさしい日本語」は何を目指すか──多文化共生社会を実現するために』pp.279-298.　ココ出版

あべ・やすし（2014）「情報のユニバーサルデザイン」佐々木倫子（ささき・みちこ）（編）『マイノリティの社会参加──障害者と多様なリテラシー』pp.156-179.　くろしお出版

あべ・やすし（2015）『ことばのバリアフリー──情報保障とコミュニケーションの障害学』生活書院

あべ・やすし（2018）「ことばのバリアフリーと〈やさしい日本語〉」『〈やさしい日本語〉と多文化共生シンポジウム発表資料集』pp.103-108.　学習院女子大学

市田泰弘（いちだ・やすひろ）（2005）「手話通訳」真田信治（さなだ・しんじ）・庄司博史（しょうじ・ひろし）（編）『事典　日本の多言語社会』pp.155-157.　岩波書店、

岩宮眞一郎（いわみや・しんいちろう）（2012）『サイン音の科学──メッセージを伝える音のデザイン論』コロナ社

岩宮眞一郎（いわみや・しんいちろう）（2018）『音のチカラ』コロナ社

遠藤まめた（えんどう・まめた）（2018）『オレは絶対にワタシじゃない──トランスジェンダー逆襲の記』はるか書房

老田智美（おいだ・ともみ）・田中直人（たなか・なおと）（2017）『ユニバーサルトイレ──多様な利用者のための環境デザイン手法』彰国社

大矢暹（おおや・すすむ）（2016）「聴きとりから学ぶ高齢ろう者の人生」大矢暹・池原毅和（いけはら・よしかず）『高齢ろう者の人生／障害者差別解消法』pp.11-78.　文理閣

楠戸伊緒里（くすど・いおり）（2012）『放射性廃棄物の憂鬱』祥伝社

新納季温子（にいろ・きおこ）（2016）『見えない私の生活術』クリエイツかもがわ

日本騒音制御工学会（編）（2015）『バリアフリーと音』技報堂出版

本田弘之（ほんだ・ひろゆき）・岩田一成（いわた・かずなり）・倉林秀男（くらばやし・ひでお）（2017）『街の公共サインを点検する』大修館書店

松森果林（まつもり・かりん）（2014）『音のない世界と音のある世界をつなぐ──ユニバーサルデザインで世界をかえたい！』岩波書店

第13章

NEWS WEB EASY は
外国人だけのもの?
外国人、子ども、知的障害者に対する効果の調査

田中英輝

本章の概要
本章ではNHKの外国人向けのやさしい日本語のニュース
NEWS WEB EASY が、外国人だけでなく、子どもと知的障
害者にも効果的であることをニュースの理解度実験と、テ
キストの比較分析により明らかにします。これにより、外
国人のような特定の集団に配慮して作られたやさしい日本
語であっても、すべての人の理解度に貢献する可能性があ
ること、そして、そこに潜む日本語をやさしくする本質的
な要因の研究がやさしい日本語の今後の普及のためにも重
要であることを述べます。

キーワード
NEWS WEB EASY、ニュースの理解度、外国人、子ども、
知的障害者

1 はじめに

NHK が2012年4月に国内の外国人向けにやさしい日本語
のニュースを NEWS WEB EASY で始めて6年が経ちまし
た。開始当時は珍しい試みでしたが、その後やさしい日本
語を使った様々な実践が始められています。例えば2017
年11月6日のNHKのWEB特集のニュースでは、製造業

211

の盛んな滋賀県長浜市では大勢暮らしている外国人に対応するため、やさしい日本語を使った町作りが進められていることが紹介されています。また、福岡県柳川市では訪日外国人への接客にやさしい日本語を使った「おもてなし」が進められていることも紹介されています。

やさしい日本語への関心の高まりとともに、私たちにも「NEWS WEB EASY は外国人以外にも役立つのか」、「NHK のやさしい日本語の特徴は何か」など様々な質問が寄せられるようになりました。本章では「NEWS WEB EASY は外国人以外にも役立つのか」という問いを取り上げ、私たちがこれまで実施した NEWS WEB EASY の効果に関する3つの調査結果を通じて、その回答を考えたいと思います。

2 ｜ NEWS WEB EAS で提供している情報と機能

まず NEWS WEB EASY で提供している情報について説明します。図1の NEWS WEB EASY の画面の下部に表示されているテキストがやさしい日本語のニュースです。このニュースは日本語教師と記者が協力して通常のニュースを書き換えて作成しています（田中ほか2018）。NEWS WEB EASY の中心はやさしい日本語のテキストですが、ニュースの内容をすべてやさしく書き換えられるとは限りません。そこで、NEWS WEB EASY ではテキストに加えて以下の読解支援情報と機能を提供しています。

- ふりがな
  すべての漢字にはふりがなを付与しています。読者のボタン操作でふりがなの表示を消すことができます。この機能は読者の日本語学習の利便性を高めるため2018年3月に追加されました。

〈やさしい日本語〉と多文化共生

図1　NEWS WEB EASYの画面例

- 辞書

ニュース中の語をすべてやさしくできるとは限りません。そこで、下線のついた難しい語にカーソルを重ねると小学生用の辞書の説明がポップアップするようになっています。

- 語の色分け

ニュースには固有名詞が頻繁に登場しますが、小学生用の辞書にはほとんど収録されていません。そこで、固有

名詞は、種類別にあらかじめ決めた色（地名は紫、人名はピンク、組織名は空色）で表示しています。

- 合成音声による読み上げ機能
  読むのは苦手でも、聞くのは得意な外国人のため、合成音声による原稿読み上げ機能を提供しています。

- 元ニュースの表示機能
  書き換え元の通常ニュースへのリンクを表示しています。読者はやさしい日本語では省略された内容を元ニュースで確認する、2つのニュースを対比して日本語を学習する、といったことができるようになっています。

3 ニュースのためのやさしい日本語

NEWS WEB EASYを実施する前に、やさしい日本語の書き換え原則を決める必要がありました。そこで、先に提案されていた「減災のためのやさしい日本語」（佐藤2004）の書き換え原則を参考に、試行錯誤しながら原則をまとめました。詳細は（田中・美野2016）を参照してください。書き換え原則の全体は、1）汎用的なやさしい日本語の原則、2）外国人の日本語能力に配慮した原則、3）ニュース固有の表現に対応した原則の3つの部分からなります。以下、語彙と文法を例に説明します。

3.1 語彙

外国人の日本語能力へ配慮するため旧日本語能力試験出題基準（国際交流基金・日本国際教育支援協会2006）の3級と4級の範囲の語彙を原則として使います。3級と4級の語彙には約1,600語が収録されていますが、日常生活で使われる語が中心で、事件、事故、経済、科学、スポーツ、気象

などを記述する語は不足しています。このため、ニュース
に必要な語、また難しいけれども書き換えると不自然にな
る語は無理に書き換えずそのまま使い、辞書や文中の説明
で対応します。

3.2 文法

語彙と同様に外国人の日本語能力に配慮して旧日本語能力
試験出題基準の3級と4級の範囲を原則として使います。
さらに次のような原則があります。

3.2.1 文の長さ

文章作成の本では、長文は分かりにくくなるため短文を使
うことを勧めています。すなわち短文は分かりやすい日本
語を書くための汎用的な表現法であり、NEWS WEB
EASYでも採用しました。NEWS WEB EASYではおよそ
50文字以下を目標に書き換えています。

3.2.2 受動態

文章作成の本では受動態は使わないように勧めており、こ
れも汎用的な原則としてNEWS WEB EASYで採用しまし
た。また受動態の「れる・られる」は可能、自発、尊敬の
意味でも使われるため外国人にとっては難しいと思われま
す。すなわち、外国人の日本語能力への配慮の意味からも
できるだけ受動態を避けるようにしています。

3.2.3 ニュースの慣用表現

ニュースには「〜としています」、「〜と見られています」
などの独特の慣用表現が出現しますが、日常会話ではまず
使われません。そこで慣用表現はできるだけ普通の表現に
書き換えます。この原則はニュース固有の表現に対応した
原則です。

ニュースのやさしい日本語では、旧日本語能力試験の3級と4級の語彙と文法の範囲に収めることを目指しましたが、語彙の制限は緩めました。また必要に応じて難しい文法も使います。このため、原則を決めた当時は、この原則に従って書き換えたニュースを初級レベルで完全に理解するのは難しく、中級準備レベルの日本語能力が必要だろうと予想していました。

4 | NEWS WEB EASY の分かりやすさの調査

　ここでは、やさしい日本語の原則で書いたニュースの分かりやすさについて実施した3つの調査結果を紹介します。4.1では外国人、4.2では日本人の子ども、4.3では知的障害者を対象とした調査を報告します。なお、4.1と4.2の調査ではNHKの通常のニュースとNEWS WEB EASYのやさしい日本語のニュースを使いました。4.3ではこれらに加えて知的障害者のために発行されていたやさしい日本語の新聞『ステージ』を使いました。それぞれの抜粋を表1に示します。NHKのニュースに比べてNEWS WEB EASYとステージはより簡単な単語が使われ、また短い文で書かれていることが分かります。

4.1　外国人への効果

　3節で述べた原則に従って書いたニュースは外国人に分かりやすいのでしょうか。この疑問に答えるため、NEWS WEB EASYのサービスが始まる前に日本在住の外国人を対象に読解テストによる調査を実施しました（田中・美野2016）。

4.1.1　調査対象

日本語学校で日本語を学習中の留学生43名を対象に調査しました。これらの43名を日本語能力試験の保有級、在

表1　NHKニュース、NEWS WEB EASY、ステージの例

NHK	見出し：ニホンカワウソ "絶滅種"に指定
	国の特別天然記念物のほ乳類、「ニホンカワウソ」について環境省は、調査を続けても30年以上、生息が確認できる情報がないことなどから、すでに絶滅したと判断し、「絶滅種」に指定することを決めました。 　昭和まで生息していたほ乳類が「絶滅種」に指定されたのは初めてです。
EASY	見出し：ニホンカワウソ もういなくなったと判断
	国の特別天然記念物、ニホンカワウソは、体の長さが約1mのイタチ科の哺乳類です。 　昔は、北海道から九州までの川や海の近くで生きていました。 　しかし、自然環境が悪くなったりしたため、とても少なくなりました。
ステージ	見出し：環境　環境省、ニホンカワウソが絶滅と発表 小見出し：30年以上見つからない
	8月28日、環境省が「ニホンカワウソが絶滅」と発表しました。 　環境省は、日本に住む野生動物や植物が絶滅の危機にあるかどうかを調べていて、その情報をまとめています。

籍クラスを考慮してL3（中級準備レベル、12名）、L2（中級レベル、20名）、L1（上級レベル、11名）の3段階に分けました。

4.1.2　テストに使ったニュースと問題

テストにはNHKの気象災害のニュース10記事を使いました。このうち5記事をNEWS WEB EASYと同じ基準でやさしい日本語に書き換え、残りの5記事はそのまま使いました。以下、本項では、書き換えた記事を「やさしい日本語のニュース」、書き換えなかったニュースを「元ニュース」と呼びます。次に10記事それぞれに対して、内容を問う4つの選択問題（選択肢数5、1つは「わかりません」）、合計40問を作成しました。調査参加者は各自40問すべてに解答しました。

4.1.3 結果

図2に読解テストの平均正解率を示します。図2の3列は、L3（中級準備）、L2（中級）、L1（上級）レベルの正解率を示しています。各列の横軸の「O」は元ニュース、「E」はやさしい日本語のニュースを示します。L3（中級準備）の正解率を見てみましょう。元ニュースの正解率は72％ですがやさしい日本語のニュース正解率は90％に上昇しています。すなわちやさしい日本語のニュースでは、ほぼ全内容を理解できたと言えます。3節でNEWS WEB EASYは中級準備レベルであればほぼ理解できると予想したと述べましたが、それを裏付ける結果となりました。L2（中級）、L1（上級）のグラフも同様に上昇していますので、やさしい日本語はL2（中級）、L1（上級）レベルの参加者にも効果があったと言えます。ただし、グラフの傾きはL3（中級準備）で一番大きいことから、やさしい日本語はL3（中級準備）に最も効果があったと結論できます。

4.2　子どもへの効果

NEWS WEB EASYのやさしい日本語は外国人に配慮して作りましたが、子どもにも効果があることが予想されました。そこで、4.1と同様の読解テストによって子どもに対する効果を調査しました（田中・美野・越智・柴田2012）。

4.2.1　調査対象

小学3年から6年までの32名、および中学1年から3年までの30名を対象に調査を実施しました。

4.2.2　テストに使ったニュースと問題

2012年5月にNEWS WEB EASYに掲載された2記事（以下、EASYと略記）と、書き換え元のNHKの通常ニュース（以下、NHKと略記）の2記事を使いました。同じ内容の

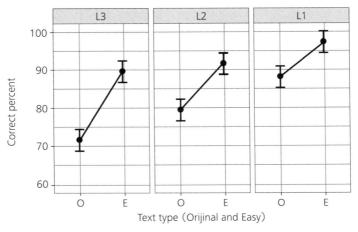

図2　外国人　平均正解率

EASYとNHKのニュースに対して共通の4つの選択問題（選択肢数5、1つは「わかりません」）を作成しました。そして参加者は、内容の異なるEASYとNHKのニュース各1記事の問題、合計8問に解答しました。4.1の留学生と違い、小学校の低学年では集中力が続かないと考えて問題数を減らしています。この調査では、実際のNEWS WEB EASYとNHKオンラインの画面を見て回答してもらいました。

4.2.3　結果

図3に読解テストの平均正解率を示します。左の列が小学生、右の列が中学生の正解率です。小学生のNHKの正解率は65％で、EASYの正解率は77％に上昇しました。中学生のNHKの正解率は84％で、EASYのニュースの正解率は94％に上昇しました。小学生と中学生のグラフの傾きは似ており、同等の効果があったと言えます。ただし、中学生はNHKの正解率が84％と十分高いため、実質的な効果は小学生の方が高かったと考えます。

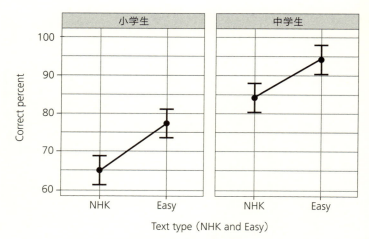

図3 子ども 平均正解率

4.3 知的障害者への効果

　NEWS WEB EASYのサービス開始後に、「NEWS WEB EASYはろう児の日本語教育や知的障害者への情報提供に使えるのではないか」といった声が聞かれるようになりました。日本国内在住の外国人、小中学生への効果は確認しましたが、その他の人にもNEWS WEB EASYの記事は役立つのでしょうか。この疑問に答える1つの試みとして、知的障害者へのNEWS WEB EASYの有効性を調査しました（打浪ほか2017）。

　ここでは知的障害者によるNEWS WEB EASYの理解度テストではなく、知的障害者向けの季刊新聞『ステージ』[1]とNEWS WEB EASYの比較によって効果を検討しました。両者の特徴が似ていればNEWS WEB EASYは知的障害者にとってやさしいということができます。そこで、ステージとNEWS WEB EASYが同じ話題を扱ったニュース25記事を収集して比較しました。さらに同じ話題を扱ったNHKの通常ニュース25記事も比較しました。

　まず、やさしさに関わる平均文長を調べたところ、

NHKが最大で48.6形態素、EASYが29.3形態素、ステージが21.8形態素となりました。EASYとステージの平均文長はNHKに比べてかなり短くなっている、すなわちやさしくなっていることが分かりました。

次に、記事中の語彙の難易度の分布を調べました（図4）。図4にはEASY、ステージ、NHKの結果を並べています。凡例に示したClassの「Proper」は固有名詞、「4」から「1」は旧日本語能力試験の級、OOC（Out of Category）は分類に入らない難しい語を示します。なお、助詞、助動詞、記号をまとめた基本語彙の割合はそれぞれ50％から55％程度ありますが、Classの差が分かりにくくなるので図4には含めていません。

本項では基本語彙はやさしいと考えます。また固有名詞は辞書などで対応するのでやさしいと考えると、各メディアの右から3つのグラフ「OOC」、「1」、「2」を難語と考えることができます。そうすると難語の割合はEASYが11.6％、ステージが17.3％、NHKが26％となります。EASYの難語率はステージ、NHKよりも小さく、語彙の面

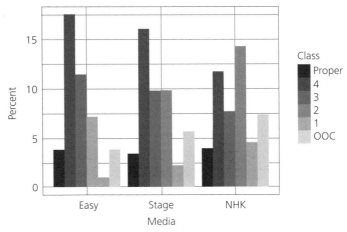

図4　出現語彙の難易度分布

では一番やさしいことが分かりました。以上の結果から
EASYとステージはNHKよりやさしいことが分かりました。

　EASYとステージは文長、難語率でやさしさの特徴が逆
転していますが、両者のやさしさはほぼ同じと考えます。
実際に知的障害者に尋ねたところEASYは分かりやすいと
の返事が返ってきました。

4.4　考察

以上の結果、NEWS WEB EASYのニュースはNHKの通常
のニュースと比べて、外国人、子ども、知的障害者にとっ
てやさしくなっていることが分かりました。以上の結果を
元に、第1節で述べた疑問「NEWS WEB EASYは外国人
以外にも役立つのか」という問いの答えを検討しましょう。

　子どもに対する調査では理解度テストで直接NEWS
WEB EASYの効果を検出することができました。知的障
害者に対しては、ステージとの比較という間接的な方法で
NEWS WEB EASYの効果が示唆されました。これらの結
果からNEWS WEB EASYはおそらく外国人以外にも様々
な人に効果を持つというのが直接の回答になります。

　次にNEWS WEB EASYのやさしい日本語の作り方との
関係を考えてみましょう。NEWS WEB EASYのニュース
は2節で述べたように1）汎用的なやさしい日本語の原
則、2）外国人の日本語能力に配慮した原則、3）ニュー
スの固有の表現に対応した原則によって書き換えられてい
ます。原則1と3が子どもと知的障害者にとっても効果的
であることはほとんど明らかでしょう。これに対して、原
則2の外国人の日本語能力に配慮した原則が子どもや知的
障害者に効果を持つことは自明ではありません。しかし今
回の結果は原則2も効果的であったことを示したと考えら
れます。原則2は主に日本語能力試験の出題基準と日本語
教師の知識と経験によりますので、これらの知識が様々な

222

〈やさしい日本語〉と多文化共生

人に対する理解度向上の効果を持っていることを示したと思われます。

　もちろん、子どもや知的障害者により適したやさしい日本語はあるはずです。子どもや知的障害者にとってNEWS WEB EASYはやさしすぎる、あるいはまだ難しいという部分があるでしょう。今回の結果は、NEWS WEB EASYのやさしい日本語は、だれにでも一定の効果を持つことを示したと考えるのが適切だと考えます。

5 おわりに

　本章ではNEWS WEB EASYのやさしい日本語が様々な人に効果を持つことを報告しました。今回の結果からは、NEWS WEB EASYは認知機能が衰えた高齢者にも一定の効果を持つのではないかと考えられます。その調査は今後の課題の1つです。

　最後にやさしい日本語の多様性と今後の課題について述べます。NHKが以前放送していた週刊こどもニュースの台本は、子ども向けのやさしい日本語で書かれていました。現在放送中の手話ニュースの原稿もやさしい日本語で書かれています。さらに、ステージ、新聞各社の子ども向け新聞と、マスコミ関連だけでも多くのやさしい日本語があります。

　やさしい日本語の有用性が明らかになるにつれ、今後も、新たな読者、分野を対象にやさしい日本語を作る必要が出てくると思われます。現時点ではユニバーサルな唯一のやさしい日本語はありませんし、おそらくそのような日本語はないでしょう。そのことは1930年代から研究されている英語のControlled Natural Languageの極めて大きな多様性を見ても正しいと思われます（Kuhn 2014）。

　一方、今回の調査結果は、特定の人に向けて作ったやさ

しい日本語であってもすべての人に効果を持つことを示唆しているように思います。そうであれば、どんなやさしい日本語の中にも、すべての人の理解度を向上させる本質的な要因が存在すると考えられます。本章で述べた汎用的なやさしい日本語の原則（原則1）はその一部でしょう。この本質的な要因を追求して明らかにできれば、それを目的に合わせて拡張することで、必要なやさしい日本語をより手軽に作ることが可能になります。やさしい日本語の速やかな普及を促進するためにも本質的な要因の研究は今後の大きな課題と考えます。

注

[1] 「社会福祉法人　全日本手をつなぐ育成会」が1996年から2014年まで発行していた紙媒体の新聞。現在は休刊中。テキストデータは言語資源協会を通じて入手可能。

参考文献

打浪文子・岩田一成・熊野正・後藤功雄・田中英輝・大塚裕子（2017）「知的障害者向け「わかりやすい」情報提供と外国人向け「やさしい日本語」の相違—「ステージ」と「NEWS WEB EASY」の語彙に着目した比較分析から」『社会言語科学』20(1), pp.29–41.

佐藤和之（2004）「災害時の言語表現を考える」『日本語学』23(8), pp.34–45.

田中英輝・美野秀弥・越智慎司・柴田元也（2012）「やさしい日本語ニュースの公開実験サイト「NEWS WEB EASY」の評価実験」『情報処理学会研究会報告』2012-NL-209(9), pp.1–9.

田中英輝・美野秀弥（2016）「ニュースのためのやさしい日本語とその外国人日本語学習者への効果」『情報処理学会論文誌』57(10), pp.2284–2297.

田中英輝・熊野正・後藤功雄・美野秀弥（2018）「やさしい日本語ニュースの制作支援システム」『自然言語処理』25(1), pp.81–117.

国際交流基金・日本国際教育支援協会（2006）『日本語能力試験出題基準改定版』凡人社

Kuhn, T. (2014) A Survey and Classification of Controlled Natural Languages. *Computational Linguistics, 40*(1), pp.121–171.

第14章

知的障害者の情報保障と〈やさしい日本語〉
一般社団法人スローコミュニケーションのとりくみを例に

打浪文子

本章の概要

本章では、言語的な困難を有する人々である知的障害者の情報保障について述べます。知的障害者向けのわかりやすい情報提供の現状と課題について整理し、代表的なとりくみの1つである一般社団法人スローコミュニケーションの実践を紹介します。そして、〈やさしい日本語〉との接点や、知的障害領域への〈やさしい日本語〉の応用可能性、既存の領域を超えた連携可能性について検討します。

キーワード

知的障害、わかりやすさ、コミュニケーション、情報保障、合理的配慮

1 知的障害者とことばに関する諸問題

知的障害とは、一般的には知的な遅れを示すものの総称であるとされています。その中には染色体異常や遺伝的形質によって知的な遅れを伴うものも含まれ、その用語が指す範囲は非常に広いものと考えられています。

厚生労働省の定義によれば、「知的機能の障害が発達期（おおむね18歳まで）にあらわれ、日常生活に支障が生じているため、何らかの特別の援助を必要とする状態にあるも

の」とされています[1]。現在の知的障害の判定には、（a）知能指数と、（b）「日常生活能力」の２つの基準が用いられます。知能指数は、標準化された知能検査によって知能指数がおおむね70以下、（b）の日常生活能力は、自立機能、運動機能、意思交換、探索操作、移動、生活文化、職業等の到達水準が総合的に同年齢の日常生活能力基準に劣るものとされています。この（a）と（b）の程度によって、最重度・重度・中度・軽度という形で判定されます。国内外を含めさまざまな定義がありますが、現在の社会において、いずれの場合もその診断や判定において個人の「能力の欠如」とされる傾向にあること、日常生活に「援助」を必要とすることが前提とされていることが確認できます。

　知的障害者の置かれている言語的状況は、表記などにかかわる視覚的な情報理解の難しさ、内容に関する文章的な理解の難しさに加えて、ことばに対する社会的な価値観や対話における劣位性などの問題を複合的に内包しています（古賀2006）。さらに、日常的な情報伝達に支援を介することによる個別具体的な関係性の影響も加わります。時には専門家・家族・支援者こそが知的障害者への情報伝達を偏ったものにし、意思伝達を捻じ曲げることもあります。

　ことばの理解や運用に難しさを抱える知的障害者は、ことばを重視する能力主義的な社会の風潮において、言語的にも社会的にも劣位に置かれています。しかし、障害を社会との関係性から捉えなおす「障害学」的観点[2]からすれば、知的障害もまた社会との相関で生じているといえます。例えば藤澤和子氏は、福祉先進国といわれるスウェーデンの知的障害者向けのわかりやすい図書のあり方を参照し、「その人たち（知的障害者等）に合った本や読書環境のないことが問題であるということに視点を置くべき」（藤澤・吉田2009: 85）と主張しています。文字情報や情報媒体

は、ひらがなによる文字、理解しやすい文章、視覚シンボル化など、表現ツールの多様性によって補われるべき部分を多く残しています。知的障害者の社会的不利益をかえりみるのであれば、マイノリティである知的障害者にことばの「できなさ」を押し付けるのではなく、社会全体で解決すべき言語的問題として捉えなおす視点が不可欠です。

　社会福祉学周辺では支援者が知的障害者への情報伝達をいかに担うかに主眼があり、社会や情報の発信元が負うべき課題が不可視化されてきました。ゆえに、知的障害者が直接情報にアクセスすることを念頭に置いた情報提供について問いが立てられること自体がほとんどありませんでしたが、2000年前後からようやく支援者および当事者らによって、情報を知的障害者にとってアクセシブルな形へ変える必要性が主張されはじめてきました（岩本2003, 藤澤・服部2009, 土本2011）。

　さまざまな情報が誰にでも公平に利用できることを当たり前とする視点を確立させていくためには、知的障害者にとって利用しやすい情報環境の整備を行う必要があります。情報提供はそのための手段の1つなのです。

2 ｜ 知的障害者向けのわかりやすい情報提供の現状と課題

　知的障害者向けのわかりやすい情報提供の多くは、障害福祉分野における知的障害者の関連団体（親の会など）によって担われてきたという背景があります。

　国内で知的障害者を対象とした情報提供で最も早くからとりくまれてきたのは、書籍です。日本では1990年代から社会福祉法人全日本手をつなぐ育成会などの知的障害児者関連団体により、権利擁護を目的としたブックレットや、生活知識の伝達を目指した写真中心の書籍（LLブック）[3] が出版されてきました。

また、近畿視覚障害者情報サービス研究協議会LLブック特別研究グループが、近畿圏を中心としたLLブックの普及活動およびさまざまな本や情報をわかりやすく書き換える実践等を行っています（藤澤・河西2012）。さらに近年では、関連団体以外からのわかりやすい表現による出版物や、読みの困難がある人もない人も楽しめる書籍（藤澤2015, 2017）なども、少しずつ発行されるようになりました。

　しかし、公共性の高い時事情報等のわかりやすい情報提供の例は現在に至っても極めて少ないのが現状です。1996年に知的障害者を読者とする「みんなが読める新聞『ステージ』」が創刊されました。スウェーデンの読みやすい新聞『8 SIDOR』を参考にしてつくられており、全8ページにわたってイラストや写真、図などが多用された記事と、わかりやすい文章で情報提供が行われています。知的障害者を読者として全国規模で時事情報の継続的な配信を行っていた紙面媒体としては国内で唯一のものでしたが（打浪（古賀）2014a）、2014年に休刊してしまいました。

　また、政府や行政機関等からの情報提供では障害者に関連する情報を「わかりやすい版」としてウェブサイト等に掲示する動きが見られますが、知的障害者が会議に参加したものや障害関連の法律の説明などに限られているうえに、情報アクセス自体に困難がある場合が多く、知的障害者向けの情報提供は量的・質的ともに十分ではないのが現状といえます。

　2016年4月から、障害者差別解消法という法律が施行されています。この法律の中で、行政機関等に障害者への「合理的配慮」の提供が義務付けられました。すなわち、そうした場所でわかりやすい情報提供や説明を求めていくことができるようになりましたが、そうしたとりくみはまだまだ普及の途上にあるといわざるを得ません。災害時等の生存にかかわる情報伝達など、緊急性や公共性の高い情

図1 『ステージ』(2011年秋号)

報が誰にでもわかりやすく伝わる必要があることはいうまでもありません。しかしそれだけでなく、知的障害者の生活全般において、自分たちにとってわかりやすいものがあることや、それぞれの人生の中で重要な意味を持つ情報がわかりやすく伝えられることは、知的障害者の人生をより豊かにし、さらに自立や自己決定のあり方自体に変容を促

すものとなりえます。社会的な情報提供としての視点と、一人一人の生活に寄り添う視点、両方から知的障害者の情報保障を進めていく必要があります。

また、知的障害者に限らず、日本語での情報提供やコミュニケーションに難しさを抱える方々はたくさん存在しています。そうした人々を対象とする研究や実践と連携することで、誰にでもわかりやすい形での情報提供の可能性は広がっていくと考えられます。日本語の難しさを共有する人々と協力し合いながら、今後ますます、知的障害者にとってわかりやすい情報提供が社会的に広まっていくことが望まれます。

3 一般社団法人スローコミュニケーションのとりくみ

知的障害者向けのわかりやすい情報提供の代表的な存在であった、前述の『ステージ』は、発行していた団体の解散とともに休刊（復刊時期未定）となってしまいました。こうした現状と課題をかんがみ、知的障害者への合理的配慮としてのわかりやすい情報提供の社会的普及を目指して、筆者らは一般社団法人スローコミュニケーション（以下、スローコミュニケーション）を2016年5月に立ち上げました。

障害のある方に対する情報・コミュニケーションへの配慮の推進が謳われる一方で、知的障害者向けの情報提供がまだまだ少ない現状に対し、スローコミュニケーションではそれらの普及の一端を担えればと考え、わかりやすさに関する調査研究・リライト事業・ニュースや生活情報の書き換えなどにとりくんでいます。

スローコミュニケーションのウェブサイトには、団体設立にあたっての趣意を掲載しています。以下に抜粋します[4]（ウェブサイト上ではすべてふりがなついています）。

230

〈やさしい日本語〉と多文化共生

「わかりやすさ」は、自分と相手をつなぐ気持ちです。相手とわかり合いたいと思うとき、「わかりやすさ」が生まれます。

　どんな障害があっても、どんなに高齢になっても、知ってほしいことがあります。彼らからも情報を発信してもらわなくてはなりません。そのためには「わかりやすさ」が必要です。

　「スローコミュニケーション」は知的障害の人たちへのわかりやすい情報の研究や実践に努めてきた人々が設立しました。

　知的障害者の親の会である全日本手をつなぐ育成会（現、全国手をつなぐ育成会連合会）が知的障害者のための新聞「ステージ」を発行したのは1996年です。障害当事者の編集委員を中心に福祉職員や新聞記者、研究者らが協力して発行を続けてきました。

　知的障害のある人たちの社会参加や就労を進めるためには、彼らに必要な情報をわかりやすい形で届けなければなりません。自己選択や自己決定は必要な情報保障があってこそ成り立つものです。そうした思いが20年近くにわたる「ステージ」の発行を支えてきました。

　障害者福祉や権利擁護の中心に意思決定支援の重要性が認識されるようになった今日こそ、わかりやすい情報保障、わかりやすいコミュニケーションが必要です。

　障害の有無だけでなく、年齢や性的指向、国籍、宗教が違っていても、それぞれの存在を認め合い、理解し合うところに本当の多様性が生まれます。そうした社会の土台をつくり、さまざまな可能性を躍動させるのが、わかりやすいコミュニケーションです。

　「わかりやすい文章　わかちあう文化」の研究、理解啓発の活動をスローコミュニケーションは行います。

スローコミュニケーションでは、知的障害者にとっての
わかりやすさに関する研究事業を遂行しています。さら
に、わかりやすいニュースや解説・コラムなどの情報を提
供するとともに、わかりやすい情報や冊子作成の受注、知
的障害の理解促進のためのコミュニケーションに関する講
義・演習の提供、知的障害者向けの文書作成ワークショッ
プなどの事業を展開しています。『ステージ』のようなニュ
ース記事や、知的障害者の生活に即した情報提供における
る文書を、実際に書いてみるワークショップを行う際は、
知的障害のある当事者の方からの解説や添削を入れるな
ど、当事者とともにわかりやすさをつくるという姿勢で臨
んでいます。

　本来ならば、知的障害者の合理的配慮としてのわかりや
すい情報提供は社会全体で整備されるべきものです。ま
た、多言語国家や地域では、読みやすい文章に関するサー
ビスに公費が入っているところもあります。非営利団体の
みがこうした活動を担うのではなく、将来的には社会全体
としての法整備や保障が必要となるはずです。

4 　知的障害者の情報保障と〈やさしい日本語〉の共通・相違

　ここまで、知的障害者の情報保障に関する現状と課題を見
てきました。この先は、わかりやすい情報提供の普及を目
指すにあたり、知的障害者向けのわかりやすさは普遍性を
持つかどうかを考えてみたいと思います。

　知的障害者向けのわかりやすい情報提供は、視覚的な見
やすさの工夫と、わかりやすい日本語による平易な表現を
併用しつつ、障害を有する当事者とともに作成されるもの
です。これらは、外国人向けの〈やさしい日本語〉と多く
の共通性を有すると考えられています（打浪2015, 庵
2016）。知的障害者向けのわかりやすい情報提供と、〈やさ

232

〈やさしい日本語〉と多文化共生

しい日本語〉は、同じように平易な表現を使用するものです。これらには共通性はあるのでしょうか。あるいは、どのような点が異なるのでしょうか。

　〈やさしい日本語〉はリライトに一定のルールを有していますが、知的障害者向けのわかりやすい情報提供は未だ検証されていない部分や明文化されていない部分を有しています。ただし、知的障害者を交えてのリライトの経験則からのルールは一定程度導出されており（野澤2006, 藤澤・河西2012, 打浪2014a）、これらをまとめる形で、2015年に「わかりやすい情報提供のガイドライン」[5] が作成されています。このガイドラインには、具体的に書く際の工夫として「難しいことばは使わない」「常とう語（ある場面にいつもきまって使われることば）を除いて、漢字が4つ以上連なることばや抽象的な概念のことばは避ける」「具体的な情報を入れる」「新しい情報を伝えるときには、背景や前提について説明する」「必要のない情報や表現はできるだけ削除する」「一般的にはあたりまえのことと思われても、当事者にとって重要で必要だと考えられる情報は入れる」ことが挙げられています。また、比喩や擬人法、二重否定を避けることや、文の構成の明示といった工夫に加え、横書きやルビ、1文30字以内、フォント（ゴシック体）などが推奨されています。

　これらのルールは、〈やさしい日本語〉のルールとその多くが共通するように見えます。しかし、例えば「難しいことばは使わない」というルールにある「難しさ」の程度や内容は、〈やさしい日本語〉との相違が推測されます。知的障害者はことばの理解と運用に非常に大きな個人差を有していること、わかりやすさは生活語彙によって左右される可能性があること（打浪2014a）、価値判断の入った文章がわかりやすい情報提供に使われる傾向があること（工藤・大塚・打浪2013）などがその理由です。また、接続詞を

できるだけ使わないことや、アルファベットにルビを振る点なども〈やさしい日本語〉との相違として挙げられます。知的障害者向けの文の構造は一般的な新聞と大きな差異はなかったという示唆もあります（及川・大塚・打浪2014）。

　また、筆者は、知的障害者に対するわかりやすい情報提供を実践する媒体である『ステージ』と、外国人向けの〈やさしい日本語〉で時事情報の配信を行う「NEWS WEB EASY」[6]、そしてその書き換え元であるNHKの一般向けニュース原稿の3つのメディアのテキストを、難易度や使用語彙を中心に比較し、その共通性および相違性を検討しています（打浪・岩田・熊野ほか2017）[7]。計量的分析の結果から、ステージと「NEWS WEB EASY」では形態素数や和語の率が近いことが明らかになっています。さらに、ステージとの共通点として、「外来語」や「人の属性を表す語」などの名詞や動詞を中心とした書き換えの難しい難解語彙の群があることを明らかにしました。また相違点として、ステージには〈やさしい日本語〉の基準に照らせばわかりやすく書き換え可能な福祉用語（名詞）、AD（副詞相当）、および接辞（接辞を中心とした名詞接続形式）があることが明らかになっています。

　このように、第一言語習得および第二言語を習得する際の学習過程における工夫のあり方や、知的障害者の障害特性などによって、相違が見られます。しかし、筆者が〈やさしい日本語〉で時事情報を配信している「NEWS WEB EASY」のウェブサイトを用いて、知的障害者への聞き取り調査を実施した際には（打浪2017）、対象者らが今回の調査で「難解」あるいは「平易」であると感じた語彙は、外国人にとっての言語の「やさしさ」や「難しさ」と異なっている部分はあるものの、対象者らの主観的判断において「NEWS WEB EASY」の〈やさしい日本語〉による記

事は一定程度わかりやすい情報源となりえたことが示されました。〈やさしい日本語〉による情報源は、知的障害者の特性を加味した背景説明の充実などにより、知的障害者にとって一般的な情報源より適したものとなりうると考えられます。

5 知的障害領域への〈やさしい日本語〉の応用可能性

時事情報の分野以外にも、知的障害者と外国人住民が共通して使用できる〈やさしい日本語〉による文書はあるのでしょうか。〈やさしい日本語〉の福祉分野への応用可能性を考えてみたいと思います。

まず、知的障害者と〈やさしい日本語〉の接点として、学校におけるリライト教材があります。現在では特別支援学級における外国籍の子どもの在籍も増えていることから、わかりやすい教材には共通する一定のニーズがありますし、またその教材開発にもとりくみがあります（光本・岡本2006）。

また、生活面でいえば、軽度や中度の知的障害者の中には、自立生活や一人暮らしを営む人が増えており、実際に公文書に一人でアクセスする場合もあります（打浪2014b）。こうした人々には、自治体のウェブサイトのやさしい日本語化や、〈やさしい日本語〉による公文書の書き換え（岩田2016）などが増えることにより、生活における困難の軽減がもたらされるでしょう。さらに、介護に関する資格を得た軽度や中度の知的障害者の中には、資格取得の際のテキストの難しさに苦労した経験を有する人も存在しています（打浪2014b）。こうした軽度の知的障害者には、〈やさしい日本語〉による介護に従事する外国人向けのテキスト（堀2015）などが活用可能であると考えられます。

このように、知的障害者にとって〈やさしい日本語〉の研究・実践は大いに役立つものがあると考えられます。今後は、〈やさしい日本語〉を知的障害者がかかわる場面や社会福祉学関連に周知し、活用を促すことが課題となるでしょう。

6 誰にとってもわかりやすい情報保障の実現に向けて

誰にとってもわかりやすい情報提供は、ことばによる諸問題によって誰もが不利益を被ることのない社会の実現のための重要な手段です。その追究に際し、「外国人」や「障害」という枠を取り払い、「ことばに難しさを抱える人々」について問題を共有し解決する姿勢が一層重要となるのではないでしょうか。さまざまな実践知を統合しつつ、領域を超えた制度・支援のあり方を検討し、それぞれの領域から連携可能性を模索していくことが、ことばのあり方の社会的な変革につながるのだと考えます。先に紹介したスローコミュニケーションが担うのは、こうした知的障害者とことばに関する実践知の収集と明文化でもあります。

ただし、わかりやすい情報提供も〈やさしい日本語〉も、それが存在するだけでは不十分な面があります。わかりやすい文書があるということは、その場やコミュニティへの参加のための大切な手立てですが、単に読みやすい文書を渡せばよいというものではありません。その文書とともに、必要な配慮が個別具体的な形で展開されて初めて、場やコミュニティへの「参加」が成り立つのではないでしょうか。わかりやすい情報提供に加えて、一人一人に合わせた社会への「参加の実感」のための配慮のあり方の模索を同時に続けてこそ、わかりやすさは、社会参加のためのことばとなりえるのです。

注	［1］「平成17年知的障害児（者）基礎調査結果の概要」（厚生労働省 2007）によります。http://www.mhlw.go.jp/toukei/saikin/hw/titeki/ （2018年9月30日）。また、現在のところ国内法における知的障害の 定義は、知的障害の多様性ゆえに存在していません。1960年の知的 障害者福祉法の成立の際に知的障害の判定方法および基準が統一され るまで定義を設けないことにしたといわれており（松友1999）、それ が現在まで続いています。

［2］障害学とは「「障害者すなわち障害者福祉の対象」という枠組みから の脱却を目指す試み」（長瀬1999: 11）です。障害を「個人」の問題で はなく「社会」との相関で起こるものと捉えるパラダイム転換（「障 害の社会モデル」）が提起されています。

［3］LLは、「読みやすい」を意味するスウェーデン語「Lättläst」の略であ り、「LLブック」とは読みやすい平易なことばで記された書籍を意味 します。

［4］http://slow-communication.jp/（2018年9月30日）

［5］このガイドラインは文章の内容の伝え方を扱っており、レイアウトや 伝達手段についても記されています。http://www.osaka-ikuseikai. or.jp/jigyo/file/honninkatudou/wakariyasuijouhouteikyou.pdf（2018年 9月30日）

［6］NHK「NEWS WEB EASY」とは、国内在住の外国人への新たなニュー スサービスとして2012年4月に開設されたウェブサイトです。NHK の元ニュースから、〈やさしい日本語〉を用いてわかりやすくリライ トした記事を提供しています。開設当初1日1〜2記事の提供でした が、2013年6月からは1日5記事が提供されています。詳しくは打 浪・岩田・熊野ほか（2017）などを参照して下さい。http://www3. nhk.or.jp/news/easy/（2018年9月30日）

［7］本書の第15章（打浪・岩田）では、〈やさしい日本語〉と知的障害者 向けのわかりやすい情報提供の情報の加除に着目した比較について触 れます。

参考文献　庵功雄（2016）『やさしい日本語―多文化共生社会へ』岩波書店

岩田一成（2016）『読み手に伝わる公用文―〈やさしい日本語〉の視点か ら』大修館書店

岩本真紀子（2003）「もっとわかりやすい情報を！―みんながわかる新聞 『ステージ』制作にかかわって」『図書館雑誌』97(4), pp.218–220.

打浪（古賀）文子（2014a）「知的障害者への「わかりやすい」情報提供 に関する検討―『ステージ』の実践と調査を中心に」『社会言語科学』 17(1), pp.85–97. 社会言語科学会

打浪（古賀）文子（2014b）「知的障害者の社会生活における文字情報と の接点と課題―軽度および中度の当事者への聞き取り調査から」『社 会言語学』14, pp.103–120.

打浪文子（2015）「知的障害者に対する「わかりやすい情報提供」と「やさしい日本語」」『ことばと文字』4, pp.22-29.

打浪文子（2017）「「やさしい日本語」の知的障害者への応用可能性—時事情報に着目して」第39回社会言語科学会研究大会予稿集，pp.177-181.

打浪文子・岩田一成・熊野正ほか（2017）「知的障害者向け「わかりやすい」情報提供と外国人向け「やさしい日本語」の相違—『ステージ』と「NEWS WEB EASY」の語彙に着目した比較分析から」『社会言語科学』20(1), pp.29-41.　社会言語科学会

及川更紗・大塚裕子・打浪文子（2014）「知的障がい者を対象とした文章のわかりやすさの解明—季刊誌『ステージ』を対象に」『信学技報』114(189), pp.1-6.

工藤瑞香・大塚裕子・打浪文子（2013）「知的障がい者と健常者のコミュニケーション支援に向けたテキスト分析」『言語処理学会第19回年次大会発表論文集』pp.280-283.

古賀文子（2006）「「ことばのユニバーサルデザイン」序説—知的障害児・者を取りまく言語的諸様相から」『社会言語学』6, pp.1-17.

土本秋夫（2011）「バリア（かべ）と思うこと」『ノーマライゼーション』31(12), pp.31-33.

長瀬修（1999）「障害学へ向けて」石川准・長瀬修（編著）『障害学への招待』pp.11-39.　明石書店

野澤和弘（2006）『わかりやすさの本質』日本放送出版協会

藤澤和子（2015）『わたしのかぞく—なにがおこるかな』樹村房

藤澤和子（2017）『はつ恋』樹村房

藤澤和子・河西聖子（2012）「知的障害者の図書館利用を進めるためのLL（やさしく読める）図書館利用案内」『図書館界』64(4), pp.268-276.

藤澤和子・服部敦司（編著）（2009）『LLブックを届ける—やさしく読める本を知的障害・自閉症のある読者へ』読書工房

藤澤和子・吉田くすほみ（2009）「施設への読書環境に関する調査」藤澤和子・服部敦司（編著）『LLブックを届ける—やさしく読める本を知的障害・自閉症のある読者へ』pp.76-99.　読書工房

堀永乃（編著）（2015）『やさしい日本語とイラストでわかる介護の仕事』日本医療企画

松友了（1999）『知的障害者の人権』明石書店

光本聰江・岡本淑明（2006）『外国人・特別支援児童・生徒を教えるためのリライト教材』ふくろう出版

第15章

やさしい日本語化と情報の加除
NHKニュース、NHK「NEWS WEB EASY」、
『ステージ』の比較

打浪文子　岩田一成

本章の概要
本章では、知的障害者向けのわかりやすい情報提供と、
〈やさしい日本語〉の言語的な共通性に迫ります。特に、
外国人および知的障害者向けに情報をわかりやすくリライ
トする過程に着目します。リライト過程の文書の情報の加
除（追加・削除）に着目した分析から、外国人向け・知的障
害者向けのリライトに関する共通点、およびわかりやすさ
の特徴を明らかにします。

キーワード
知的障害、外国人、情報保障、わかりやすさ、リライト

1　わかりやすさと情報の加除

第14章では、知的障害者向けのわかりやすい情報提供と
〈やさしい日本語〉のルールに共通性があることが示唆さ
れています。では、その共通性は具体的にはどのような文
章において確認することができるでしょうか。双方の言語
的な共通性および特徴を明らかにしていくためには、外国
人向けの〈やさしい日本語〉と知的障害者向けのわかりや
すい情報提供を具体的なかたちで比較し検討することが必
要です。

そこで本章では、同じ元記事を使用して、〈やさしい日本語〉と知的障害者向けのわかりやすい情報提供の2方法で作成した文章を比較します。そして、わかりやすくするためのリライトを行う際に、情報がどのように圧縮されたり変更されたりするのかを明らかにします。その際、対象の異なる媒体が同じ方法で情報を圧縮しているとしたら、それはある程度一般化できる情報の追加・削除の方法であるといえるでしょう。

筆者の一人は公用文の収集と分析、リライト提案を行っています（岩田2016）。そこで得られた知見は、語彙レベル・文法レベルで文章を書き換えてもわかりにくい日本語の根本はなかなか直らないということです（岩田2013）。大切なのは、談話レベルで情報の追加・削除を考えることです。よって本章では、わかりやすい情報の作成において追加・削除がどのように行われているかというプロセスに注目し、わかりやすさの要素に迫ってみたいと考えます。

2 研究方法

2.1 分析対象の元記事選定

2012年4月から2014年3月までにNHKニュースのウェブサイトに記載された25件を、元記事としました（表1）。25件の選択基準は、NHKの「NEWS WEB EASY」で〈やさしい日本語〉のニュースとして公開されている記事であること、また類似のトピックが過去に知的障害者向けの情報媒体『ステージ』に取り上げられたことがあること、の2点です。外国人向け、および知的障害者向けとして提供されていたという条件を満たすことで、どちらの読者にも受け入れられるトピックであることを意味していると考えられます。

表1　NHKニュースのタイトル一覧（トピック1～25）

1 ロンドン五輪　204の国と地域参加へ／2 つくば市　竜巻被害7.5キロ／3 "コンプリートガチャ"相次ぎ廃止へ／4 大飯原発再開　国の丁寧な説明必要／5 自殺　19人が生徒への暴行を目撃か／6 ニホンカワウソ　"絶滅種"に指定／7 ノーベル医学・生理学賞に山中伸弥さんら／8 ノロウイルスの患者急増　注意呼びかけ／9 トンネルつり下げ全設備を点検へ／10 自・公で325議席獲得　政権交代へ／11 文科省　体罰の全国調査実施へ／12 日揮　不明者の安否確認急ぐ／13 大気汚染物質　九州などで一時的に上昇／14 富士山が世界遺産に登録決定／15 日本　W杯出場決定　豪州と引き分け／16 東電　汚染水の海への流出認める／17 桜島　大量の火山灰除去作業へ／18 "SNS世代"　不適切投稿防止へ研修／19 2020年五輪　東京が開催都市に決定／20 全国17デパート　おせちでも異なる食材／21 新語・流行語大賞　50語がノミネート／22 東日本大震災と原発事故　発生から3年／23 身近な食料品　きょうから相次ぎ値上げ／24 フィギュア男子　羽生が金メダル／25 東京都知事選　舛添要一氏が初当選

2.2　比較対象の媒体と記事

以下では3種類の記事を比較します。まず1つ目はNHKの元ニュース、そして2つ目はそれに基づいて書かれたNHKの「NEWS WEB EASY」です。これは、外国人向けの〈やさしい日本語〉のニュースで、NHKによって国内在住の外国人への新たなニュースサービスとして開設されたウェブサイトです（田中・美野・越智ほか2013）。

　3つ目の『ステージ』は、知的障害者が編集委員として加わりつつ作成された「みんなが読める新聞」です（野沢2006）。1996年から発行されていましたが、2014年6月以降は休刊しています（打浪・岩田・熊野ほか2017）。そこで今回は『ステージ』関係者に協力を依頼し、元記事から『ステージ』と同様の編集・作成のプロセスを経て記事を作成し、「NEWS WEB EASY」と比較することにしました。

　『ステージ』の文章の編集および作成は以下の工程を経ています。まず、記事内容を選定したのちに、1）「わかりやすい文書」作成経験のある編集者による元記事のリライト、2）障害のある当事者委員を含めた関係者全員での

読み合せによる検討、3）編集者による紙面掲載を意識した最終調整、です。通常の『ステージ』編集・作成では、知的障害のある当事者は、記事の選定と2）の工程に主として関わっていました。この1）2）3）を踏襲し、2016年7～8月に1）、同年9～10月にかけて2）、同年11月に3）の工程を経て文書データを得ました。あわせて2）を録音により記録し照合しています。なお、本工程に携わってもらった元『ステージ』関係者は、執筆・編集を担当した経歴を有する編集者2名、および編集委員としてわかりやすい情報の作成と提供に従事した経歴を有する軽度または中度の知的障害者6名です。2）の検討の際には第一著者が立ち会い録音を行いました。

　以下では、NHKの元記事となったニュースを「NHK」、NHKの「NEWS WEB EASY」の記事を「EASY」、『ステージ』を作成するのと同様の工程中に1）で生じたリライト記事を「STAGE A」、2）3）のプロセスを経て出来上がった完成版の記事を「STAGE B」と呼びます。1）の段階の記事を「STAGE A」として分析対象としたのは、リライトの過程において情報の追加・削除が最も大きく行われる段階であるからです。本章では、NHKとEASYおよびSTAGE Aを中心とした分析①について3、4節で、STAGE A・Bを対象とした分析②について5、6節で扱います。

3 ｜ 分析①の指標と基礎情報

分析①は図1にあるようにNHKを元データとして、それに対応するEASYと作成したSTAGE Aを比較してみます。

3.1　分析①の指標確定：固有名詞

分析①の際に注目したのは、固有名詞数の変動です。具体的には、人名（山中伸弥氏・本田圭佑選手など）、組織名（京都

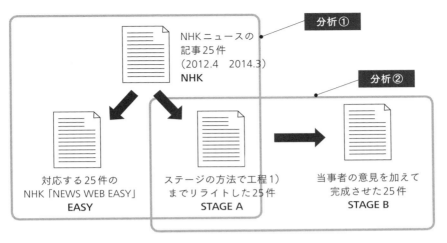

図1　研究の手続き

大学・東京電力など)、地名（アメリカ・大阪市など）の3種類がリライトによってどう変化しているのかを分析しました。カウントはすべて目視で行っています。

固有名詞に注目したのは、言い換え可能性が高いからです。例えば「山中伸弥氏」という固有名詞は、「男性、大学教授、研究所所長、ノーベル賞受賞者、著名人」など様々なレベルへの言い換えが可能であり、リライトの際に重要な役割を果たしていることが予想されるからです。

3.2　基礎情報

NHK、EASY、STAGE A、STAGE Bのそれぞれの文字数は、順に17,201、11,360、7,845、7,297です。STAGE A・Bは元記事の半分以下に圧縮されていることがわかります。

人名の1記事あたりの平均出現数（総出現数を25記事で割ったもの）は、NHK、EASY、STAGE Aの順で下がっていくことがわかります（表2参照）。人名はEASYもSTAGE Aも元記事の数から半数以下に減っています。人名、組織名、地名において、すべてEASYよりもSTAGE Aの数値

が低いことがわかります。ここからSTAGE Aは比較的大胆に圧縮されていることになります。STAGE A からBの間は、地名で若干上昇しますが、基本的にほとんど変動しません。

表2　固有名詞数（N=NHK, E=EASY, SA/SB=STAGE A/B）

トピック	人名				組織名				地名			
	N	E	SA	SB	N	E	SA	SB	N	E	SA	SB
1	0	0	0	0	4	3	0	0	9	7	5	6
2	1	1	0	0	0	2	0	0	32	13	9	6
3	2	0	0	0	11	3	2	2	0	0	0	0
4	3	2	2	2	5	5	14	11	5	3	5	5
5	0	0	0	0	2	2	0	0	2	2	1	1
6	0	0	0	0	3	1	0	0	3	3	2	2
7	12	6	4	4	11	2	1	1	5	2	1	1
8	0	0	0	0	3	2	0	0	0	0	0	0
9	0	0	0	0	4	3	0	0	2	3	4	5
10	3	2	2	2	27	29	20	19	0	0	0	0
11	0	0	0	0	4	5	1	1	1	1	0	1
12	1	0	0	0	4	1	1	2	9	9	10	13
13	2	2	0	0	6	3	0	0	8	8	8	8
14	2	0	0	0	5	5	1	2	27	16	11	11
15	7	3	1	1	0	0	0	0	17	9	10	9
16	1	0	0	0	9	8	5	5	1	1	2	2
17	0	0	0	0	0	0	0	0	11	9	6	6
18	2	0	0	0	2	0	0	0	2	2	1	1
19	0	0	0	0	1	1	1	1	18	21	10	9
20	0	0	0	0	10	7	4	4	0	3	0	0
21	2	2	2	3	3	2	1	1	2	1	2	2
22	0	0	0	0	6	4	2	2	7	5	3	3
23	0	0	0	0	14	12	0	0	0	0	0	0
24	9	7	6	4	0	0	0	0	4	3	3	3
25	32	6	6	7	19	0	6	3	7	6	5	5
平均	3.16	1.24	0.92	0.92	6.12	4	2.36	2.16	6.88	5.08	3.96	4

トピック2の組織名、トピック20の地名はどちらも

EASYだけ増えていますが、これはリライトで増えたわけではなく、ニュースの続報を盛り込んだため、情報が更新されて増えています。こういったものは今回の分析からは外しています。

4 分析①の結果と考察

どんな語彙が減っているのかを質的に分析してみると、EASYもSTAGE Aも共通して圧縮方法にパターンがあることがわかります。

4.1 EASY・STAGE Aのリライトパターンの共通性

4.1.1 詳細情報カット型

トピック2「つくば市　竜巻被害7.5キロ」（表3）では、被害にあった地名を市レベルで留めて、それより細かい地名はすべてカットしています。○○地区といった地区名は、その地域に住んでいる人・関係している人以外にとってそれほど重要ではないともいえます。そういった詳細な情報をカットすることで、ニュースの大枠自体は変更せずに情報を減らすことができます。

表3　地名数の変化：トピック2

NHK 32	つくば市（4回）　茨城県つくば市（2回）　栃木県真岡市　関東　北条地区　つくば市北条　下妻市　吉沼地区　西高野地区　大砂地区　水守地区　山木地区　北条地区　茨城県　筑西市　常陸大宮市　栃木県（2回）　益子町（3回）　真岡市（3回）　茂木町　西田井地区　塙地区　七井地区
EASY 13	関東　つくば市（3回）　茨城県つくば市　茨城県（2回）　筑西市　常陸大宮市　栃木県（2回）　益子町　真岡市
STAGE A 9	茨城　栃木　茨城県　栃木県（2回）　茨城県つくば市　益子町　真岡市　茂木町

4.1.2　周辺情報カット型

トピック7「ノーベル医学・生理学賞に山中伸弥さんら」（表4）は元記事が日本とアメリカの話題で、リライトでは日本だけの記事になっています。これは詳細部分をカットしているのではなく、情報の周辺部分に変更を加えており、詳細情報カット型とは質的に異なるといえます。

表4　人名数の変化：トピック7

NHK 12	山中伸弥さん（2回）　ジョン・ガードンさん（2回）山中さん（5回）　ガードンさん（3回）
EASY 6	山中伸弥さん（2回）　山中さん（4回）
STAGE A 4	山中伸弥さん（2回）　山中さん（2回）

4.1.3　結論提示型（プロセス削除や内訳削除）

トピック14「富士山が世界遺産に登録決定」（表5）は、実況中継風に記事が進行しています。会議が始まってから途中経過を経て終わりになるまでが描かれているのですが、リライトではそのプロセスを削除してしまって結論だけを述べています。EASY、STAGE Aの順にプロセス説明がシンプルになっていきます。

表5　地名数の変化：トピック14

NHK 27	富士山（11回）　日本（3回）　静岡県（3回）　三保松原（7回）　カンボジアプノンペン　ドイツ　山梨県
EASY 16	富士山（7回）　カンボジア　日本　三保松原（4回）　ドイツ　静岡県　山梨県
STAGE A 11	富士山（6回）　日本　三保松原（4回）

また、表6はトピック3に出現する組織名数でゲーム会社がコンプガチャというシステムを廃止するというニュースです。元ニュースは、各会社の説明を順に提示し、情報の内訳を細かく説明していますが、書き換えでは内訳を削除して、結論部分だけを書いています。

表6　組織名数の変化：トピック3

NHK 11	消費者庁(4回)　ディー・エヌ・エー（3回）　グリー（3回）　NHK
EASY 3	消費者庁　ディー・エヌ・エー　グリー
STAGE A 2	ディー・エヌ・エー　グリー

4.1.4　関係者・専門家コメントカット型

記事の最終部分で、関係者や専門家の引用コメントを載せるパターンはよく見られますが、その最終部分がカットされるものがあります。トピック18「"SNS世代"　不適切投稿防止へ研修」がそのタイプで、第一勧業信用組合の関係者、電通若者研究部研究員の両者のコメントが削除されています。情報の流れにおいて関係者や専門家のコメントは、元々メインの内容を補助するために添えられていることが多く、カットしても情報は大きく変化しません。

4.2　STAGE Aのみの特徴

4.1ではEASY・STAGE A両者に見られる特徴を記述してきましたが、ここではSTAGE Aだけに見られる特徴を紹介します。

　まずは固有名詞が急激に減る例です。トピック23「身近な食料品　きょうから相次ぎ値上げ」では、NHKには値上げされる食品とその企業名が「日本ハム、伊藤ハム、

プリマハム、日清フーズ」のように列挙されています。これら企業名はEASYではほとんどそのまま残っていますが、STAGE Aのリライトではすべてカットしていました。これは、企業名がなくても話題の中心である「（各企業の）商品の値上げ」という箇所は伝達できると判断されている可能性があります。

一方でSTAGE AのリライトでNHKよりも増えているものを見ましょう。トピック4「大飯原発再開　国の丁寧な説明必要」では、元々5つしかなかった組織名が14になっています（表2参照）。このリライトの中には、「大飯原発」という用語が11回も出てくるのですが、これは知的障害者の文章の特徴とされる「のりしろ」（野沢2006）と呼ばれる現象で、文章に重複部分を増やすことでわかりやすさにつなげるものです。こういった特徴はEASYには認められず、STAGE Aの特徴であるといえます。

もう一例、STAGE Aのトピック12「日揮　不明者の安否確認急ぐ」では、9から10に地名の数が増えています。これは、「アルジェリア」という用語がアフリカにあるという定義を追加しているため語数が増えています。ウェブ媒体であるEASYはポップアップで定義が可能なため、文面に定義は要りません。これは紙面媒体であった『ステージ』の特徴が反映されているといえます。

5 分析②の結果

ここからは、1）の工程のみのリライトSTAGE Aと、2）3）のプロセスで知的障害当事者を交えた検討を行って出来上がった再リライト記事であるSTAGE Bを扱います。知的障害者のわかりやすさには情報の加除がどう影響しているのかを知的障害者の意見から分析し、当事者の感覚に沿ったわかりやすさを明らかにしてみたいと考えます。

分析②では、知的障害者の編集過程2）時の意見や要望についての録音データを参照し、「わかりやすさ」「わかりにくさ」に関して言及があったところに焦点化し、文章の加除に関する傾向についてKJ法を用いて分類しました。その結果、文章全体に対する5つの傾向が見られました。（1）背景や具体例に関する説明を加筆する、（2）図やイラストを用いて表示する、（3）優先度の低い文章や難解な文章・段落を削除する、（4）文や段落を入れ替えて流れを整理する、（5）難解あるいは判断しづらい語彙へのリライトへの要求、です。

6 | 分析②の考察

6.1　知的障害者の意見から見えてくるもの

上記の5つの傾向の詳細と、それらを踏まえて作成されたSTAGE Bは何がどう変更されたのかを見てみましょう。

6.1.1　背景や具体例に関する説明を加筆する

知的障害者からの文章の加筆への要求は、海外のニュースにおける宗教等の背景の説明や、使用される用語や概念の因果関係の解説、話題の人物の経歴などの場合に見られました。例えば、オリンピックの出場に関するトピック1では、イスラム教に関する事情を知らない知的障害者が多く、「どういう理由で（スポーツをする女性が）少ないのかを書き足せばいいんじゃない」という意見から宗教的な背景が加筆されました。STAGE Bでは元ニュースにない情報が追加されている場合がありますが、この加筆こそが理解を促進している要因と考えられます。

トピック1　STAGE A（一部抜粋）から STAGE Bへ
（太字が加筆部分。後半は「国」という多義語のリライトもあります）

> 　今回はほとんどの国や地域が女性の選手を出場させることになりました。
> 　イスラム教の国では、スポーツをする女性が少なかったのですが、そうした国も女性の選手を出場させるようになりました。
>
>
>
> 　今回はほとんどの国や地域が
> 女性の選手を出場させることになりました。
> **イスラム教の国のなかには、**
> **女性がスポーツなどをするべきではないと**
> **考えられている国もあります。**
> 　しかし、今回、サウジアラビア、カタール、
> ブルネイというイスラム教の国は
> 女性の選手を初めて出場させることにしました。

6.1.2　図やイラストを用いて表示する

海外等の地名や数字、仕組みやメカニズムが複雑なものに関しては、地図やグラフ、図やイラストでの視覚的図示の付加が希望されました。具体的には、海外のニュース（トピック1、12）、あるいは国内の被害地域の詳細（トピック2）に関してその地域の地図の掲載への希望が上がっていました。また、図示に関しては、政党の取った議席数の数量的な図示や（トピック10）、マグマの噴火（トピック17）や事故発生のメカニズム（トピック9）、および増税等の仕組み（トピック23）などに関しての図示の希望がありました。他にも、具体的なイメージができるような商品等の写真やイラストの掲載希望が多数聞かれました。

発達障害や自閉症スペクトラム障害、知的障害を有する人の特徴として「視覚優位」が指摘されていますが（坂井2015）、図やイラストへの要望はそうした当事者感覚によるものと考えられます。

6.1.3　優先度の低い文章や難解な文章・段落を削除する

本旨に関係が薄いと考えられるものや、その記述がなくても主題が伝わると考えられるもの、難解ゆえに本文からは削除して別枠での解説記事が必要なものには、文章や段落の削除の要求がありました。以下に例を示します。この変更は、できるだけ短くしてほしいという要望に起因していました。細かい数や詳細すぎる記述がかえって読み取りにくいことや、記事全体が長くなりすぎると理解しづらくなるという当事者の感覚によると考えられます。

　　　トピック22　STAGE A（一部抜粋）から STAGE B へ

> まだ避難生活をしている人はたくさんいます。26万人の人たちが、故郷を離れ全国の避難先で生活しているのです。
> 避難生活をしている人たちのための家を建てる計画がありますが、ほとんど進んでいません。
>
>
>
> 今も26万人の人たちがふるさとを離れ、
> 全国の避難先で生活しています。

6.1.4　文や段落を入れ替えて流れを整理する

トピック5は、STAGE Aの段階では、「いじめがあった事実の伝達、いじめの詳細、今後の展開」というかたちで作成されていましたが、時系列を重視した整理への要望があり、STAGE Bでは「いじめがあった事実の伝達」直後の

部分に今後の展開を加え、最後に詳細を記すかたちに変更されました。順序や流れが明確な方がわかりやすいという当事者の感覚に起因していると考えられます。

6.1.5　難解語彙へのリライトの要求
「国」などの多義語や、「町民」などの語彙が難解であり、書き直してほしいというリライトの要求がありました。「国」は具体的な国名を列挙する（6.1.1の引用文も参考にしてください）、あるいは文脈に合わせて「政府」などに変更するといった対応がなされました。また「町民」は、「町の住人」あるいは「人」というかたちでリライトされました。抽象度や解釈に幅がある語彙や、当事者の生活において馴染みの少ない語彙が、わかりにくさに関連していると考えられます。

6.2　修正された文章の具体例
（1）の「背景や具体例に関する説明を加筆する」で紹介した情報追加の例を示す文章には、（5）「難解語彙へのリライトの要求」によって変更された例も入っています。このように、ここまでに挙げた傾向のほとんどが同一の段落内やトピック内で同時に見られるものです。例えば、トピック7（ノーベル医学・生理学賞に山中伸弥さんら）では、「文（全体）を短くして少し山中さんの紹介があってもいいのかなって」「この人がどんなの人なのか（知りたい）」という意見があり、「山中さんは、大阪市生まれの50歳。日本やアメリカの大学などで／薬や遺伝子の研究をしてきました」（原文は読みやすいように／の箇所に改行あり）というかたちで、元記事にはない経歴が加筆されています。一方で、「（文章中にiPS細胞の詳細な説明が入ると）すごく長く感じて読みにくい」という指摘から、文章全体は大幅に削減されています。

また、(1) の加筆と (3)(4) の削除が同時に見られる例として、トピック8を取り上げてみましょう。

　　トピック8　STAGE Aの文章（一部抜粋）からSTAGE Bへ

　ノロウィルスにかかる人が、急に増えています。
　ノロウィルスにかかると、ひどいおう吐（食べたものをはき出すこと）や下痢を起こします。
　ウィルスが付いた手で食事したりすると、口からウィルスが入ってしまうのです。
　今年は、この5年間で一番早いスピードでノロウィルスにかかる人が増えています。

今年は、この5年間で一番早いペースで
ノロウィルスにかかる人が増えています。
ノロウィルスにかかると、
食べたものをもどしたりや
下痢を起こします。
ウィルスが付いた手で食事したりすると、
口からウィルスが入ってしまうのです。
ノロウィルスは、生がきなどを食べることで
人に感染してしまうことがあります。

　STAGE Aでは段落の最後にあった一文が、STAGE Bでは文脈の整理と重複の解消のために最初の行を削除し、文頭へと移動しました。そしてSTAGE Bの最後に感染源の具体例が加筆されました。これは、「具体的にノロウィルスが何で、どういう病気だっていうのもあった方がいいかなと思って」「それ（感染源の説明）がないと、ノロウィルスってみんながなるんですってこれ読むだけではわからな

い」という意見が踏まえられています。

　また、トピック8には（5）の「難解語彙へのリライトの要求」に関する部分もあります。「スピード」は、難解ではないが違和感があるという指摘で「早いペース」に変更されています。また、「おう吐（食べたものをはき出すこと）」は、「おう吐」自体は新聞・ニュース等で比較的聞き覚えのある言葉でありそのままがよいという意見もありましたが、当事者によって「食べものを吐く」「もどしたり、とか」という例が提示され、それらを使用しつつカッコによる説明をなくす方向で調整されています。

7 ｜ まとめ

　本章は、知的障害者向けのわかりやすさと〈やさしい日本語〉の言語的な共通性を具体的に明らかにすることが目的でした。NHKニュースのウェブサイトに掲載された25件（NHK）を元記事とし、それらに基づきリライトされた外国人向けの〈やさしい日本語〉のニュース25件（EASY）と、知的障害者向けのわかりやすい情報提供である『ステージ』と同じ編集過程でリライトした25件（STAGE A・B）を比較しました。リライトによって情報がどう追加・削除されるかに着目して、双方の共通点およびわかりやすさに関する特徴を示しました。

　固有名詞に注目して質的に分析した結果、人名、組織名、地名のすべてにおいてEASYよりもSTAGE Aの方が平均出現数が低く、STAGE Aは人名・組織名が特に大幅に圧縮されていました。また、EASYもSTAGE Aも共通してリライトの際の圧縮方法に共通パターンが存在することを明らかにしました。総じて両媒体で共通する方法については、ある程度汎用性があります。そして、情報提供における「わかりやすさ」とは、語彙・文法レベルを単に置

き換えるだけではなく、情報伝達の内容を絞ってその他の情報量を減らすかたちでないと十分な効果を発揮できないことが実証的に示されたといえます。

　当事者の発言に基づき STAGE A から STAGE B にした際も、原則としては減らす方向でリライトするのが基本であるといえます。6.1.3 で指摘した「(3) 優先度の低い文章や難解な文章・段落を削除する」という発言の傾向はこれに該当します。一方、この原則に対して 6.1.1 で論じた「(1) 背景や具体例に関する説明を加筆する」という発言の傾向は重要で、ただ減らせばいいものではないとわかります。こういう相反する結果から改めて、わかりやすくリライトすることの難しさを理解することができるでしょう。また当事者の意見に着目すると、リライト時に文章の主旨を重視した圧縮や削除および難解語彙の言い換えに加えて、伝達すべき本旨に沿った具体例や背景の説明に関する適切な「加筆」を行うことが、わかりやすさと関連しているといえます。

　知的障害者や、〈やさしい日本語〉を利用する人々の多様性を鑑み、ここで得られた示唆をより多くの対象者と検証しつつ、これらの知見を活かしていけるようなユニバーサルな情報媒体の作成と実践が待たれます。

付記
本章は、以下の 2 つの学会報告をまとめ、加筆修正したものです。
・打浪文子・岩田一成（2017）「リライトによって情報はどのように圧縮されるのか―NHK ニュースから NHK NEWS WEB EASY ／ステージへ」第 40 回社会言語科学会研究大会予稿集，pp.118–121.
・打浪文子・岩田一成（2018）「知的障害者と作る「わかりやすさ」の特徴―作成過程に着目して」第 41 回社会言語科学会研究大会予稿集，pp.218–221.

謝辞

本章はJSPS科研費（15K12882）の研究成果の一部です。研究の遂行にあたり、NHK放送技術研究所の田中英輝氏（現、一般財団法人NHKエンジニアリングシステム）、熊野正氏・後藤功雄氏・美野秀弥氏、および元『ステージ』関係者・編集担当者らに多大なる協力をいただきました。ありがとうございます。

参考文献

岩田一成（2013）「文法から見た「やさしい日本語」」庵功雄・イヨンスク・森篤嗣（編）『「やさしい日本語」は何を目指すか—多文化共生社会を実現するために』pp.117–140. ココ出版

岩田一成（2016）『読み手に伝わる公用文—やさしい日本語の視点から』大修館書店

野沢和弘（2006）『わかりやすさの本質』日本放送協会

坂井聡（2015）「わかるように伝えるために—自閉症スペクトラム・知的障害のある人に」『映像情報メディア学会誌』69(6), pp.543–547.

田中英輝・美野秀弥・越智慎司ほか（2013）「「やさしい日本語」による情報提供—NHKのNEWS WEB EASYの場合」庵功雄・イヨンスク・森篤嗣（編）『「やさしい日本語」は何を目指すか—多文化共生社会を実現するために』pp.31–58. ココ出版

打浪文子・岩田一成・熊野正ほか（2017）「知的障害者向け「わかりやすい」情報提供と外国人向け「やさしい日本語」の相違—「ステージ」と「NEWS WEB EASY」の語彙に着目した比較分析から」『社会言語科学』20(1), pp.29–41.

^第16^章
ろう児と〈やさしい日本語〉

安東明珠花　岡 典栄

本章の概要

ろう児にとっての母語は視覚言語である日本手話であり、日本語は学習しなくては身につけることができない第二言語です。本章ではまず、ろう児の日本語習得の背景と、ろう児に日本語教育が必要な理由について説明します。次に、彼らにとってなぜ〈やさしい日本語〉の概念が必要なのかという点について論じます。最後に、彼らが日本語を習得する際に抱える問題とそれに対する指導法（手話からひける動詞辞書の開発を含む）について、先行研究や我々が収集したデータ等をもとに考察します。

キーワード

ろう児、日本手話、第二言語習得、日本語教育、読み書き能力

1 ろう児と〈やさしい日本語〉

本章における「ろう児」とは聴覚に障害があるために、音声言語（日本語）を聴覚を介して習得することが困難な児童のことを意味します。彼らは成長して「ろう者」になります。ろう者の母語は視覚言語である手話（日本手話）であり、日本語は学習しなくては身につけることができない

第二言語です。日本で育った多くの聞こえる人（聴者）にとっての英語やそのほかの外国語と同様、ろう者は日本語を自然に身につけることができません。また英語が得意、不得意な人がいるように、ろう者の中にも日本語が堪能なろう者とそうではないろう者がいます。日本に生まれ育ったからという理由で自然に日本語を身につけることを期待されますが、ろう者は音声を介して日本語を習得することが困難なため、自然に日本語を身につけた人のように日本語を使うことができないことが多いのです。

1.1　家庭や学校におけるろう児の日本語習得

一般的にろう児はどうやって日本語を身につけるのでしょうか。家庭での日本語習得は、ろう児の家庭環境の背景により様々です。ろう児の90%以上は聞こえる親のもとに生まれます。そのような家庭の多くは、家にあるものに「てれび」や「れいぞうこ」など名前を書き、日本語を導入します。聞こえる親の中には、子どもの聴覚障害が判明した後から手話を学ぶ人、口話でコミュニケーションをとる人など様々な親がいます。聞こえる親とのコミュニケーション方法により、ろう児が日本語に触れる頻度も異なるでしょう。

また、ろう児の約10%は聞こえない親のもとに生まれます。聞こえない（ろう者の）親のもとに生まれたろう児は、生後から手話に接し、手話を母語として育ちます。そのため、彼らにとっての日本語は明らかに第二言語となります。このように、家庭環境によって日本語に触れる度合いには個人差があります。しかし、「日本語を自然に身につけることができない」という点は家庭背景にかかわらず共通しています。

学校教育においては、ろう児には主に3つの選択肢があります。（1）日本語を基盤とするろう学校、（2）日本手

258

〈やさしい日本語〉と多文化共生

話を基盤とするろう学校、そして（3）近隣の普通校です（佐々木2015）。この3つの中で、ろう学校に進学するろう児は減少傾向にある一方で、普通校に進学するろう児は増加しています。普通校に通うろう児の増加が意味することは何なのでしょうか。まず、日本で生活する上で必須である日本語の習得を強く望むばかりに、（音声）日本語で教育が行われる普通校に進学させたいと考える親が多いことが挙げられます。日本語に囲まれた普通校に通えば、自然に日本語を身につけることができるという考えを持っている人もいるでしょう。また、人工内耳や補聴器などを使えば聞こえる児童と同じように日本語を習得することができると考えている親は、ろう学校ではなく、普通校への進学を望むかもしれません。しかし、普通校に通うろう児の中には、手話と日本語のいずれも充分に身につけることができず、「自分の言語がない」と感じ続けたまま大人になる児童も存在します。ろう児のアイデンティティ形成のためにも、第一言語である手話の習得は重要になります。

　では、ろう学校に通えば、手話の習得は達成できるのでしょうか。普通校と違い、ろう学校では聞こえない、聞こえにくい仲間とともに勉学に励みます。また、仲間との日々のコミュニケーションでは手話を使うことが多いので、生活言語としての手話の習得には困りません。しかし、手話よりも音声言語の習得を重視するろう学校が多いため、そのような教育を受けたろう者は、手話は日本語に比べて劣っているという考えを持ったまま大人になります。日本語に重きをおくろう学校の中には、厳しい口話教育を行っている学校もあります。そこでは、音声日本語の正しい発音や口の動きの読み取り（聴覚口話法）、書記日本語を学びます。また、多くのろう学校では「国語」として日本語を指導しています。つまり、ろう児にとって日本語は第二言語であるにもかかわらず、日本語を母語として身

につけた子どもたちに対するものと同じような指導を行っているのです。この状況を例えるならば、中国語を全く知らない日本人が、中国語で中国語の授業を受けていることと同じです。この状況にプラスして、音声からの情報は全くありません。このような環境で十分な中国語の習得は行えるでしょうか。多くのろう学校においての日本語教育は、この中国語の例えと類似していると言えるでしょう。

　日本で手話を基盤とする唯一のろう学校である明晴学園[1]では、日本語を「ろう児の第二言語」と捉えており、音声日本語の習得は目指していません。よって、口話教育も行われていません。ろう児の日本語教育とはあくまでも「読み書き」においてのみです。またバイリンガル教育校である明晴学園には、「手話」と「国語」ではなく「日本語」という教科があります。このことは明晴学園が、日本手話をろう児の第一言語、そして日本語を第二言語として考えていることを示しています。

1.2　「ろう者は日本語ができる」という先入観

　1.1でも繰り返し述べましたが、ろう者は聴覚から日本語をインプットすることができません。しかし、「ろう者は自然に日本語を使うことができて当然だ」という先入観は社会に広く存在しています。これは、「日本に生まれたろう者にとっての第一言語は日本語である」という安易な考えに由来しているのでしょう。多くの人はこの先入観を持っているので、実際ろう者の日本語に触れた時に、その「不自然さ」に驚きます。例えば、ろう者の日本語には以下のような間違いが見られます。

　　(1) 赤ちゃんを生まれる
　　　　→ (正) 赤ちゃんが生まれる　　　　　　（中島2017: 124）

また、ろう者は手話を知らない聴者と音声日本語ではなく筆談などを通してコミュニケーションをとることが多いです。書記日本語の場合、音声日本語よりも間違いが目につきやすくなります。そして、日本語の間違いが、ろう者の能力が低いという誤解を与えてしまいます。我々は、日本人の英語の能力が低いからといってその人の能力自体が低いと判断するでしょうか。日本語でコミュニケーションがとれたり、自分の意見を述べることができたりしていれば、たとえ英語ができなくてもその人の能力を低いと判断することはないでしょう。しかし、ろう者の場合、手話では自身の考えや意見を十分に述べることができるのにもかかわらず、日本語での表出に間違いが目立つことが理由で、ろう者自身の能力が低いと見られてしまうのです。「ろう者は日本語ができて当然だ」という先入観は、日本語がろう者にとって第二言語であるという認識が広まっていないことが根本的な要因として挙げられるでしょう。

1.3　ろう者にとっての〈やさしい日本語〉とは

　〈やさしい日本語〉には「易しい（＝わかりやすい）」日本語の表記だけではなく、日本語の非母語話者のアウトプットに対して「優しい（＝親切な・寛容な）」態度で接するという意味も含まれています。ろう者の場合、どちらかと言うと後者の「優しい」日本語が求められます。

　もちろん、多くのろう者にとって日本語は第二言語ですから、回りくどい表現よりも、簡潔な日本語表記（＝易しい日本語）の方が伝わりやすく、理解しやすいです。ろう者には第二言語としての日本語教育が必要であり、その日本語は「易しい」日本語であることが望ましいのです。

　しかし、ろう者に対しては「優しい」日本語の方がより強く求められるでしょう。前述したように、「日本に生まれたろう者は、自然に日本語を使うことができて当然だ」

という先入観が社会に広く存在しています。それは同時に、「多くのろう者にとって日本語が第二言語である」という認識が広まっていないことを意味しています。

　ろう者にとって日本語は第二言語であるため、得意な人と苦手な人、様々な日本語能力を持つろう者が存在します。日本語がろう者の第一言語ではないことを理解し、ろう者にも「易しい」日本語表記を使う、そしてろう者の日本語の誤用に対して「優しい」態度で接することが、ろう者にとっての〈やさしい日本語〉です。

2 ろう児が日本語を習得する際に抱える問題

　第1節ではろう者にとっての第一言語は手話であり、日本語は第二言語であることを述べました。また、ろう者にとっての〈やさしい日本語〉とは何か、ということについても言及しました。次は、ろう児が日本語を習得する際にどのような問題を抱えているのかを先行研究などを用いながら説明します。

2.1　助詞の習得

　まず、ろう児の日本語習得の中でも助詞の習得には困難が多いことが知られています（佐々木・岡2015ほか）。英語や中国語では、「が」と「を」のように格関係を表すマーカーは持ちません。それと同様に、手話においても助詞は形式を持ちません。岡・庵（2015）では、助詞の中でももっとも基本的な「が」と「を」の格助詞に関して、手話文を用いた調査を行いました。ろう児はそもそも主格（動作主）と対格（対象）を理解しているのかどうかについて調べた結果、ろう児が抱えている困難は格関係自体が把握できていないことに起因するものではないことが分かってきました。つまり、ろう児は格関係を手話では理解しているので

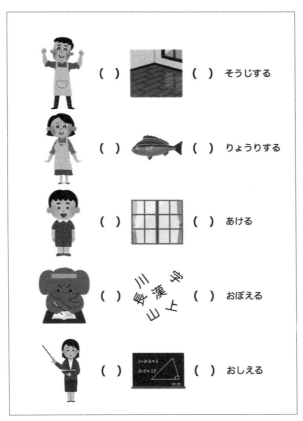

図1　「人が名詞を…する」の練習ドリルの見本

すが、それを日本語で上手く表出することができないということです。

　岡・庵（2015）の結果をもとに、日本語における表層の形式として、主語には「が」を、目的語には「を」をつけると教えることで、助詞の間違いを減らすことを目指し、指導しました。東京都にある私立のろう学校の小学校児童を対象に「人が名詞を…する」の文を練習するドリルを作成しました（作田奈苗氏作）。手順としては、図1の絵のように、主語および目的語の後の（　）の中に正しい助詞を

263

第16章　ろう児と〈やさしい日本語〉

記入します。全文を日本語表記にすると、その日本語が読めない可能性があるので、名詞の部分は絵で表示されています。

対象児の中には問題を解いていく途中で、すべての組み合わせが「が」と「を」であることに気づき、1ページ分縦に「が、が、が……」次に、「を、を、を……」と書く者が出てきました。しかし、それに気づくことは、むしろ本練習問題の狙いとするところなので、そのような解答方法は容認することにしました。

結果として、このような穴埋め形式の問題では誤答はほとんど見られませんでした。「人が名詞を…する」の文に関しては、主語（動作主）の後には「が」、目的語（対象格）の後には「を」の助詞が入るということを習得するための練習として、このドリルは有効なのではないかと考えました。しかし、助詞は「が」と「を」だけに限られるわけではないので、今後他の助詞の習得のための練習や導入方法を考える必要があります。また、このドリル練習の定着を促進するためにどのような指導方法が適切なのかについても検討する必要があります。

2.2　手話からの干渉による誤用

ろう児の日本語の誤用において、手話からの干渉と思われるものがいくつかあります。

2.2.1　助詞

手話には格関係を表すマーカーがなく、ろう児にとって助詞の習得は困難であることはよく知られています。日本語のネイティブのように自然に助詞を習得するわけではないので、2.1でも助詞の習得に対する指導法等を考察したように、助詞の指導の際には手話からの干渉を含めた指導案の検討が必要となります。次項の対格のインコーポレーシ

ョンでは、助詞を習得する際に手話からどのような干渉が
考えられるのかについてもう少し詳しく説明します。

2.2.2 他動詞：対格のインコーポレーション

日本手話には、対格がインコーポレートされている動詞が
あります。例えば、〈開ける〉[2] という手話動詞は対象物
によって手話表出が異なります。つまり、〈ドアを開け
る〉、〈障子を開ける〉、〈箱を開ける〉、〈鍵を開ける〉は開
ける対象物が手話動詞の中にインコーポレートされた1つ
の形式として表出されます。そのため、ろう者が対格の
「-を」をとって表される名詞を動詞の一部として捉えてい
る可能性もあります。日本手話において対格がインコーポ
レートされている動詞があること自体が、日本語の文法と
は異なるため、ろう児の日本語学習において「-を」の習
得が比較的困難になるだろうと考えました。

2.2.3 動詞の活用

動詞の活用がなかなか身につかないという声をろう教育の
現場でよく耳にします。もっとも基本的な「ます」につな
げる形でさえも、正しく表出されずに、「机の上に本があ
るです」のような文が出てきたりします。しかし、これは
「あります」という活用形式を知らないというよりは、「あ
る」が動詞であり、動詞は「ます」形はとっても「です」
にはつながらないという認識がない、つまり、動詞・名詞
といった品詞の概念が手話とは異なるため、正しい形式が
選択できていないのだと考えられます。そのため、「きの
うキャンプました」というような〈キャンプ〉を動詞と解
釈した活用形が出てきたりします。
　また、音声のインプットがないために、テ形に出てくる
音便形には困難があります。規則に従えば、「書きて」「走
りて」という形が出てくるのは当然で、「走りて」ではな

265

第16章　ろう児と〈やさしい日本語〉

いと指摘すると「走んて」という形を作ったりします。

3 動詞30のデータ収集・分析結果

ろう児の日本語習得における手話からの影響（干渉）を考察するために、データ収集・分析を行いました。前述したように、手話からの干渉は様々な要素が考えられますが、今回は「動詞」における干渉を分析しました。

3.1 データ収集の対象と手順

（1）対象：明晴学園小3〜小6の19名
（2）手順：ろう者に手話動詞30個を表出してもらい、生徒に日本語で動詞を記述してもらいました。動詞は辞書形で書くように例を示しながら指示をしました。結果を以下のように点数化し、日本語表記をする際に手話からの影響が大きい動詞は何か分析しました。

完全正解→2点
活用間違い・品詞間違い・自他の間違い等→1点
無回答・動詞違い→0点

3.2 分析を行った動詞30

小学1年生の国語の教科書に頻出する動詞を参考に、ろう児が日常的に使うであろうと思われる動詞を抽出しました。30の動詞は表1の通りです。

表1　データ収集を行った動詞30のリスト

「あげる	「開ける」	「洗う」	「入れる」	「歌う」
「教える」	「書く」	「変える」	「聞く、聞こえる」	「切る」
「消す」	「出す」	「食べる」	「使う」	「捕まえる」
「作る」	「付ける」	「撮る」	「泣く」	「並べる」
「飲む」	「話す」	「弾く」	「見つける」	「見る」
「持つ」	「呼ぶ」	「読む」	「喜ぶ」	「割る」

3.3　結果

3.3.1　正答率が高かった（80％以上）動詞

正答率が高かった（80％以上）動詞は以下の通りです。

　　「見る」、「書く」、「読む」、「作る」、「泣く」、「聞く」

また、その次（70％台）は、以下の通りです。

　　「食べる」、「飲む」、「切る」、「使う」、「話す」、「教える」

　いずれも、小学生にとって、インプット・アウトプットともに使用頻度が高い動詞だと考えられます。そのため、手話から日本語（もしくは日本語から手話）の変換が頻繁に行われ、動詞が定着し、その結果正答率が高くなったと考察することができるでしょう。

3.3.2　正答率が低かった（50％以下）動詞

正答率が低かった（50％以下）動詞は以下の通りです。

「消す」、「捕まえる」、「弾く」、「出す」、「入れる」、
「並べる」、「あげる」、「変える」、「開ける」、「呼ぶ」、
「付ける」、「割る」、「喜ぶ」

　正答率が低かった動詞には3つの特徴が挙げられます。
まずは「日本語における自他動詞の区別がつきにくい」と
いう点です。例えば、「開ける」は他動詞ですが、手話動
詞では〈開く〉も〈開ける〉も手の動き（手話の語形）は同
じものになります。では、手話ではどのようにして自動詞
と他動詞の区別をつけるのか、という点についてですが体
の向きであったり指差しであったり、手形以外の要素で表
します。そのため、手の動きだけでは自動詞と他動詞の区
別がつきづらく、日本語に変換する際に間違いやすくなっ
てしまいます。2つ目は、日本語としての導入がなされて
いない、もしくは日本語としてインプットしたり、アウト
プットしたりする機会が少ない動詞です。このグループで
は、解答欄が空欄になっていたり、自分で作り上げた日本
語を記入していたりする例が多くありました。これは、表
出された手話動詞が日本語で未導入であることが要因とし
て考えられます。3つ目は、手話から日本語に変換する時
に動詞として区分されにくいという特徴です。例えば〈弾
く〉という手話は、「〈楽器〉＋その楽器を弾く動き」で表
されます。そのため、〈楽器〉の方に引っ張られた「ギタ
ー」や「楽器」という解答が多く、〈弾く〉という手話は
「動詞」より「名詞」として認識されている可能性が高い
ということが考えられます。
　3つの特徴ごとに動詞を分類すると表2のようになりま
す。②の特徴に関しては、解答欄の無記入が多かったた
め、誤答の例は示していません。

表2　正答率が低かった動詞の特徴の分類

手話動詞の特徴	動詞	誤答例
①日本語において 自他動詞の区別が つきにくい	「消す」	消える、なくなる
	「捕まえる」	つかまる
	「変える」	変わる
	「開ける」	開く
②日本語が まだ導入されていない	「出す」	無記入
	「入れる」	
	「並べる」	
	「あげる」	
	「付ける」	
	「割る」	
③日本語に変換する時 動詞として 区分されにくい	「呼ぶ」	おい
	「弾く」	ギター、楽器
	「喜ぶ」	うれしい、たのしい

3.3.3　辞書形の活用形式の過剰般化

正答率はあまり低くはなかったのですが、辞書形の形式の過剰般化が見られた動詞もありました。特に「−く」、「−る」の辞書形の形式が過剰般化されているケースが多く見られました。2人以上の生徒の解答において過剰般化が見られた動詞は以下の通りです。

　　　「書く」→書る、書くる
　　　「歌う」→歌る、歌うる、歌きます
　　　「作る」→作く×2人
　　　「持つ」→もつる、持りる
　　　「洗う」→洗る×2人、洗く×2人

「消す」→消る×2人、消く×2人
「出す（表す）」→表わる、だる、表う
「聞く（話す）」→話る、聞る

　上記の動詞の活用は様々で、一定のルールがあるように
は考えられません。また、「食る」、「開る」、「入る」の誤
答に関しては送り仮名ミスか、活用の過剰般化か判断しに
くいという点もあります。ろう児が日本語を学習する際
に、動詞の活用が定着しないことについては、教育の現場
でも問題視されています。しかし、この問題の原因はまだ
解明されていないため、解決策を見出すこともできていま
せん。辞書形の活用形式の過剰般化については、さらなる
調査と分析が求められています。

4 │ 問題に対する指導法

　本章では、ろう児の日本語習得において助詞の習得が困難
な点、また手話からの干渉に関しての問題点を示しまし
た。また、ろう児が手話動詞を日本語の辞書形に変換する
際の問題として、自・他動詞の区別が付きにくい、日本語
の導入ができていない、そして辞書形の過剰般化が起きて
しまうという点が存在することを述べました。最後に、こ
れらの問題に対する指導法と今後の展望を考えます。

4.1　助詞の指導

「─が…を」の組み合わせはドリル練習である程度身につ
けることができると判明しました。しかし、他の助詞の導
入後にその助詞を積極的に使用するという傾向があったの
で、導入し、練習した助詞の定着を促進する方法を検討す
る必要があります。日本語における助詞のルールを手話で
ろう児に視覚的に指導し、定着させる方法を再検討するこ

とが今後の課題です。

4.2　品詞の区別

手話からの影響を受けて品詞が混在している動詞は、導入の際に品詞の違いに注意する必要があります。例えば、「歌う」という日本語に対して、手話では〈歌〉、〈歌う〉両方の意味があるので、日本語にする際には名詞か動詞かを区別できなければなりません。しかし、この区別がろう児（ろう者）にとって難しいのです。彼らにどのように動詞と名詞を弁別させるか、という点が指導の壁となるのですが、そもそも、動詞と名詞の区別という概念があまりないということが懸念されます。〈歌を歌う〉は手話話者にとっては1語で〈歌を歌う〉という動詞として認識されています。また、前節でも扱ったように、〈弾く（演奏する）〉という包括的な動詞は手話には存在せず、〈笛を吹く〉〈ギターを弾く〉〈太鼓をたたく〉等が名詞（目的語）をインコーポレートした形で存在しています。そのような動詞から名詞をきりはなすことに難しさが存在することが判明したので、それをどう扱うかは今後の検討課題となります。

4.3　今後の展望

ろう児・ろう者は第二言語である日本語の能力で、認知能力を判断される傾向にあります。ろう者の多くは手話を第一言語としており、手話では自分の思いや意見をしっかりと表現できます。しかし、日本で生活し、教育を受けているからという理由で、ネイティブ同等の日本語能力を求められ、ネイティブ同等の日本語能力を所持していない場合は、能力が低い人と誤解されてしまいます。そしてその誤解に悩むろう者もいます。今後は、日本語がろう者にとっての第二言語であるという理解のもと、彼らの誤用にも寛容になるという〈やさしい日本語〉的な態度が社会に広く

浸透することを強く願います。

　また、ろう児の日本語教育に特化した指導教材が存在しないことが課題の１つとして挙げられます。各ろう学校の教師がそれぞれ工夫をして教材を作成したり、海外出身の日本語学習者が使用するテキストを利用したりしていますが、手話からの干渉なども取り入れているろう児に特化した指導教材の開発がろう児の日本語教育の発展のためには必要不可欠です。そのためにも、ろう児が日本語習得の際に抱える問題、またそれら問題に対する指導策等の調査・研究の発展が求められます。特に、日本手話と日本語を対照言語学的に研究する必要があるでしょう。

　現在、ろう児が日本語を習得する際の日本語語彙の導入や動詞の活用を学習する方法として、「手話からひける動詞辞書」の開発を計画しています。手話の表出を機械が読み取り、日本語語彙を導き出す、という流れです。この辞書を使って、最終的にはろう児が「手話で伝えたいことを日本語でも伝えられるようにする」ことを目指しています。「この日本語を英語で伝えたいけど、単語が分からない」という時に使う和英辞典のように、ろう児が日本語の単語が分からない時に自分で検索できるようにし、彼らの自主学習を手助けする役目を担うこともできます。

　この辞書の開発のためには、対照言語学的研究の発展と科学技術の発展の双方が必要です。対照言語学的研究の発展としては、多義語の手話動詞（１つの手話にいくつかの日本語の意味を含む動詞）、また１つの日本語動詞に対する手話動詞のバリエーションなどを調査していく必要があります。科学技術の発展としては、手話単語の動きの正確な読み取りが求められます。手話からひける動詞辞書の使用は、すぐに実現できることではないかもしれませんが、ろう児の日本語習得のためにも、ろう者と聴者のコミュニケーションの壁を低くするためにも、ぜひ達成したい目標です。

272

〈やさしい日本語〉と多文化共生

| 注 | [1] 日本手話と日本語のバイリンガル教育を行う私立ろう学校（東京都）。 |
| | [2] 〈　〉は手話単語を表しています。 |

参考文献　庵功雄・イヨンスク・森篤嗣（編）（2013）『「やさしい日本語」は何を目指すか──多文化共生社会を実現するために』ココ出版

岡典栄・安東明珠花（2018）「ろう児と〈やさしい日本語〉」「〈やさしい日本語〉と多文化共生」シンポジウム　http://www4414uj.sakura.ne.jp/Yasanichi/pdf/081_P5_1_岡・安東.pdf（2018年9月21日参照）

岡典栄・庵功雄（2015）「ろう児に対する日本語教育と「やさしい日本語」（特集「やさしい日本語」の研究動向と日本語教育の新展）」『ことばと文字』4, pp.37–45.

佐々木倫子（編）（2012）『ろう者から見た「多文化共生」──もう一つの言語マイノリティ』ココ出版

佐々木倫子（2015）「バイリンガルろう教育実現のための一提案──手話単語つきスピーチからトランスランゲージングへ」『言語教育研究』5, pp.13–24.

佐々木倫子・岡典栄（2015）「日本手話話者と中国語話者の日本語リテラシー──表記と文法に着目して」『桜美林言語教育論叢』11, pp.1–13.

澤隆史（2010）「聴覚障害児の作文における格助詞の使用と誤用──深層格の視点から」『音声言語医学』51, pp.19–25.

白井恭弘（2013）『ことばの力学──応用言語学への招待』岩波書店

中島隆（2017）『ろう者の祈り』朝日新聞出版

第17章
言語権の観点からみた
日本手話とろう教育

杉本篤史

本章の概要

まず議論の前提として、言語権という考え方について概観し、そのうえで、手話と言語権の関係について論じていきます。次に、ろう児の日本手話と書記日本語のバイリンガル教育を受ける権利について、先駆的事例である2003年のろう児の人権救済申し立て事件の概要を説明し、わが国で唯一完全な日本手話による義務教育課程を実現している私立明晴学園の特徴を言語権の観点から分析し、日本の公教育においてバイリンガル教育を導入できない原因となっている学習指導要領等の問題点を指摘します。以上をふまえて、言語権を国内において実現できていない日本国内法制の問題点を指摘し、あわせて全日本ろうあ連盟が提案する手話言語法案について批判的に解説したうえで、障害者権利条約の精神に立脚した日本国内法制としての手話の言語権の確立と「やさしい日本語」の可能性について私見を述べたいと思います。

キーワード

言語権、障害者権利条約、バイリンガル教育、学習指導要領、手話言語法案

1 手話と言語権

1.1 言語権とはなにか

言語権概念は、社会言語学ではすでに充分浸透していますが、日本の法学分野では、国際人権法領域では言及されることはあっても、憲法をはじめとした国内法の研究領域ではまだあまり馴染みがありません。

言語権概念の萌芽は、第1次世界大戦後に欧州諸国間で定められた諸条約における、国内の民族的・宗教的・言語的少数派に関する保護規定にみられます（下條1995: 32）。そして、第2次世界大戦後の国際連合憲章（1945）において「人種、性、言語または宗教による差別」の解消という国連の設置目的が随所で唱えられるようになりました（1条3、13条1b、55条c、76条3）。その後、言語に関する権利に言及する4つの宣言（世界人権宣言1948、外国人市民の権利宣言1985、民族的または種族的・宗教的および言語的少数者に属する者の権利に関する宣言 1992、先住民族権利宣言2007）と、8つの国際人権条約（教育における差別を禁止する条約1962、国際人権規約A規約・B規約1966、移民労働者条約／ILO第143号条約1949、原住民および種族民条約／ILO第169号条約1989、子どもの権利条約1990、すべての移住労働者とその家族の権利保護に関する条約1990、障害者権利条約2008）が成立しました。国連総会で採択された宣言は、一般に国連加盟国を拘束しないものと解されていますが、そこで言及される重要な人権上の原理原則は、国際人権条約の解釈準則として援用されることもあります。なお、日本国は上記のうち、教育における差別を禁止する条約、移民労働者条約／ILO第143号条約、原住民および種族民条約／ILO第169号条約、すべての移住労働者とその家族の権利保護に関する条約には未加入です。

言語権は、このように戦後の国際人権法上の概念とし

て、言語的少数者に対する差別的取り扱いの禁止から始まり、上述の諸宣言・条約を経てその内実が豊かになり、社会言語学の領域で学術的に体系化されてきました。そこでの成果と国際人権条約における記述を私なりに整理すると、言語権は、大きく2つの領域から構成されます。まず①アイデンティティとして自らの母語を公教育その他において習得し、居住地社会の公的場面で使用する権利、ついで②居住地社会の公用語ないし多数派言語を公教育において習得する権利です。

　①をより細かくみると、まず、当該言語の習得の場である教育機関の設置運営・教材の作成出版・教員養成および教育される言語および言語教育方法に関する研究について公的支援を受ける権利がありますが、これらは多数派言語話者からは「教育を受ける権利」そのものにみえるでしょう。しかし、ここで教育される・教育で使用される言語が、少数言語である点に注意が必要です。だからこそ、これだけでは足りず、多数派言語の話者が当然に享受している以下の権利も必要となります。すなわち、当該言語に属する者、とりわけ子どもが当該教育機関にアクセスする権利、当該言語および文化、言語コミュニティ（移民の場合は出身コミュニティを含みます）にアクセスする権利です。また、少数言語に関することは少数言語話者自身が定めるべく、当該言語コミュニティの文化的自治権や多数派言語社会における政治的代表権など、個人の権利というよりは集団的権利またはコミュニティ自治権に属するものも必要となります。先住民族の場合は、その言語・表記方法等を再活性化・使用・発展させ、未来の世代に伝達する権利や、関連する伝統的な諸権利（伝統的文化的所産に関する権利や伝統的な土地への権利など）の保障も必要となります。

　ただ、これらの権利を保障するだけでは多数派言語社会の中での生活には充分でなく、少数言語コミュニティを言

語的にゲットー化してしまうおそれがあります。このため、②の他、公用語または多数派言語による公的文書・出版物・マスメディア情報について翻訳や通訳を無償提供される権利、とりわけ医療・司法（逮捕等による身柄の拘束から判決や処分の申し渡し後の処遇全般におよびます）・学術の領域において、無償で通訳を受ける権利、そして多数派言語に属する者、とりわけ子どもが公教育において、居住社会における少数言語およびその話者の文化について教育を受ける権利も必要となります。なお、近年人権の実現維持に憲法上の責任を負う国会議員からも誤解を招く発言が散見されるので念のため述べておきますが、言語権の主体には人間であること以外の条件は不要です。移民の場合にはその滞在の法的正当性は問題とならず、また、刑事罰としての懲役刑や禁固刑あるいは少年院への入所措置やその他施設への収容の場合なども、言語権がはく奪されてはならないというのが国際人権条約の趣旨です。なぜなら、言語権は人権だからです。

　言語権を実現維持するために国家に課される義務としては、少数言語話者に対する差別的な法令その他の制度の除去、上述した諸権利の実現維持に必要な積極的差別是正措置（affirmative action）の実施、多数派言語話者の少数言語話者やその文化に対する理解の促進、とりわけ多数派言語を使用するマスメディア企業に少数言語への配慮を促す政策の実施、少数言語によるマスメディア事業体設立の促進、少数言語に関する立法その他の政策の策定・実施・レビューにおける少数言語話者自身の参加（当事者主義）の尊重などが挙げられます。

　ところで、1996年にスペインのバルセロナでNGO団体の世界言語権会議が発表した「世界言語権宣言」には、言語権に関する詳細な記述があります（言語権研究会1999）が、地域固有言語の話者を主体とする言語権が中心で、移

民、とりわけ子どもの滞在国における言語権についての記述は不充分なだけでなく、ろう者・ろう児の言語権を念頭に置いた記述は存在しません。言語権はもともと欧米を中心に音声言語中心主義的に発達してきました。実際、欧米諸国では、1992年の欧州地域語少数語憲章により音声言語の少数派への対応はほぼ統一されましたが、ろう者に対する教育制度では、聴覚口話法やバイリンガル教育法など各国政府の対応にバラつきがあり、手話の法律上の扱いについても各国で異なっています。他方、上述の諸宣言・国際人権条約も、障害者権利条約を除いて音声言語中心主義的な記述ですが、障害者権利条約において手話への言及がなされたことが、視覚言語を音声言語と同等に扱うべきとするだけでなく、後述するように、音声言語中心の言語権に関する枠組みそのものをも再構成するきっかけになっています。

1.2　手話と言語権の関係

2008年に障害者権利条約が採択されるまでは、国際人権条約における言語権概念は音声言語中心主義的であり、視覚言語である手話とその話者であるろう者の権利は想定されていませんでした。そもそも障害者権利条約は、それまで人権観として一般的だった自由権・社会権の類型論を採用していません。この類型論では、自由権は基本的に国家からの自由により構成され、したがって国家が特段の干渉や制限をしなければ実現可能なものと想定されました。逆に社会権の実現には国家による政策の立案・実施が必要であり、そのため政策立案・実施の専門担当者や予算などの社会的資源が必要となります。そこで、自由権に関する国際人権規約B規約は締約国に規約内容の即時実施義務を課しますが、反対に社会権に関する国際人権規約A規約は締約国とりわけ開発途上国に規約内容の漸進的実現義務を課

すにとどまっていました。しかし、自由権が国家の不作為により実現可能だとすれば、そこで想定されている権利主体は、国家からの干渉さえなければ、自力で情報を収集・判断し、発言などの表現が可能であり、自ら投票を行い、立候補することが可能な人物像です。もちろん、この社会にはこれらのことに困難が生じている人々が必ず存在し、結果としてこの類型論は、そういった人々を権利主体として周縁化してきました。

　障害者権利条約は、権利主体としての人間観を、他者との共生や社会的支援が当然の前提である存在＝弱い個人として、再定義しています。この考え方で手話の言語権についてみると、音声言語中心の従来の言語権に、単に視覚言語に関する権利を付加するだけでは、手話の言語権は周縁化されることになるので、権利主体として、音声言語中心主義的で、かつ音声言語を自在に操ることができる人間像＝強い個人を前提とした言語権概念そのものの再定義が求められることになります。

　障害者権利条約では「意思疎通」を、言語・文字の表示・点字・触覚を使った意思疎通・拡大文字・利用しやすい（accessible）マルチメディア・筆記・音声・平易な言葉・朗読その他の補助的・代替的な意思疎通の形態・手段・様式（利用しやすい情報通信機器を含む）を指すものと定義しています。さらに、「言語」とは、音声言語および手話その他の形態の非音声言語を指すとされています。そしてこれらを前提として、締約国に以下の措置をとることを求めています（条約記載順）。

①公共の施設およびサービスの利用について、公衆に
　開放される建物その他の施設において、点字の表示
　および読みやすく理解しやすい形式の表示を提供す
　ること。

②公衆に開放される建物その他の施設の利用の容易さを促進するため、人または動物による支援および仲介者（案内者・朗読者・専門手話通訳を含む）を提供するために必要な措置をとること。

③障害者の表現および意見の自由に関して、公的なやり取りにおいて（in official interactions）、手話・点字・補助的および代替的な意思疎通ならびに障害者が自ら選択する他のすべての利用しやすい意思疎通の手段・形態・様式を用いることを受け入れ、かつ容易にし、手話の使用を認め促進するために適切な措置をとること。

④障害者の教育について、障害者が教育および地域社会生活において完全かつ平等に参加することを容易にするため、障害者の生活技能や社会的発達のための技能の習得を可能とするためにとるべき措置の1つとして、手話の習得およびろう社会の言語的アイデンティティの促進を容易にすること。

⑤盲者・ろう者・盲ろう者（の特に子ども）の教育が、その個人にとって最も適当な言語ならびに意思疎通の形態・手段で、学問的・社会的な発達を最大にする環境において行われることを確保すること。

⑥障害者の教育を受ける権利の実現の確保を助長するために、手話や点字について能力を有する教員（障害のある教員を含む）を雇用し、教育に従事する専門家や職員に対する研修（障害についての意識向上、意思疎通の適当な補助的・代替的な形態・手段の使用、障害者を支援するための教育技法や教材使用を含む）を行うための適当な措置をとること。

⑦障害者が他の者との平等を基礎として文化的な生活に参加する権利を認め、障害者が、利用しやすい様式を通じて、文化的な作品を享受する機会、および

障害者が利用しやすい様式を通じて、テレビ番組・映画・演劇その他の文化的な活動を享受する機会を確保するために適切な措置をとること。

⑧障害者は、他の者との平等を基礎として、その独自の文化的・言語的なアイデンティティ（手話およびろう文化を含む）を承認され支持を受ける権利を有すること。

　以上から、手話に関する言語権およびろう者の情報保障請求権を日本の場合でみていくと、国家には以下の政策立案・実施義務があるはずです。すなわち、手話通訳者および聴導犬を利用できる環境を整備すること、公的場面で手話および補助的手段によるコミュニケーションができる環境を整備し、かつ社会的に手話が利用できるよう促進すること、ろう児が日本手話により教育を受けられるよう学校教育制度を整備し、教材を整え、手話について能力を有する教員およびろう者の教員養成を行い、教育関係者に対して手話およびろう者・ろう文化・ろうコミュニティに関する研修を制度化すること、ろう者が手話により文化的な活動を享受できるよう適切な措置をとること、です。しかし、いずれもきわめて不充分な状態です。また、先にみた言語権の一般的な内容の他に、ろう児の親の9割以上は聴者であることから、手話の言語権においては、ろう者・ろう児の聴家族やろう者コミュニティに関わる聴者、ろう児教育に関わる聴者が手話を学ぶ権利の保障も必要です（中島 2018: 130）。

2 ｜ ろう児のバイリンガル教育を受ける権利

2.1　1つの先駆的事例：ろう児の人権救済申し立て

　障害者権利条約はろう児の教育を受ける権利として、その

母語である手話により教育を受ける権利の実現に重点を置いていますが、もちろん、ろう児には居住地社会の公用語ないし多数派言語を習得する権利もあり、これは障害者権利条約が前文において援用している子どもの権利条約にも明記されています。日本社会にあてはめれば、これは日本手話を母語とするろう児が、書記日本語をベースとした音声日本語とのバイリンガル教育を受ける権利ということになりますが、このようなバイリンガル教育制度が整ったろう学校（聴覚支援学校）は、次の2.2に登場する明晴学園を除いて現実にはほとんど存在しません（公立のろう学校としては、北海道札幌聾学校小学部日本手話グループの教育実践が希少な例です）。しかし、障害者権利条約の起草作業が国連で本格化した時期の2003年5月に、日本でもろう児のバイリンガル教育を受ける権利の保障を求めて、ろう児およびその親のあわせて107名が日本弁護士連合会（日弁連）に対して人権救済申し立て書を提出しています（小嶋2006）。そこでは、ろう児の学校教育における言語権に対する侵害が主張され、ろう児たちの母語である日本手話により教育を受ける権利および書記日本語を学ぶ権利（バイリンガル教育を受ける権利）の保障が求められました。

　当時、ろう学校では聴者の教師による聴覚口話法教育が行われていました。聴覚口話法とは、補聴器の使用や人工内耳の埋め込みにより、ろう児の残存聴力を活用して発声法を指導し、相手の口の形や舌の位置を読み取る訓練を通じて、音声日本語を獲得させようとする言語指導法です。しかし、聴覚障害児と一口にいっても、その聴こえの程度や障害の原因・現われかたは様々です。補聴器や人工内耳によっても音声の聴き取りが困難な場合、聴覚口話法は有効な言語指導法とはいえません。それだけでなく、子どもが手話に頼らないようにするために、学校では手話の使用が禁じられ、手を後ろで拘束されるなどの体罰が公然と行

われてきました。これはろう児の母語による教育を受ける権利を侵害し、社会の多数派言語を教育によって強要しようとする同化主義的言語教育政策です。そして実際には聴者の教師の口の読み取りと、子どもたちの発声発音の矯正に多くの時間が費やされ、教科学習内容の理解に充分な学習時間は確保されてこなかったのです。

　この申し立ては、憲法14条（法の下の平等）、26条（教育を受ける権利・教育の機会均等）に、子どもの権利条約2条（言語による差別の禁止）、23条（障害を有する子どもの権利）、29条（教育の目的における子どもの文化的アイデンティティや言語等の尊重）、30条（少数言語集団に属する子どもの言語権）等を援用して、このような教育状況を放置している日本政府の責任を問うものでした。

　これに対して、本件申し立てに関する全日本ろうあ連盟（以下、連盟）の見解が2003年10月に「意見書」という形で公表されました[1]。その中で、日本手話と日本語対応手話[2]を峻別することに連盟は反対であること、ろう学校の現状を人権侵害とすることは、法的な解決手段によれば直ちに問題が解決できるかのような誤解を与えること、また、手話とはなにかという問題に、当事者ではない日弁連が関与するのは不適切であることなどが表明されました。また、これに呼応して連盟の「意見書」に賛同する署名運動も起こりました（脇中2009）。結局、申し立てを受理した日弁連は、日本政府に対する人権救済の勧告は行わず、その代わりに日弁連としての意見書を2005年4月に公表しました。この意見書では、ろう児の手話により教育を受ける権利の保障が必要であるとの指摘はなされていましたが、申し立て人が求めた日本手話と日本語対応手話の区別には言及されず、連盟の見解に沿った内容になり、後日、連盟は日弁連の意見書に謝意を表しています。

2.2 明晴学園における教育実践

　この人権救済申し立て事件の後に、各地のろう学校の教員が手話を使用する教育場面が次第に増えていきましたが、実際には聴者の教員が習得した手話は日本語対応手話であることが多く、そのため教師の日本語対応手話をろう児が読み取ることができず、また教師もろう児たちの日本手話を読み取れない状況で、結果として、ろう児の母語である日本手話による教育実践までにはいたっていません。ほぼ唯一の例外といえるのが、日本手話を母語とするろう児に対して、日本手話による教科教育と、書記日本語をベースとした日本語教育というバイリンガル教育を実践している私立明晴学園（以下、明晴）です。

　明晴は、構造改革特区制度を利用して2008年に設立された私立学校で、現在は幼稚部・小学部・中学部から構成され、0〜2歳児のための児童発達支援事業所である明晴プレスクール「めだか」も併設されています。その前身である龍の子学園は1999年に開園し、3〜15歳のろう児に日本手話で様々な活動の場を提供してきました。2003年5月にNPO法人化しましたが、この段階では正規の学校ではなく私塾ないしフリースクールの扱いでした。なお、2.1でふれた人権救済申し立ては、龍の子学園に通うろう児およびその親が中心となって提起したものです。

　明晴の教育実践の特徴は、すべての教科科目の指導が日本手話で行われ、聴覚口話法による言語指導を行っていないこと、かつ日本社会の多数派言語である音声日本語について、書記日本語を通じて学習する「日本語」という名称の授業科目を設置していることです。また、ろう者の教師が多く在籍し、聴者の教師も基本的に日本手話による教育指導が可能です。ところで、よくある偏見の1つに、視覚言語である手話は抽象的な概念を表現できず、学術的表現は困難だというものがありますが、明晴では日本手話が教

育言語として実践されていることを強調しておきます。明晴に通うろう児たちは、自らの母語を獲得し、それによる初等教育を受け、文化実践に参加する機会が保障され、かつ多数派言語を習得する機会も提供されているのです。障害者権利条約にあるろう児の言語権の保障が、明晴では実現しています。さらにいえば、学校長はろう者で、学園の運営においても当事者主義が尊重されていることにも注目すべきです。また、明晴学園は聴者の親が日本手話を習得し、ろう文化・ろう教育について理解する機会も提供しています[3]。

2.3　バイリンガル教育の普及を阻むもの

現在日本では、すべての教科教育が日本手話で行われる高校は存在しません。そもそも、日本ではろう教育に携わる教師が日本手話やろう文化を学ぶための専用の訓練課程や研修制度はありません。日本手話を学ぶか否かは、教師自身の良心に委ねられています。そして苦労して日本手話を習得したとしても、配置転換によりろう教育から遠ざけられる教師もいます。ろう者の教師を養成する制度も不充分です（中島 2018: 67–70）。総じて、日本の公教育制度は音声日本語中心主義的であり、それは教育要領や学習指導要領にも端的に表れています。「特別支援学校幼稚部教育要領（2017年4月告示）」における聴覚障害児関連の記述は、前回の 2009年3月告示[4] のものとほとんど変わらず、「特別支援学校小学部・中学部学習指導要領（2017年4月告示）」をみると、「児童の聴覚障害の状態等に応じて、音声、文字、手話、指文字等を適切に活用して」という記述がみられますが、同時に、聴覚障害児の外国語習得について学校の裁量により指導内容を緩和できるとされていることから、音声日本語・音声外国語（英語）中心主義的な教育方針が明らかになっています。また、「児童の聴覚障害の状

態等に応じて、補聴器や人工内耳等の利用により、児童の保有する聴覚を最大限に活用し、効果的な学習活動が展開できるようにすること」という記述があり、前回2009年3月告示の指導要領ではふれられていなかった「人工内耳」が、今回の指導要領から付加されています。

　「特別支援学校高等部学習指導要領（2017年4月告示）」も全体として、小学部・中学部と同様、聴覚障害学生に対しては、口話主義教育を中心とした指導が求められているとしか読み取れません。結論として、2017年告示の教育要領や学習指導要領では、障害者権利条約の批准を受けて2011年の障害者基本法改正により設けられた「言語（手話を含む）」の文言（同法3条3）は、まったく顧みられていません。ろう児の日本手話と書記日本語によるバイリンガル教育を受ける権利の保障という点では、日本の教育制度は、積極的差別是正政策が充分ではないどころか、ろう児の言語権そのものを否定する音声日本語への同化主義的教育観に根差していて、この教育方針は、必然的にろう者の言語的周縁化を再生産し続けています。2011年の中央教育審議会初等中等教育分科会特別支援教育の在り方に関する特別委員会の、合理的配慮等環境整備検討ワーキンググループの第4回会合資料として配布された「聴覚障害に関する学校における配慮事項（案）」[5] においては、「聞こえにくさという障害への情報保障」「必要に応じて、パソコン要約筆記、ノートテイク、手話通訳などの配置」「教員の手話力向上のための研修システムを構築することが望ましい」「手話を使うことができる教員の計画的配置が望ましい」などの記述がありましたが、いずれも採用されていません。

3 日本国の法体系と手話の言語権

3.1 日本国憲法という障壁

さて、それではろう者・ろう児の言語権を実現するためにはどうすればよいのでしょうか。誤解をおそれずにいえば、最大の障壁は日本国憲法にあることをまず認識する必要があります。そもそも日本国憲法は、多数派言語話者に対する少数言語話者の権利概念である言語権を想定していません。そのことは、憲法14条（法の下の平等）において、一般に例示列挙と解されている差別禁止事由に言語が含まれていないことにも表れています。しかし同時に、日本国は1.1で概観したように、言語権の保障を求める国際人権条約の締約国でもあります。そして憲法学の通説によれば、これらの国際人権条約は、日本では国内法としての直接的効力を有するはずであり（近藤2016: 21–25）、2.1のろう児による人権救済申し立てもこの考え方に基づいています。かつての裁判所は国際人権条約の直接適用を回避する傾向にありましたが、1990年代以降、下級審においては直接適用事例が蓄積されつつあり、近年では、最高裁大法廷判決においても、国際人権条約の規定やその解釈（条約機関の「一般的意見」「総括所見」「見解」）、日本国政府から提出された報告に対する条約機関の勧告意見等が、判決理由や補足意見で言及されるようになりました（申2016: 96–105）。

他方で、国際人権条約の多くは、国家による権利侵害を国際社会に訴えるための個人通報制度を備えていますが、日本政府は同制度を受諾していませんし、もし受諾したとしても、国内法制における言語権の保障に関する具体的な制度や立法措置の不存在を、人権侵害として個人通報を行うことには、相当の困難を伴うと予測されます。そもそも個人通報制度は国内救済制度を尽くした後に利用が可能で

す（国内救済完了原則）が、日本では最高裁判所への上告理由には制限があり、憲法違反もしくは憲法解釈の誤り、または最高裁判例に反することとされ、この他には、法令解釈に関する重要事項を含むと最高裁自身が判断した場合に限られます。現在、日本では言語権はそもそも憲法上の明文規定を欠いていて、その根拠は国際人権条約に直接依拠しています。そうであれば、言語権に関する事案が個人通報制度を利用できるのは、最高裁が当該事案を法令解釈に関する重要事項だと認定した場合にのみ可能ということになるのです。

　また、日本国憲法は国家語ないし公用語の規定を欠いていますが、そこには、日本社会は音声日本語話者の共同体であるという無意識のモノリンガリズムがあります。そして、言語は道具・コミュニケーションツールであり、母語は評価・変更・訂正・規制・改善が可能だと考える「言語道具論」に基づいて、公的な言語教育や言語サービスが展開されています。このことは、本章でみてきたろう児の母語である日本手話による公教育制度が未整備であること（背景には、ろう児の母語が日本語対応手話や聴覚口話法による教育を通じて、音声日本語に交換可能だという考え方があります）の他にも、手話通訳制度を手話奉仕員というボランティアベースで運用し、選挙においても選挙活動の形式的公平性が優先され、手話通訳や日本語字幕による情報保障が整備されていない点などにも表れています。

　以上のような状況で、先述した、ろう児の人権救済申し立て事案と同様の論理構成をして、国を相手どって言語権の保障がなされていないことについての損害賠償請求訴訟や、立法不作為についての違憲確認訴訟を提起したとしても、言語権に関する国際人権条約の趣旨を国内法体系に充分に受容しているとはいえない現状では、公教育においていかなる言語を使用・教授するかについて、国の広範な裁

量が裁判所で認定され、「違憲とまではいえない」判決で
終わると危惧されるのです。

3.2 「手話言語法案」の問題点

ではどうしたらよいのでしょうか。私は国際人権条約にお
ける言語権概念を日本国内法に受容するためには、2つの
方法があると考えています。1つは、日本国憲法を改正し
て言語権規定を追加する方法ですが、これはかなり実現が
難しいでしょう。もう1つは、国会制定法により、言語権
の趣旨と原理原則および政府や自治体の具体的な義務を定
める「言語権基本法」[6] を制定することです。これはや
はり憲法上の明文規定がない環境権について、環境基本法
を制定し、憲法13条（幸福追求権）および25条（生存権）
と一体のものとして運用することにより、憲法上の人権と
しての環境権を構築する立法政策と似ています。
　これに関連して、連盟が2012年4月に民間私案として
公表した「手話言語法案」と「手話言語モデル条例案（都
道府県版と市町村版の2案）」[7] は注目に値するものでした。
具体的かつ網羅的な権利条項と、国や自治体の具体的な義
務を明記した、日本で初めての言語権に関する立法提案だ
ったからです。手話言語法案は6章21条から構成されて
います。まず2条で「日本のろう者及び盲ろう者等が、自
ら生活を営むために使用している、独自の言語体系を有す
る言語」を「手話言語」と定義し、法案ではこの用語を一
貫して使用しています。そのうえで、ろう児が手話言語を
獲得し学校教育において手話言語と日本語のバイリンガル
教育を受ける権利、ろう児の家族が手話言語についての充
分な情報と手話言語を学ぶ機会を提供される権利、ろう教
職員の養成とろう学校教師養成課程における手話言語学習
の義務化、一般の学校教育において手話言語に対する啓発
および手話言語を学ぶ機会を提供する国および地方自治体

290

〈やさしい日本語〉と多文化共生

の義務、公共サービス・通信サービス・商業サービス・映像マスメディアサービスにおいて手話言語による情報提供を受ける権利、政治参加において手話言語による情報の受発信を行う権利、司法手続きおよび裁判の傍聴において手話言語通訳の提供を受ける権利、手話言語通訳等の設置に関する雇用者の義務、手話言語通訳等の設置に関する医療保健機関の義務、手話言語による文化芸術スポーツ活動を奨励する国および地方自治体の義務、手話言語通訳を無償で提供される権利、手話言語通訳士の養成・資格付与・配置・派遣に関する国および地方自治体の義務、国および地方自治体が実施する手話言語に関する施策について評価・提言を行う手話言語審議会の設置、手話言語に関する総合的な研究を行うための手話言語研究所の設置、などが定められています。

　一見すると、手話に関する言語権を保障するにあたり、申し分のない内容に思われますが、ろう児の手話を母語として獲得しその手話で学ぶ権利と、中途失聴者が手話を習得する権利が同列に扱われていたり、手話言語審議会のメンバー構成が、手話学等の専門家およびろう者の所属する団体の代表者とされていて、日本手話の母語話者であるろう者が必ずしも審議会メンバーになることを確保する文言になっていません。また、連盟は法案・モデル条例案の公表前に、2011年の東日本大震災で被災した聴覚障害者の困難について調査しておきながら、災害情報に関する手話または手話通訳あるいは書記日本語による情報提供を受ける権利、聴覚障害者に配慮した防災・被災者支援システムの設計および運用体制の構築に関する国および地方自治体の義務などに言及していません。

　そして、日本のろう者コミュニティの内部からも批判が集中しているのは、法案に明示されてはいませんが、本法案における手話言語とは、連盟の立場からすれば「日本手

話と日本語対応手話の区別がない状態」を指すということです。本法案では手話言語について「独自の言語体系を有する言語」という同語反復的な定義がされていますが、本来ならば、音声言語との異なり（視覚言語であること）だけでなく、視覚的コミュニケーション様式の中でも、独自の統語構造と文法体系を有することが明示されるべき（田門2014）なのに、意図的にぼかされています。

4 おわりに

最後に、手話の言語権とやさしい日本語の関係について簡潔にふれておきましょう。やさしい日本語という考え方は、ろう者にとっては障害学でいう「障害の社会モデル」[8] の視点に立った言語政策になりえると私は考えます。音声日本語を母語とし、音声でのやり取りに支障がなく、かつ豊富な文化資源・教育資源を活用できる、「強い個人による運用を前提とした日本語」の習得ができなければ、必然的に周縁化されるような言語環境を基礎とするのではなく、日本の多数派言語の側、つまり少数言語話者の日本社会への参入障壁となっている「強い個人による運用を前提とした日本語」の側に変革を求めるものだからです。もちろん、母語であれ第2言語であれ、誰もがより高度なレベルでの言語運用能力の獲得を目指すことができる教育システムは必要です。しかしそのことと、社会生活を営むために必要とされる日本語をユニバーサルなものにしていくことに、矛盾や対立はないはずです。ただ、ろう者・ろう児がやさしい日本語を習得するためには、前提として、自らの母語である日本手話の言語運用能力を高める必要があり、そのための公教育制度が不可欠です。そのような自明の前提を、現行の学習指導要領はまったく欠き、手話言語法案も、連盟が手話言語は1つという立場にある

限り、このようなバイリンガルろう教育の普及に資することはできないでしょう。

　現実の聴覚障害者の言語的背景は多様であるのに、連盟は彼らの言語に関する権利を最大公約数的に保障しようとして、かえって特定カテゴリーである日本手話話者に対して抑圧的になっています。連盟はむしろ、多様な聴覚障害のあり方を日本社会にアピールし、障害者権利条約に根差した言語権や情報保障請求権について複合的に唱道し、多様な聴覚障害者間の連帯の要となるべきです。そしてそれにとどまらず、言語権の国内法化において先進地域であるヨーロッパ諸国でもいまだ実現していない、障害者権利条約が目指す音声言語と視覚言語を等しく尊重するものとして再編された、統合的な言語権概念の実定法化において、他の日本の少数言語集団と連携しつつ、主導的な役割を担うべきでしょう。

追記
本章の執筆にあたり、岡典栄氏、森壮也氏から助言をいただきました。

注

［**1**］　全日本ろうあ連盟（2003）「「人権救済申立」に対する全日本ろうあ連盟の見解」http://www.jfd.or.jp/yobo/2003/kenkai20031017.html（2018年8月26日参照）

［**2**］　一般に、手話といわれているものは言語学的には2つに大別されます。音声日本語の語順にあわせて手指の形や動作を配列したものを日本語対応手話あるいは手指日本語と呼び、これに対して、音声日本語とは異なる独自の文法・語彙体系を有し、母語（第1言語）として獲得可能である固有の意味での視覚言語として、日本手話が存在します。もちろん、実際の手話話者には、日本語対応手話と日本手話の中間的表現（混成手話）を使用する人もいますし、言語的表現とは別にジェスチャーが使用されることもありますが、これは2つの音声言語を使用する話者の場合にも同様にみられる現象です。ところが、このような学術的な区別を、全日本ろうあ連盟は否定しています。連盟の

スタンスは、一部の人々から日本語対応手話と呼ばれているものは、日本手話の未熟な形態に過ぎず、手話の習熟が進めば日本手話を自在に話すことができるようになるはずであり、したがって両者を区別する必要はない、というものです。また、両者の区別は聴覚障害者内の分断（口話主義教育を受けた聴覚障害者や音声日本語を母語とする中途失聴者と、日本手話を母語とするろう者）を招くことになるので、日本語対応手話と日本手話を区別しない用語として、日本手話言語という呼称を用いることにする、ともいっています。

[3] 移民の子どもの場合、家族内の会話言語と学校教育言語の違いから様々な問題が発生しますが、聴者の親とろう児の場合は、本文 1.2 の終わりでもふれたように、まず、親子間で言語が不一致であることから始まる点に特徴があります。

[4] 2009 年当時の教育要領・学習指導要領等の問題点については、杉本（2015）を参照してください。

[5] 文部科学省（2011）「資料 5-2：聴覚障害に関する学校における配慮事項について」http://www.mext.go.jp/b_menu/shingi/chukyo/chukyo3/046/siryo/attach/1311168.htm（2018 年 8 月 26 日参照）

[6] 現在、日本では手話言語法案とは別に、2016 年 11 月に発足した超党派の議員連盟により、主に外国からの移住者を念頭に置いた日本語非母語話者に対する日本語教育体制の整備を目的とする「日本語教育推進基本法（仮称）」の策定が進められています。また、これらの動きとはまったく関連性をもたないままで、内閣官房にアイヌ総合政策室が設置され、内閣官房長官を座長とするアイヌ政策推進会議が開催されています。そこでは、1997 年に制定されたアイヌ文化振興法に代わる新たな法律の制定までもが議論されているのです。私は、このような言語権という共通の土台がないままに、近年にわかにわいてきた少数言語および言語教育関連諸法案の策定というパッチワーク的な状況に危機感を抱いています。もちろん、いずれの分野も待ったなしの状況であることは理解できますが、これらの少数言語集団ないしはその関係者の間には、連帯や相互理解のための交流は不充分ですし、ユネスコにより危機言語に認定されている琉球諸語や八丈語、さらには在日コリアンの母語継承教育や民族教育の問題はまったくふれられることもありません。これでは、人権としての言語権の実現というよりは、特定の言語コミュニティに属する人のみが享受する特権の実現に過ぎません。これらの立法の後であっても、やはり共通の土台となり、かつ日本の少数言語話者同士の紐帯となるような「言語権基本法」の制定が必要であり、それにより各言語関連個別立法の運用やレビューの際に遵守すべき指針を具体的に設ける必要があると私は考えます。この点の詳細については、杉本（2017）を参照してください。

[7] これらの法案・条例案は連盟のホームページで参照可能です。なお、手話言語条例の問題点については、森・佐々木（2016）を参照してください。

［**8**］「普通（normal）とみなされない心身の特徴」により個人が不利益を被るときに、その原因を個人の特徴にのみ還元する「障害の医療モデル」とは異なり、「障害の社会モデル」は個人の特徴と社会のあり方の相互作用に原因があると考えます。前者では個人の特徴を障害と呼びますが、後者では個人の特徴と社会のあり方の相互作用そのものを障害と呼ぶのです。したがって「障害の社会モデル」の考え方では、障害を克服するために社会の側にも変化が求められることになります。障害者権利条約もこの立場から制定されています。この点の詳細については、松井・川島（2010）を参照してください。

参考文献　言語権研究会（編）（1999）『ことばへの権利―言語権とはなにか』三元社

小嶋勇（監修）、全国ろう児を持つ親の会（編）（2006）『ろう教育が変わる！―日弁連「意見書」とバイリンガル教育への提言』明石書店

近藤敦（2016）『人権法』日本評論社

下條芳明（1995）「民族的少数者の権利と文化自治権の系譜」憲法論叢2, pp.27–44. 関西憲法研究会

申惠丰（2016）『国際人権法（第2版）』信山社

杉本篤史（2017）「言語権からみた「日本語教育推進法案」の問題点」『社会言語学』XVII, pp.55–73. 社会言語学刊行会

杉本篤史（2015）「再考　言語と憲法学」『東京国際大学論叢国際関係学部編』20, pp.53–71. 東京国際大学

田門浩（2014）「手話言語法の法制化をめぐる考察―人権擁護との関連から」『手話学研究』23, pp.11–30. 日本手話学会

中島武史（2018）『ろう教育と「ことば」の社会言語学―手話・英語・日本語リテラシー』生活書院

松井亮輔・川島聡（編）（2010）『概説障害者権利条約』法律文化社

森壮也・佐々木倫子（編）（2016）『手話を言語と言うのなら』ひつじ書房

脇中起余子（2009）『聴覚障害教育これまでとこれから―コミュニケーション論争・9歳の壁・障害認識を中心に』北大路書房

第18章
スコットランドの年少者日本語教育
日本とスコットランドの〈やさしい日本語〉

松本スタート洋子

本章の概要

本章はスコットランドで現在進行中の外国語教育改革の現場に直接関わる実践者の視点から、新しい言語政策〈1+2 APPROACH〉「母語＋2つの外国語教育」の導入で大きく変わろうとしているスコットランドの「年少者向け外国語教育」の現状と、それを取り巻く歴史的、言語的な背景を見渡します。そして、英語圏のスコットランドで外国語として日本語を学ぶ（JFL）子どもたちの「年少者日本語教育」とどのように向き合い、何を目指すのかについて考えていきます。

キーワード

スコットランド、年少者日本語教育、〈1+2 APPROACH〉、言語政策、〈やさしい日本語〉

1 はじめに

イギリス北部のスコットランドでは、2020年からスコットランド全域の公立学校で学ぶ5歳〜15歳の児童生徒に対する2つの外国語教育が始まります。これはスコットランド政府が、欧州連合（EU）の複言語主義を基本に複数言語を話せる「世界市民」を育成する言語政策を打ち出した

297

ことによります。

　本章ではスコットランドの複言語社会を紹介し、そこから必然的に出てくる言語政策についてスコットランド・ゲール語（以下ゲール語）、スコットランド語（Scots）、外国語としての英語（ESOL）、そして外国語教育の流れで見ていきます。後半はスコットランドの教育制度と外国語教育の動向を概観した後、教育分野の抱える課題への取り組みと教育改革について詳しく展望します。最後にスコットランドの年少者日本語教育と〈やさしい日本語〉の出会いについて調査報告を交えながら今後の方向について考えていきます。

2 ｜ スコットランドの複言語社会

　スコットランドではほとんどの人が英語を話します。しかし、実はスコットランドは他のUK地域に比べると複数の言語が歴史的に絡み合った複言語社会ともいえる社会言語事情があります。スコットランドには英語、ゲール語、スコットランド語（Scots）の3つの言語があり、公用語は英語とゲール語です。

　英語はイングランドとスコットランドの合併（1707年）で公用語となり、公文書や学校教育で使われるようになりました。その反動でゲール語の話者は減少し続け、20世紀中盤までは消滅に瀕した危機言語でした。その後、ゲール語やゲール文化の復興運動が活発化して2005年の「ゲール語法（Gaelic Language (Scotland) Act）」制定に結びついてスコットランドの公用語として復活した経緯があります。それ以降、スコットランド議会がゲール語を公用文書で使うようになり、BBC（英国放送協会）もゲール語のデジタル放送を開始しました。ゲール語保護活動ではウェールズが先行していると言われますが、スコットランドでも希

望者には全ての教科指導をゲール語で行うゲール語イマージョンプログラムによる初等教育が提供されるなど、ゲール語の使用は地域社会に再び浸透してきています（O'Hanlon et al. 2010）。

これに加えてスコットランド総人口（約540万人）の30％が話す（Hancock 2014: 171）というスコットランド語（Scots）は、少数言語欧州事務局に一言語として認められており、政府はスコットランド語（Scots）を自国の文化と文化遺産の要として位置付けて、この言語の保護に努めています。

3 多文化共生社会で外国語を話して暮らすということ

スコットランドはシリアなどの内戦で国を追われた難民を積極的に受け入れて、彼らをNew Scots[1]（新スコットランド人）と呼んでいます。ここではNew Scots政策の掲げる4つの教育成果を紹介します（Scottish Government 2017a: 54–55）。

（1）難民や亡命希望者がスコットランドの地域社会との一体化に必要な英語力を身につけることができる。
（2）難民や亡命希望者が適切な教育機会にアクセスし、結果として資格・知識・経験を深めることができる。
（3）難民や亡命希望者が、すでに取得している資格を使って雇用や進学の機会にアクセスできる
（4）スコットランドの言語的多様性への一助となり、スコットランド社会に寄与することへの認識を得る
（Scottish Government 2017a: 54–55 より筆者抄訳）

ESOLは4つの教育成果の（1）と（2）で「英語力」や「教育機会」「資格」などに関して重要な役割を果たしてい

ることが分かります。スコットランドでは2015年～2016年にかけてESOLの枠組みを改定して「リテラシーの準備」という資格を追加しました。この資格は英語の知識が全くない外国人（難民）に対して、英語学習の最初の場となるESOLコースを提供し、それを足場に他の教育コースや職業トレーニング、雇用への移行を支援するためのものです（Scottish Government 2017b: 56）。これは庵（2016: 11）の言う社会の一員として「外国人を対等な市民として受け入れる」ことで彼らが「居場所」を見いだせるという多文化共生社会のイメージに通じるものがあるように思えます。

4 スコットランドの教育制度と課題への取り組み

4.1 スコットランドの教育制度

スコットランドには他の3地域とは異なる独自の教育制度があります。資格試験も単一の「スコットランド単位と資格の枠組み」（Scottish Credit and Qualifications Framework: SCQF）が職業資格、高等教育段階の資格、義務教育後の教育資格と高校の学修課程など全ての資格を包括し、それをスコットランド資格機関（Scottish Qualifications Authority: 以下SQA）が所轄しています。

　次にスコットランド教育制度の「5段階学習レベル」を図1に示します。初等教育（Primary 1 ～ 7）は7年間（5歳～11歳）で、それに中等教育（Secondary 1 ～ 6）の6年間（12歳～17歳）が続きます。

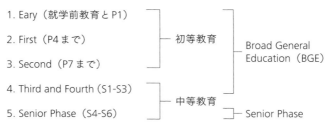

図1　スコットランド教育制度の5段階学習レベル

　上の5つの学習段階のうち、初期〜第4レベル（Broad General Education）までの学習目標の達成度評価は初等教育ではクラス担任が、中等教育（S1〜S3）では各専門分野の担当教師が行います。教師が一貫性を持った評価をできるように、各カリキュラムレベルの基準項目（ベンチマーク）の枠組みが開発されています（Education Scotland 2018）。スコットランドの教師はカリキュラム領域内の基準項目（ベンチマーク）に精通し、学習者が次のレベルに行くのに「必要な知識」や「できること」を専門的に判断しながらベンチマークの枠組みを参照して学習の計画や指導、進捗の評価をすることを求められています。

　大学進学希望者はカリキュラム最後となる第5レベルの3年間（Senior Phase: 15歳〜17歳）にSQA Higher（ハイヤー）／Advanced Higher（アドバンス・ハイヤー）と呼ばれるスコットランド独自の統一学力検定試験を受けて、大学入学に必要な資格を取ります。志望大学への出願は大学の学士課程の総合出願機関であるUCAS（ユーカス）を通して行います。UCASではスコットランドのHigher／Advanced Higherとスコットランド以外の地域のAレベル／ASレベルのどちらもUCASポイント[2]に換算して相互認証するため、志望大学の所在地や地域による資格試験の違いは問題となりません。

4.2　教育分野の抱える課題への取り組み

2016年に英チャリティー財団のサットントラストがスコットランドの高等教育進学率の動向について調査報告しています（Sutton Trust 2016）。この調査は、スコットランドの若者の貧富の差による高等教育機関への進学率の差が他地域に比べると[3]大きく、富裕層の地域と貧困層の地域の比較で、若者の大学進学率は4倍の開きがあると指摘しています。

　スコットランド政府は地域によって高等教育機関への進学率に開きがあることを把握しており、その差を早急に縮めるための対策を打ち出しています。例えば、高等教育機関には貧困地域の若者に向けた啓蒙プログラムの企画実施を働きかけ、初等・中等の教育現場に対しては「国家改善の枠組み」において学校が優先的に取り組むべき「4つの重要課題」（Scottish Government 2016）を提示しています。その二番目に貧富の差による学力差の解消が示されています。

（1）読み書き能力や算数を中心に学習目標の到達度を向上させる
（2）貧富の差から生じる学習到達度のギャップを解消する
（3）全ての児童生徒の健康・福利の向上を目指す
（4）義務教育を修了した全ての若者が継続的で前向きな雇用能力スキルを獲得し、それにより雇用可能性が向上すること

（Scottish Government 2016から筆者抄訳）

4.3　スコットランドの児童生徒の特性

2017年の政府統計（Scottish Government 2017b）によると、スコットランド全域の公立学校の生徒数は688,959人

で、小学校の平均クラス人数は23.5人です。子どもと教師の比率は13.6人に1人となっています。この政府統計では「スコットランド公立学校の児童生徒の人種・民族」調査も行われていて、生徒総数の80％がスコットランド系の白人でした。その他のUK地域も入れると、クラスの大多数（85.4％）が英語話者の白人でした。アジア系の生徒で一番多かったのがウルドゥー語を母語とするパキスタン人（1.9％）で、日本人を含む「アジア系－その他」のカテゴリーの生徒総数は3,788人と全体の僅か0.5％となっており、その数はだいたい中国人（0.6％）やインド人（0.8％）と並んでいます。残りはごく少人数のカリブ系移民、ジプシーやトラベラーといったマイノリティー集団に属しています。これらの数字からスコットランドの初等・中等クラスの状況が目に浮かんできます。

5 │ スコットランドのカリキュラム改革と新言語政策

5.1　新カリキュラム Curriculum for Excellence とは

スコットランドでは、大きく変わる世界情勢や経済のグローバル化に対応するため、2010年に義務教育の基本的な理念となる新カリキュラム「Curriculum for Excellence」（以後CfE）が施行され、2013/14年度から教育改革後の新SQA資格が実施されています。

新カリキュラム（CfE）はスコットランドの児童生徒が「学習・生活・仕事のスキルを含む21世紀を生きるために必要な知識やスキル」を獲得することを目指しています。CfEには普通のカリキュラムのように学習項目や教授方法、各学習項目に割り当てられる学習時間など、教師ならまず確認するだろうと思われる情報は示されていません。したがって、新カリキュラム（CfE）は学びの経験を包括するものであること、教科、教材ないし学習経験を一定の

範囲と順序で編成した学習指導要領と同等のものではない
ことを理解する必要があります。

　スコットランド政府は、これを学校の持つ自由と柔軟性
(flexibility for schools) という表現で説明しています (Education
Scotland 2008)。一言で言えば、教師は「カリキュラム開発の
専門家」であり、学校や教師はカリキュラムを自由に決定す
る裁量権[4] を使って、何をどのようにして教えるかについて
各現場の文脈に適する柔軟な授業計画や実践を行っていると
いうことになります。

5.2　新カリキュラム（CfE）と学習者の「4つの能力」

スコットランド教育局 (Education Scotland 2008) による
と、新カリキュラム（CfE）の実践には、協働学習、アク
ティブラーニング、屋外学習、学際的に教科を連携するア
プローチ、必須スキルと「学びのための評価」(Assessment
is for Learning: AIFL) などが含まれています。ここで図1の
スコットランド教育制度の学習5段階を思い出してみまし
ょう。幅広い一般教育（BGE）は、初期～第4レベル（3歳
～15歳）の12年にも渡ります。この期間に設定されてい
る児童生徒の達成目標は全部で4つあります。1つ目は、
学習達成目標（リテラシー・算数能力・認知力）。2つ目は、ス
キル（学習・生活・仕事のスキル）を身につけること。3つ目
は、世界的視野からスコットランドを見る目を養うこと。
4つ目は、挑戦と成功を経験し、そこから得た十分な経験
をもとに「4つの能力」を発揮できるようになること。最
後の達成目標にある「4つの能力」とはモデル学習者の持
つ「4つの能力」を指します (Scottish Government 2018)。

（1）学習者として成功できること (successful learners)
（2）自分自身への自信が持てること
　　 (confident individuals)

(3) 市民としての責任を全うできること
（responsible citizens）

(4) 何かに効果的に貢献できること
（effective contributors）

　この学習者の「4つの能力」を中心にCfEの学習環境を見ると図2のようになります。

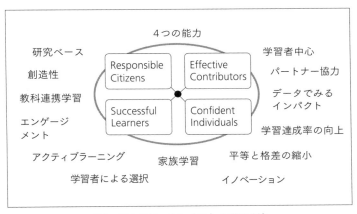

図2　新カリキュラム（CfE）の学習環境

　新カリキュラム（CfE）は教科内容と実社会の生活がどのように関連しているかを重視します。そのため、図2にある学習者中心の教科連携学習やアクティブラーニングは、小学校の現場では単教科を越えて共通目的やテーマを持つ教科横断型学習（Interdisciplinary learning: IDL）による「深い学び」を現実化するために推奨されています。

5.3　世界市民を目指す外国語教育とその政策

　新カリキュラムは、「世界市民教育」を根幹に据え、多様化する世界を理解して国際社会に貢献できる知識・スキル・価値観・態度を備える人材を育成することを目指して

います（Scottish Government 2008）。したがって「世界市民」の育成を目指すCfEにおいて外国語教育には大きな役割があります。若者たちの言語能力を向上させることは、グローバル化や国際化の一途をたどる雇用市場での競争力を強化し、それにより雇用可能性の向上に直結するからです。

　そこで新カリキュラム（CfE）完全導入となる2011年にはEU「1＋2モデル」に基づく言語政策「1+2 APPROACH」が打ち出され、2020年からスコットランド全域の公立学校で学ぶ5歳〜15歳の児童生徒が母国語に加えて2つの外国語を学ぶ機会が提供されます。まず、小学校1年生（Primary one: 5〜6歳）で第一外国語（L2: 必修）が導入され、小学校5年生（Primary five: 9〜10歳）から第二外国語（L3）の学習が始まります。

5.4 「1+2 APPROACH」と第一外国語

小学校での早期外国語教育（第一外国語）の導入の鍵は、教師の外国語能力のスキルアップにかかっていると言われています。スコットランドの初等教育ではクラス担任が全ての教科を教える方式なので、万能型の教師が多い反面で外国語能力に関しては個人の知識やレベルに差があると言われています。Donaldson（2011: 36）は、この問題について「教師が自身の持つ教科の知識についての自己評価が低い」ことが、小学生の伸び悩みの一因となっていると報告し、小学校の教師が全ての教科の専門家になる必要はなく、またそれは実現できるものではないと断ったうえで、子どもたちの学びを問題なく進めるには教師が各教科を十分に理解していることを確認するべきだと指摘しています。

　以上の理由から各地域の地方当局が地元の小学校と連携して教師の能力開発に注力しています。また担任教師の負

担を軽くするために外部のリソースに頼ることも検討されています。これに関してはChristie et al.（2016: 6）が調査報告書で初等教育における「1+2 APPROACH」の展開で考えられる「教師モデル」を提示しています。

- 初等教育の現場にいる一般教師に対して外国語を習得するためのトレーニングを行って対応する。
- 初等、または中等教育の現場にいる外国語教育を専門とする教師、または当該外国語の母語話者に全てのクラスの外国語の授業を担当させるか、チームティーチングを通して一般教師の外国語教育に関する能力を強化していく。
- 通常はクラスを担当することはない補助教員が外国語教育の実績を持つ場合は、外国語クラスに配置する。

　ここから、クラス担任に頼るだけでは2020年の導入に間に合いそうもないという現状や、それに対する関係者の危機感を垣間見ることができます。これらを反映していると思われる「1+2 APPROACH」に関する動向調査研究（Christie et al. 2016, Scottish Government 2016）によると、この言語政策を実践に移す取り組みの中で、政府、全ての教育機関とその関係者、現場の教師、子どもたちの保護者などに支援の輪が広がっており、その成功のために官民一体となって努力が続けられている現状が報告されています。

6 ｜「1+2 APPROACH」と年少者の日本語教育

6.1 「1+2 APPROACH」と第二外国語

　スコットランドの外国語教育において、第一外国語と第二外国語の大きな違いは継続的な外国語学習が最終的にSQA

資格取得に結びつくかどうかという点です。第一外国語に採択される条件を満たす外国語はSQA統一学力検定試験が提供されているフランス語、ドイツ語、イタリア語、スペイン語、広東語、中国語（簡体字）、中国語（繁体字）、ウルドゥー語、ゲール語です。言語的・距離的に近い欧州言語、スコットランド政府が推進するゲール語、国内に継承言語社会を持つ広東語やウルドゥー語が正規科目として提供され、それが資格試験に結びついていることが見て取れます。現在、スコットランドには日本語のSQA資格試験はありませんから、「1+2 APPROACH」において日本語は初等教育の第二外国語として展開し、日本語学習者のすそ野を広げていくことが差し当たっての課題となっています。第二外国語の実践はまだ緒に就いたばかりで、正式には2020年以降の実施を目指しています。したがって、スコットランドにおける第二外国語教育の全体像が見えてくるまでには、もう少し時間がかかると思います。そこでスコットランド教育局（Education Scotland 2017, Glen 2017）が示した第二外国語の導入案をもとに創案した第二外国語教育の3つのモデルを紹介して、日本語の可能性を検討したいと思います。

（1）6年連続モデル：初等教育3年間（P5–P7）に第二外国語学習を毎週決まったクラス時間に設けて4技能全ての上達を目指し、それを中等レベルの学習につなげていく。このモデルは改革前のMLPS（Modern Languages in the Primary School）モデルと同様に中等教育での継続が可能となり、その後に正規の資格取得へと道が続く。

（2）ブロック学習モデル：初等教育3年間（P5–P7）を通して同じ第二外国語を学習し、4技能の上達と理解を深める。カリキュラムにおける学習時間の配

分は、例えば10週間のインテンシブ枠を設定するなど「語学学習ブロック」として特定の期間を設定することができる。このモデルは中等教育での継続が可能となり、その後に正規の資格取得へと道が続く。

(3) 非連続の複数言語モデル：初等教育3年間（P5-P7）に異なる複数の第二外国語を学習する。このモデルの候補となる言語として、外国語ではないがスコットランド語（Scots）や手話を含むコミュニティ言語[5] などが考えられる。カリキュラムでは「語学学習枠」として設定し、4技能の上達を目指す。カリキュラムの学習時間の配分としては1年ごと、半年ごと、またはタームごとの言語変更が考えられる。このモデルでは小学校で学習した言語が必ずしも中等教育の選択科目として継続するとは限らない。このモデルの教師はクラス担任とは限らず、地域にいる外国語教育の専門家や大学生、母語者とクラス担任のチームティーチングなどが可能なので教員配置に関する自由がきく。

　以上を見ていくと、SQA資格試験のある言語を選択すれば、学校側の選択肢が広がることが分かります。例えば、ドイツ語を第二外国語として始めても同じクラスター（学区）にある初等と中等でドイツ語の連携がある地域で学べば、第一外国語に次いでドイツ語の資格を取れる可能性もあります。日本語の展開する場は上記の「非連続の複数言語モデル」を選択した小学校となります。他のモデルと比べると採択される率が少なくなるように思えますが、Glen（2017）によると、小学校では進学地域の中等教育が提供する外国語に影響されることなく、それぞれの小学校が自由に第二外国語を選ぶことができるといいます。した

がって、このモデルでは、地域の学校は児童生徒に、その言葉を教えたいと考える要素（文化的、歴史的な興味やビジネスの繋がりがあるなど）を基準にして選んでおり、その教育現場においては、文化、歴史、社会、芸術などの教科と外国語学習を連携していく教科横断型学習（IDL）の試みが多数行われていると考えられます。

　ここで注目しておきたいこととして、全モデルに「4技能の上達を目指す」という項目が入っていることです。これはスコットランド教育局（Education Scotland 2017: 3）の第二外国語導入の指針に外国語学習の経験は「語彙レベルを超えて発展的に継続しなければならない」と明記されているためです。ただし、注意書きとして、非連続の複数言語モデルでの導入では他のモデルのような「学びの深さ」は期待できないとあります。だからと言って対象言語の文化面などに集中するあまり、児童が第二外国語で決まり文句を暗記して終わりというようなことが起こらない配慮をする旨が記されているので、この学習モデルが持つ時間的な制約を考えると、実践者にとっては難しい課題が出されていると思います。

6.2　第二外国語としての日本語教育の展開

6.2.1　スコットランドの潜在的な教師像

スコットランドにおける日本語教育は逆三角形の形をしており、高等機関での日本語教育が充実している反面で、これまで公立の初等・中等教育で年少者日本語教育が行われていないことに目を向ける人もほとんどありませんでした。したがって、スコットランドの公立学校で日本語を教えられる教師がいるのか、将来日本語を教えたいと考えている潜在的な教師はどんな人たちなのかを知る必要がありました[6]。ここでは筆者が直接関わったJETプログラム（語学指導等を行う外国青年招致事業）教師調査を検討したいと

思います。この調査は、JETプログラムの参加者が組織するJETAAスコットランドの協力でスコットランドの教育分野にいるJET経験者の数と、学校で日本語や文化を教えることへの関心度を調査する目的で行いました。対象は、JETAAスコットランドの会員でオンライン調査を採用しました。

　全回答者（N=27）のうち、66.7％がスコットランドの教育現場で働いており、大半（74.1％）が日本語を話せると回答しましたが、職場で日本語や文化を教えた経験がないと答えた人が63％もいました。日本語を話せると回答した人（N=22）のうち、JLPT（日本語能力試験）を受験しなかった人（N=6）をのぞいた数で見ると、JLPT資格保有者の約7割の人がN4 〜 N5レベル（N4=5, N5=6）で、日本語のレベルがかなり高い人も3割強（N2=4, N3=1）いました。

　この調査結果から見えてきたのは、自己紹介や買い物をしたり、趣味や週末の予定を話したりなどの「日常的な話題」を話すのには困らない日本語力[7]を持っているものの、電話での会話やスピーチ、詳述などのタスクをこなすまでの自信はないという潜在的な教師像でした。自分の専門分野やよく知っている話題について日本語でプレゼンテーションができるようになるのは、N2／N1レベルに到達してからと言われているので、既存の知識だけで日本語クラスを担当できると思われる人は、22人中5人だけでした。しかし、ここでスコットランドの「1+2 APPROACH」で第二外国語としての日本語を実践する場合、その下地となるのは、言葉や文化を他教科と連携学習するIDL（教科連携）モデルだということを思い起こすと、実は「日常的な話題」を話せるレベル（N4）の日本語力を持つ教師なら、日本文化の解説など詳述が要求されるタスクをクラス共通語の英語で行い、導入レベルの日本語クラスを十分教えられることが分かります。この調査では「日本語や文化を教

えた経験がない」と答えた教師が63%いましたが、その理由が「日本語が話せてもクラスで教えるほどの日本語力ではない」と思っていたからだと推測すると、8割の回答者が参加すると答えた教師トレーニングで日本語のスキルアップを支援し、スコットランドの教育現場の文脈に沿う教材を提供できれば、日本の言葉と文化に直接触れ、日本で生活したことのある教師による日本語クラスが実現するのではないかと考えます。

6.2.2　スコットランドの年少者日本語教育と〈やさしい日本語〉

これらの基礎調査に基づいて2017年から教師トレーニングと年少者への日本語教育の2つの目的を持つパイロットプロジェクト Japanese for Young Learners project[8] (Matsumoto-Sturt 2018) を開始しました。6.2.1で述べたような「日常的な話題」を話せるレベル (N4) の教師トレーニングの場合は、従来の文法シラバスの枠組みで初級から上級に積み上げていく日本語教育の知見が活かせると思います。問題は全く日本語学習経験のない初等教育の一般クラス担任が日本語を教えることを想定した教師トレーニングの設計でした。この課題を現実的に打破できる解決策を探るために2017年のパイロットプロジェクトでは、初等教育の一般クラス担任を対象とする6週間の教師研修を行い、2つの示唆を得ました。

　一点目は、日本語経験が非常に浅い英語話者の教師が日本語を教えることができるのかという疑問。日本語教師研修に参加した教師からの反応は、教師自身が日本語の音声・文法・書記の基本を勉強しながら、日本語学習が埋め込まれている教科ベースの授業（例えば文化・歴史・芸術など）をしてみたいという前向きな姿勢が見られ、研修終了後のディスカッションとアンケート調査でも同様な結果が

得られました。

　二点目は、スコットランドの第二外国語における最大授業時間数が年間30時間と少ないこと。一番ありがちなパターンが一回45分の授業を週一回30週（22.5時間）という極めて限られた授業時間で、学習にどのような発展性を持たせられるのかという疑問です。それは年少者日本語教育の方向性と庵（2016: 66-91）の提唱する〈やさしい日本語〉との共通点に気づく契機となりました。Iori（2018）が指摘する通り、「1+2 APPROACH」の枠組みで行われるスコットランドの公立学校での年少者日本語教育は、授業時間が限られていること、日本語学習が主目的ではないこと、低スキルの教師が授業を担当することがあるという点において「外国にルーツを持つ子どもたち」が日本で不定期に日本語の取り出し授業を受けるケースと共通点が見られるのです。筆者が特に注目したのは、〈やさしい日本語〉が多様化している日本語学習者を視野に入れ、一部の日本語学習者[9] が初級から上級への積み上げを目標としない場合を想定していることでした。

　現行の文法シラバスを見直して検討されてきた〈やさしい日本語〉の文法シラバスの枠組み（庵2015）は、学習者の産出レベルに重点を置きつつ、少ない語彙や文法項目を使って最短コースで日本語を学べる環境づくりを目指そうとしています。〈やさしい日本語〉の想定する初期日本語教育の学習時間は「50 〜 100時間程度」（庵2016: 73）なので、これよりさらに少ない学習時間（30時間程度）が見込まれるスコットランドの場合、〈やさしい日本語〉の初級文法シラバスから必要に応じてその文脈に沿う項目を取捨選択して新しい教材を作成する必要があります。さらに、JSL（日本に居住して日本語を学ぶ）環境とJFL（海外の日本語クラスで日本語を学ぶ）環境で共通するところと異なる部分をしっかりと見極めることが大切だと思います。特に

日本語学習の基礎となる語彙に関しては、海外のJFL文脈で使うことを想定して選定されたものより、日本のJSL文脈で使うことを前提として選定された生活語彙や学校生活に必要な語彙を含むリソースが多いため、スコットランドの年少者JFL文脈の学習用途に適する語彙を検討する必要があります。以上の2点を今後の課題として次の段階のパイロットを企画し、スコットランドの年少者日本語教育と〈やさしい日本語〉の関係を深めていけたらと考えています。

付記

本研究Japanese for Young Learners projectは筆者が研究代表を務めた次の2つの国際交流基金助成金の研究成果の一部です。(1) 2016年度Japan Foundation Local Project Support Programme「Edinburgh Outreach Project」(プロジェクト代表者:松本スタート洋子)、(2)国際交流基金平成29年度さくらネットワーク助成金「スコットランド児童生徒に対する日本語教育の実践と研究」(研究代表者:松本スタート洋子)。
また本研究の2015年JETプログラム教師調査はJETAAスコットランド会長(当時)のMichael Bauldさんのご協力をいただきました。記して感謝申し上げます。

注

[1] スコットランドの難民政策はNew Scots: Integrating Refugees in Scotland's Communities 2014–2017 (Scottish Government 2017a)に詳しく報告されています。

[2] UCASポイントについて詳しくはUCAS Tariff tables (online)を参照してください。https://www.ucas.com/file/63541/download?token=uz826-Cb

[3] この調査において他の3地域における貧富の差による高校卒業後の大学進学率の開きは、イングランドでは2.4倍、ウェールズと北アイルランドでは3倍でした。

[4] 学校の教育水準や教師に問題があれば、スコットランド教育局(Education Scotland)や政府部外の独立機関で教員登録や教員支援を行っている総合教職者会議(General Teaching Council for Scotland: GTCS)の指導が入ります。

［5］地域言語、継承言語（ひいては家庭で使われる英語以外の外国語）、イギリス型手話（BSL）を総括して「コミュニティ言語」といいます。

［6］これについて2016年9月に在エディンバラ日本国総領事館がスコットランドの初等・中等で働く教師の現状を把握するため、オンラインサーベイを実施のうえ、「GTCS教員登録に関する説明会」を企画してスコットランドの学校で日本語教師として働くことに興味がある人材について調査しました。

［7］この判定は回答者の示したJLPTレベルに基づき、日本語能力試験Can-do自己評価リスト「話す」を参考にして行いました。詳細は日本語能力試験のホームページ「日本語能力試験とは」をご参照ください。

［8］Iori, Matsumoto-Sturt & Robertson（2018）で詳しく述べていますのでご参照ください。

［9］日本で安定した生活を送るために「最低限必要な日本語を学ぼうとする学習者」を指します。初級文法について詳しくは庵（2016）や岩田（2013）をご参照ください。

参考文献

庵功雄（2015）「日本語学的知見から見た初級シラバス」『データに基づく文法シラバス』pp.11–14.　くろしお出版

庵功雄（2016）『やさしい日本語—多文化共生社会へ』岩波新書

岩田一成（2013）「文法から見た「やさしい日本語」」庵功雄・イ ヨンスク・森篤嗣（編）『「やさしい日本語」は何を目指すか—多文化共生社会を実現するために』pp.117–140.　ココ出版

Christie, J., Robertson, B., Stodter, J., & O'Hanlon, F. (2016) A Review of Progress in Implementing the 1+2 Language Policy: A report for the Scottish Government. Association of Directors of Education in Scotland, Edinburgh.

Donaldson, G. (2011) Teaching Scotland's Future. Scottish Government, Edinburgh. Retrieved August 30, 2018, from http://www.gov.scot/Resource/Doc/337626/0110852.pdf

Education Scotland (2008) Building the Curriculum 3. Retrieved September 4, 2018, from https://education.gov.scot/documents/btc3.pdf

Education Scotland (2017) Language Learning in Scotland: A 1+2 APPROACH Further guidance on L3 within the 1+2 policy. Retrieved September 19, 2018, from https://education.gov.scot/improvement/Documents/modlang12-L3-guidance1017.pdf

Education Scotland (2018) Curriculum for Excellence Benchmarks. Retrieved September 4, 2018, from https://education.gov.scot/improvement/learning-resources/Curriculum%20for%20Excellence%20Benchmarks

Glen, L. (2017) L3 for Japanese Group. Paper presented at Japanese for Young Scottish Learners: Practice, pedagogy and reflection, University of Edinburgh on 28 August 2017.

Hancock, A. (2014) Language education policy in multilingual Scotland: Opportunities, imbalances and debates. *Language Problems and Language Planning, 38*(2), pp.167–191.

Iori, I., Matsumoto-Sturt, Y., & Robertson, A. (2018) 1+2 APPROACH: Teaching Young Japanese Learners in Scottish Primary Education. In *15th EAJS International Conference. Association of Japanese Language Teachers in Europe*, pp.257–278. 15th International Conference of the European Association for Japanese Studies, Lisbon, Portugal.

Iori, I. (2018) Essentials of Yasashii Nihongo and its applicability to JFL context. In *15th EAJS International Conference. Association of Japanese Language Teachers in Europe*, pp.272–276. 15th International Conference of the European Association for Japanese Studies, Lisbon, Portugal.

Matsumoto-Sturt, Y. (2018) Developing young JFL in the Scottish primary context: Japanese for Young Learners Project. In *15th EAJS International Conference. Association of Japanese Language Teachers in Europe*, pp.264–271. 15th International Conference of the European Association for Japanese Studies, Lisbon, Portugal

O'Hanlon, F., McLeod, W., & Paterson, L. (2010). *Gaelic-medium Education in Scotland: Choice and attainment at the primary and early secondary school stages*. Bòrd na Gàidhlig .

Scottish Government (2008) *Building the Curriculum 3: A Framework for Learning and Teaching*. Scottish Government, Edinburgh.

Scottish Government (2016) National Improvement Framework. Scottish Government, Edinburgh. Retrieved August 23, 2018, from https://www.gov.scot/Publications/2016/01/8314/2

Scottish Government (2017a) New Scots: Integrating Refugees in Scotland's Communities 2014–2017, Final Report. Scottish Government, Edinburgh.

Scottish Government (2017b) Summary Statistics for Schools in Scotland, No. 8: 2017 Edition. Retrieved September 5, 2018, from https://www.gov.scot/Publications/2017/12/3099/348574

Scottish Government (2018) School curriculum and qualifications. Retrieved September 5, 2018, from https://beta.gov.scot/policies/schools/school-curriculum/

Sutton Trust (2016) Access in Scotland. Retrieved September 15, 2018, from https://www.suttontrust.com/research-paper/access-in-scotland-university-participation/

第19章

日本における年少者日本語教育と〈やさしい日本語〉
バイパスとしての〈やさしい日本語〉のその先にあるもの

志村ゆかり

本章の概要

両親、またはそのどちらかが外国出身者である子どもを「ルーツ」という視点で（例えば、外国籍の子ども、日本国籍（二重国籍）の子どものように）捉えた場合、彼らを「外国にルーツを持つ子ども」と呼びます。また、視点を変えて「言語（日本語）」という視点で捉えた場合、彼らの中で日本語力に課題のある子どもを「日本語指導が必要な子ども」と呼びます。年少者日本語教育では、こうした枠組みで捉えられる子どもたちの日本語指導と、教育全般をどのように行っていくかを議論、検討しています。本章では、このような子どもたちの現状をご紹介し、そこから彼らのライフデザインに関わる「日本語」と「教科学習」に関する課題と試みを論じていきたいと思います。

キーワード

バイパスとしての日本語、日本語学習、教科学習、日本語総合教科書、年少者日本語教育の体系化

1 JSL児童生徒の現状

概要でご紹介したように、捉える視点により複数の呼び名を持つ子どもたちを、ここではJSL（Japanese as a second language、第二言語として日本語を使う）児童生徒と呼ぶことにします。これも年少者日本語教育では広く使われている呼称です。

そして、このように呼称が様々あるという点を見ただけでも、彼らのサポートは多様であり、多様であるがゆえに、個別性も高いといえます。

では、まず、そうした子どもたちがどのくらい日本の公立学校に通っているかを見てみましょう。

1.1　行政のデータから見るJSL児童生徒の推移

文部科学省のデータ[1]を見ると、日本の公立学校に在籍している外国籍の児童生徒数は、2016年度の「学校基本調査」において8万人を超えます。また、「日本語指導が必要な児童生徒数」[2]については、田中宝紀氏[3]が同調査結果をまとめているのですが（図1）、言語的サポートが必要なJSL児童生徒数は増加の一途をたどっていることがわかります。

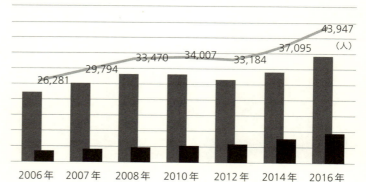

図1　日本語指導が必要な児童生徒の推移（田中2017）

さらに、2016年度の外国籍の児童生徒数全体（約8万人）のうち、約3万4千人の生徒が「日本語指導が必要」とみなされ、それは全体の約43％にもなります。

　こうした状況を踏まえ、次に、現在、行政や地域がどのような取り組みを行っているか、簡単に見ていきます。

1.2　行政や地域の取り組みの実情と現時点での限界および課題

1.2.1　行政の取り組み

2014年度より、国はJSL児童生徒に対し、「特別の教育課程」を実施しています。これを利用するかどうかは各地域の教育委員会や学校が決定します。内容を簡単に紹介すると以下のようなものです。

> 指導内容：日本語の能力に応じた特別の指導は、児童又は生徒が日本語を用いて学校生活を営むとともに、学習に取り組むことができるようにすることを目的とする指導とすること。
>
> 授業時数：日本語の能力に応じた特別の指導に係る授業時数は、年間10単位時間から280単位時間までを標準とすること。

1.2.2　現時点での限界と課題

上記の指導内容を見ると、「日本語の能力に応じた特別の指導」とあります。つまり、JSL児童生徒の、その時点での日本語力を適切に判断し、指導内容を決定していく必要があるということです。この点に関しては、文部科学省が、学校においてJSL児童生徒の日本語の能力を把握し、その後の指導方針を検討する際の参考として「外国人児童生徒のためのJSL対話型アセスメントDLA」[4]を作成し、推奨しています。目下、各自治体の教育委員会や各学校で研修会等が行われ、実施する学校数も増えているようです

が、熟成されるまでには、まだ時間を要するのが現状です。

　また、授業時間数に関しては、日本語教科書として広く使われている『みんなの日本語』の学習時間数[5]と比較してみます。これは成人向け教科書なので、JSL児童生徒に充てるには不適当な要素もありますが、単にどのくらい日本語を学ぶのに時間を要するかという視点で捉えてみてください。『みんなの日本語』は初級がⅠとⅡに分かれていて、それぞれ100～150時間を学習時間として設定しています（合わせて、初級学習に200～300時間が想定されているわけです）。JSL児童生徒の授業時間数は10～280単位時間ですから、つまり成人の日本語学習者の初級終了程度の時間数が、JSL児童生徒に保障されている最大限の授業時間数であり、彼らはその授業時間数で、「学習に取り組むことができるようになる」ことが目指されるわけです。言い換えれば、簡単な、日常的な日本語ができるようになった段階で、教科を日本人の児童生徒と同等に学んでいけるようになることが目指されるということです。もちろん、認知的にも発達段階にある彼らですから、「学ぶ」という過程の中で、日本語も総合的に伸ばされていく可能性は大いにあるでしょう。しかし、実際には、年少者日本語教育では「生活言語」と「学習言語」という用語を使って、いかに彼らを日本語学習から教科学習につなげていくかを模索する日々が続いています。

1.2.3　学校、教育委員会、地域の連携

上記は、2014年度からの体制ですが、JSL児童生徒に対する取り組みは、それ以前からも長年模索、努力されてきました。特に地域の支援の力は大きなものです。地域の支援教室、国際交流協会、公民館、NPO団体等々、草の根の活動に支えられ、年少者日本語教育は成り立ってきたと

いえます。また、団体や組織という視点ではなく、サポートする人々の視点で捉えると、学校教員、日本語指導員、ボランティアの方々、通訳兼生活指導員といった肩書（資格）を持つ人々によって成り立ってきました。図にしてみると、その多様さがわかります。

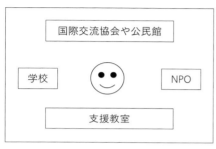

図2　団体・組織の例　　　図3　サポートする人の例

　こうしたサポートする側の多様性は、うまく連携し、有機的に運営されれば大きな強みとなります。しかし、その一方で、個々がそれぞれの独自の判断で、JSL児童生徒をサポートすれば、せっかくの個々の尽力も、それに見合った効果を発揮できません。さらに、上記の図の大枠の囲みは、住んでいる地域のみならず、日本全国にネットワークが張られる必要があります。なぜなら、JSL児童生徒は保護者の引っ越しにともない、移動するからです。そして、現在の日本社会においては、このような連携は発展途上の段階であり、鋭意努力中という状況です。

2 ｜ 日本語総合教科書の果たす役割

　ここまで、JSL児童生徒の現状と課題を概観してきました。次は、こうした現状を打破するための年少者日本語教育の体系化の必要性と、それに寄与する日本語総合教科書

について、OECD（経済協力開発機構）の世界の移民の子どもたちに関する調査報告を参照しつつ、論じていきたいと思います。

2.1 年少者日本語教育の体系化の必要性

今まで見てきましたように、JSL児童生徒の数が年々増加する中、行政をあげての取り組みは、その状況に対応しきれていないというのが現状です。この現状を打破するためには、年少者日本語教育を体系化する必要があります。体系化するということは、全体像が見えるということです。全体像が見えるということは、各児童生徒の現状が見え、これから何をしたらいいのかという目標が立てられ、それをどうサポートしたらいいかという道筋が立てられるということになります

こうした「体系化」については、多くの関係者がその重要性を訴えています。しかし、その実現には、多くの課題があります。上述したように、サポートする側の多様性に加え、JSL児童生徒自体の多様性、そして住居地を移動するという不安定さが存在します。具体例として、神奈川県在住の架空の生徒という設定で以下を紹介します。

生徒	出身	国籍	来日時期	母語	日本語力	家庭内言語
A	フィリピン	フィリピン	中学3年	タガログ語	ゼロスタート	日本語
B	中国	日本	小学4年	中国語	日常会話程度	中国語

もし、このような背景の生徒が同じ中学校の同学年（中学3年）に在籍していたら、同じようなサポートはできません。個別対応が求められます。中学3年という時期に来日したAは、もし高校進学を希望するなら、その準備も必

要になります。フィリピン出身ということで、英語力があれば、それを活かした道を模索することもできますが、非漢字圏出身ですから、漢字を覚えるのに一苦労というのは想像にかたくありません。また、フィリピンでは家庭の役割分担も子どもに求めるケースが多いので、保護者とのやり取りも重要です。

　一方、Bは小学4年で来日しているため、日本語指導は終了し、教科につなげるための日本語サポートが求められるでしょう。中国出身なので漢字力が読解に活かせますが、来日してから5年経過しているので、神奈川県では、受験は日本人と同等の条件となります。Bの場合には、地域の支援教室が学習の中心となるでしょう。また、中国では同郷のネットワークも強いため、急に（時には海外へ）引っ越しすることもあるので、サポートが中断されてしまうケースもあります。

　以上、架空の設定で2例ほど生徒の状況を紹介しましたが、このようにJSL児童生徒は様々な背景を持ち、それによってサポート側も臨機応変な対応が求められます。

　つまり、こうしたJSL児童生徒の「多様性」「個別性」はそのままサポートする側に跳ね返り、サポートの「多様性」「個別性」となるのです。そのうえ、図3のように日本語教育を専門としない方々によるサポートが必須の現状を鑑みると、わかりやすい年少者日本語教育の体系化が喫緊に求められているといえるでしょう。

2.2　体系化と（中学学齢期のJSL生徒のための）日本語総合教科書

そこで、その体系化の一助となるのが、日本語総合教科書です。ただし、ここでは教科書の対象を中学学齢期のJSL生徒に絞ります。理由は小学生以下の児童は成長過程において、教師を交えた活動に依るところが大きいと考えるからです。

では、なぜ日本語総合教科書が体系化につながるのか
を、留学生のための日本語教育で考えてみます。
　特に日本語学校では複数の日本語教師が1クラスを担当
し、連携をとって授業を進めるのが基本です。その際、各
レベルのクラスで使用する共通の教科書を決めます。教科
書を決めることで、その教科書に提出される日本語の文
型・語彙が日々の導入項目となり、提出順となります。つ
まり、使用教科書のどこまで終了しているかで、その留学
生がどのくらいの日本語が使えるかを担当教師以外の教師
もだいたい把握することができるのです。もちろん、授業
は生き物ですから、授業内において教科書以外のことばや
表現などを学び、学習内容に違いが生じるのは自然であ
り、大いに歓迎されることではありますが、基本軸となる
学習文型や語彙がはっきりしていることは、留学生のクラ
ス移動や長期欠席など、様々な変数に対応する際、非常に
有効です。このことは、例えば転校する場合にも当てはま
ります。○○教科書で△△課まで学習したという情報は、
転校先でその留学生の日本語学習の把握に役立ちます。あ
の教科書のあそこまで勉強して、このくらいの日本語力と
いうのは妥当だとか、何らかの原因で学習が進んでいない
とか、かなり習得のスピードが速いタイプのようだ等々、
事前にイメージするのに役立ちます。さらにそれは、その
留学生が今から何を学習していけばいいかという提案にも
つながります。
　こうした学習項目の総体をシラバスといいますが、日本
語総合教科書は学習項目を立てて作成されるものですの
で、先述したように、学習がどこまで進んでいるかを把握
する手段となりえるのです。
　この視点をJSL生徒に当てはめて考えた場合、年少者日
本語教育の特徴として挙げられる「多様性」「個別性」に
対応可能、そして持続可能な基軸となります。JSL生徒の

324

〈やさしい日本語〉と多文化共生

個々の背景にかかわらず、その生徒が何を学習したかを把握する基軸となり、また転居した場合には、移動先が日本語学習状況の情報としてつかみやすいものとなります。

2.3　日本語総合教科書が体系化以外に寄与すること

ここで、図3で示したサポートする側の日本語教育の専門的スキルについて考えてみます。特別の教育課程の実施にともない、様々な取り組みが行われていますが[6]、学校教員や地域でボランティアとして活動する方々が、自分が担当しているJSL生徒が今何ができて、今後何ができるようになる必要があるかを判断し、「どう教えるか」を計画するには、現状では限界があります。

　このような状況下、日本語総合教科書はシラバスになりうるとともに、授業の展開の道筋も提供することができます。もちろん言語教育（言語に限りませんが）は相互交流によって成り立つものですので、あくまで教科書はその一助の役を出るものではありませんが、有効であることも確かです。

　次は、少し目線を変えて、この体系化と日本語総合教科書の有効性を世界で議論されている移民の子どもたちの教育のあり方から述べます。

2.4　OECD（経済協力開発機構）の調査報告から

OECDは、2006年に、生徒の学習到達度調査（Programme for International Student Assessment、いわゆるPISA調査）の2003年度調査を二次分析し、報告書（Where Immigrant Students Succeed: A Comparative Review of Performance and Engagement in PISA 2003）をまとめています。そして、その報告書を皮切りに、移民の子どもに特化した検討を行っています。ここでは、そこで指摘されている移民の子どもの教育に関する特筆すべき点を紹介したいと思います。以

下は、OECDが2015年に発行したImmigrant Students at School: Easing the Journey towards Integrationの翻訳本からの抜粋を項目でまとめたものです。

2.4.1 言語の障壁

- 教育システムは社会化のメカニズムにおいて重要な役割を果たしており、移民と受け入れコミュニティ相互の理解や尊敬、信頼を高める。しかし多くの教育システムにおいて必要な言語支援の機会が移民に十分に提供されていない。
- 移民の子どもの多くが言語の障壁にぶつかる。とくに現居住国とは異なる国で生まれ、比較的年齢が高くなった段階で移住した子どもは、困難にぶつかる。その困難とは自分が十分に習得できていない言語について学ぶ必要があるということである。
- OECD諸国では12歳以上で移住した子ども——すなわちPISA調査に参加している時点で最長で4年間新しい国で生活している子ども——と12歳未満で移住した子どもとの間には、同一学年であっても読解力の得点に大きな開きがある。　　　　　(OECD 2017: 25)

2.4.2 言語支援プログラムの成功例の共通項

- 移民の子どもに向けた教育政策に関するOECDのレビューによれば、移民背景をもつ子どもともたない子どもとの間の得点差が比較的小さい国では、初等・中等教育における言語支援が、長期にわたって継続的になされていたという。逆に両者の得点差が大きい国では、計画的な支援が十分なされていない傾向にあった。
- 成功を収めている言語支援プログラムには一般的に、いくつかの共通の特徴がみられる。それは、
    1) 学年の壁を乗り越えて言語支援を継続している

こと

2）中央政府の定めたカリキュラムを基本としていること

3）第二言語の教授について特別な研修を受けた教師がいること

4）子どもの個人的ニーズと発達についての評価がなされていること

5）言語刺激への親の関与を促し、早い段階から言語トレーニングをおこなうこと

6）受け入れ国の言語で教科学習をおこない、教科知識・言語能力・思考力・コミュニケーション力の総合的な発達をめざす学習法（内容言語統合型学習）を導入すること

7）母語・継承語についてその価値を認めること

である。

・移民の子どもにとって内容言語統合型学習が可能な状況になってからであれば、内容言語統合型学習はかれらを教育システムのなかに統合するうえでもっとも有効な方法であることが明らかになっている。

・言語発達と認知発達は相互に関連しあうものである。言語学習は教科学習を通じてなど、明確な学習目的がもたれてなされたときにこそ、もっともはかどるものである。
（OECD 2017: 117–118）

2.5　日本語教育の体系化と日本語総合教科書の有効性

2.4.2で紹介したOECDの報告から年少者日本語教育を語れば、JSL生徒にとって重要なことは、教科学習と日本語学習を統合して行うために、速やかにそれが可能なレベルの日本語力を身に付け、それに移行することであり、そのための教育システムを構築することだということになるでしょう。

図式化すれば、

基礎的日本語力
↓
教科と日本語を統合して学べる日本語力
↓
（日本語母語話者と対等に）教科学習を学べる日本語力

となりますでしょうか。そして □ の育成が、早期かつ迅速に行われる必要があるということです。

よって、来日したJSL児童生徒には、行政、学校、地域の連携のもと、計画的に効率よく日本語を学ぶシステムが必要になるわけです。その実現可能性を考えたとき、必須事項として、年少者日本語教育の体系化が挙がります。

一方、□で囲った基礎日本語力の到達目標として求められるのは、「教科と日本語を統合して学べる」レベルの日本語力ということになり、その日本語力育成を計画的かつ効率よく行うための具体物が、現在開発中の日本語総合教科書になります。次の節では、この教科書について詳しく述べます。なお、先述しましたように、対象生徒は中学学齢期と限定しました。理由は、第二言語として日本語を学ぶ（または日本語が第一言語だとしてもメタ的に日本語を捉えられる）年齢であり、2.4.1にもありますように、言語の障壁をより困難に感じる年齢だからです。

3 中学学齢期を対象とした日本語総合教科書の開発

この教科書は「やさしい日本語プロジェクト」の一環として、中学学齢期のJSL生徒を対象に、初期日本語から教科につなぐまでの日本語を3段階（ステップ1、2、3）に分けて提供する日本語総合教科書です。

3.1 教科書の特徴と新規性

3.1.1 生徒向け対策

ステップ1では、JSL生徒が自習可能なように、全ての提出文型を、彼らの接触場面における対話で示し、練習は登場人物間のやり取りや生徒自身の自由記述で成り立たせています。そして、読み物、作文、漢字練習、ことば練習と、将来教科学習を進めるための準備としての総合練習を組み込んでいます。またステップ2では、話題を彼らの身近な社会に広げ、抽象度も上げた読み物を中心に、改まり度の高い文型の理解を目指しています。提出文型の説明は全てやさしい日本語か単語で対応しています。ステップ3は、目下作成中ですが、主要教科の教科書本文の日本語の「何を」「どう」捉えればいいかという、必要最小限の情報の獲得を目指し、教科で求められる専門性、抽象性を扱います。

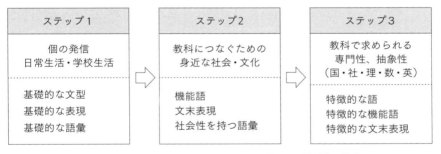

図4　中学学齢期のJSL生徒を対象とした日本語総合教科書の構成

3.1.2 教える側向け対策

日本語教育の専門的スキルの要求を最小限に抑える工夫として、文型の導入を提示しています（普通、日本語の教科書には文型導入はありません。導入は日本語教師に任されます）。できるかぎりビジュアルで理解を促し、説明が必要な場合はやさしい日本語で対応しているため、教える側は、文型を

やさしくどう説明すればいいかについて悩む負担が軽減されます。また、ステップ1は会話形式で学習を進めるため、自然と学習項目を使って生徒と会話する機会が増えます。ステップ2も文型の導入はやさしい日本語か単語で対応しているため、説明の負担が軽減されます。また、話題が全て生徒目線なので、読み物や練習を使って会話する機会が持てます。

3.1.3　時間的制約への対策

プロジェクトでは、本教科書での日本語学習を補助するための教材開発にも着手しています。将来的にはe-learningの提供も目指していますが、現在は紙媒体（wordデータ）のみでの提供となっています。なお、e-learningでは、生徒のモチベーションを保ちながら学習を進める工夫のほか、掲示板などを利用した生徒同士のつながりや、興味を持った方々とのつながりの場の提供も目指しています。

　補助教材は宿題として生徒が好きな時間に好きな場所ですることができますし、e-learningも生徒が手軽に好きな時間にアクセスして楽しみながら学習できます。さらに掲示板を通してコミュニケーションの場を広げられれば、そこで出会った仲間と教えあえたりできますので、限られた学習時間への対応策として、これらの学習ツールは有効といえるでしょう。

3.1.4　生徒の反応と本教科書の有効性

最後に、実際に試用した際の生徒たちの様子を紹介しながら、本教科書の有効性を述べます。

　本教科書で日本語学習を進めた場合、生徒が文脈の中で学ぶという形式をとることで、文脈類推能力（会話の流れから空所を埋める）、言語処理能力（会話の流れから品詞や活用を選ぶ）、自己表現能力（自由記述や自由会話、作文などで自分語

330

〈やさしい日本語〉と多文化共生

りをしたり空想したことを表出したりする）の伸長が図れます。この点については中学校の国際教室において、特別の教育課程の中で、研究メンバーが担当教員とともに実際に教科書を使いながら生徒の反応を確認する中で判明しています。

　以下に、日々の授業引き継ぎシートから得られた気づきをいくつか紹介します。

　①文脈類推能力（会話の流れから空所を埋める）

　　文脈を理解しないで取り組むと正解にたどりつかないため、自分なりに振り返りをしたり、再考したりする。例えば、「−てみる」の文で、初めは直前に出てくる単語を入れようと試み失敗するが、状況をもう一度かみ砕いて考え、靴を買う場面で「はいてみます」を導き出す、などである。追体験することによって、この場面ではどんな表現を使うのかということに結び付くのではないだろうか。想像力および深い思考の獲得に結びつく可能性がある。

　②言語処理能力（会話の流れから品詞や活用を選ぶ）

　　例えば「いつも−か」と聞かれ、「ときどき」で答える場合、「はい」なのか「いいえ」なのか迷う生徒が複数いた。つまり、どの語を選ぶだけでなく、どれを使ってどんな表現形式をとればいいかといった総合的な判断を生徒に求めることができる。

　③自己表現能力（自由記述や自由会話、作文などで自分語りをしたり空想したことを表出したりする）

　　与えられた場面でも自由に工夫する余地があるとき、その場面でのやり取りを遊んだり、自分に引き付けて（テキストや教師と）コミュニケーションしたりする場面がよく見られる。自分の年齢を1000歳としたり、「−たり−たり」の練習中に、意味がわかったうえで、

331

第19章　日本における年少者日本語教育と〈やさしい日本語〉

「ぼくはゲームしたり、ゲームしたり、ゲームしたり
します！ いつもゲーム！」と冗談を言うなど。
　　また、自由度の高い問題では、こだわりを持って答
える姿が見られる。「日本語の勉強はどうですか。」に
対する答えで、例として「難しいですが、おもしろい
です。」という文が書かれているにもかかわらず、「難
しくておもしろいです。」と主張するなどの姿勢が見
られた。
④その他（学習スタイル・学び方）
　　小学高学年来日の生徒には母国で受けてきた教育の影
響が強く残っている。中国の場合、とりあえず書く、
ドリル形式に強い。だが文脈を読み取るのは苦手、想
像して書くのも苦手というタイプの生徒が多い。この
テキストでは登場人物の設定、場面の設定があり、そ
のやり取りを踏まえて話が展開したり、新しい文型が
使われたりしているので、そこを読み取らないと空欄
が埋められないことになり、自然と文脈を読むことが
必要になってくる。

　最後に、協力校の国際教室担当教員のコメントを紹介し
ます。

・一番印象的だったのは、（学期末試験などの）テストの作
　文で長いものを書こうとする生徒が出たことで、それ
　はステップ1の各課に作文の課題があるため、別の場
　面でも自分の持っている知識を活用して何とか力を発
　揮しようとする姿勢がついたことによるのではないか
　と思う。
・（学期末試験などの）テストのとき、みんな（試験問題を）
　よく読み、国際教室に取り出されない（外国につながる）
　生徒が諦めても、彼らは読もうとし、読むことを嫌が

332

〈やさしい日本語〉と多文化共生

らない。これは、自分の持っているものを使えば何と
かなると思っているからで、今までにない姿勢だと思
う。
・日本語の勉強はそこで終わりではなく、学んだことを
いろいろな場面で使っていくことだと思う。学習して
知識として得たことを実際使いながらさらに学ぶとい
う積み重ねが、自分のクラスで教科を学ぶ際、諦めて
放棄するのではない、そういう力になるのだろうと、
生徒たちの姿を見ながら、実感している。

　以上、生徒の反応と様子を紹介しましたが、一言でまと
めれば、日本語を学びながら同時に「考える力」も育てる
という、OECDの報告で主張されている「内容言語統合型
学習」への橋渡しとしての役割を果たしうるものだといえ
るのではないでしょうか。そして、本教科書はそれをでき
るだけ効率よく短期間で達成することを目指しています。

3.2　バイパスとしての〈やさしい日本語〉と教科書

　本教科書の最大の特徴は、庵（2014）で提唱される「バイ
パスとしてのやさしい日本語」をコンセプトに、必要最小
限の文型をターゲットにしている点です。
　通常、日本語総合教科書は、「未習文型は説明なしに提
出しない、助詞も文型同様導入する」といった細かい計画
の下に作成されますが、本教科書は流れの中で理解できる
未習文型や助詞は導入なしに提出しています。理由は、目
標が完璧な日本語ではなく、彼らにとって必要な日本語だ
からです。それは何かというと、ステップ1では「日常の
（学校）生活が送れること」、ステップ2では「教科学習に
頻出する文型の理解と身近な社会に興味を広げること」、
ステップ3では「主要教科の教科書本文からポイントにな
る情報を取り出し理解すること」です。

言い換えれば、完璧な日本語ではない、バイパスとして
の〈やさしい日本語〉という考え方の根底には、子どもの
ニーズを彼らの目線で捉え、彼らの学ぶ力を信じる姿勢が
あります。

　3.1.4でも紹介しましたが、JSL生徒たちは、本教科書
を進めながら、自由に発想し、日本語を使うことを楽しん
でいます。教科書の試用中、コミュニケーションとして不
自然さがあれば、それを指摘してきました。自分について
語るタスクでは、オリジナリティーを発揮してウケを狙っ
て作文したりします。未習の表現や助詞といったことにこ
だわりません。自然に理解すれば先に進みます。彼らが立
ち止まるのは、そこで何を言おうとしているのかがわから
ないときです。つまり会話であれ、読み物であれ、対象と
コミュニケーションがうまくいかないときです。

　一方、立場を教える側においたとき、求められること
は、発想に柔軟性を持つ大切さです。例えば、「教科書と
は解説書のようなもので、本来つまらないものだ」「異文
化理解は生徒同士の実際の交流を通してしか実現できな
い」「子どもは活動を通して学ぶものだ」といった考えを
前提にすると、その前提が発想に制限をかけます。大切な
ことは、ひとりひとりの生徒の人生を念頭においたうえ
で、今何をする必要があるのか、目標をどこに設定すると
いいかを俯瞰し、そして心から彼らの可能性と能力を信じ
ることです。バイパスとしての〈やさしい日本語〉という
発想は、視点を変えれば、彼らの可能性と能力を信じる、
学ぶ力を信じるということにほかなりません。

4 バイパスとしての〈やさしい日本語〉のその先にあるもの

　この章の最後に、バイパスとしての〈やさしい日本語〉の
その先にあるものは何かという点に触れたいと思います。

334

〈やさしい日本語〉と多文化共生

2.4でご紹介したOECDの報告書を思い出してください。JSLの子どもたちが言語の障壁を乗り越え、教科学習を日本人の子どもたちと対等に学べるようになったとき、そこには国籍を超えた交流の場が広がり、そのことは、日本における多文化共生の成熟にもつながっていきます。

　そして何より、日本語という言語の壁で制限がかけられていた彼らの将来を、彼らの持てる能力のみで切り開ける、言い換えれば、彼らのライフデザインを自由に描けることにつながっていくのです。その意味で捉えれば、〈やさしい日本語〉は、JSLの子どもたちにとって、将来の道を開くことにつながる〈やさしい〉日本語といえるでしょう。

注

[1] 文部科学省「「日本語指導が必要な児童生徒の受入状況等に関する調査（平成28年度）」の結果について」http://www.mext.go.jp/b_menu/houdou/29/06/1386753.htm（2018.8.12参照）

[2] 「日本語指導が必要な児童生徒」には、日本国籍の児童生徒も含まれます。

[3] Yahoo! Japan「「日本語指導が必要な子ども」4万人以上に」https://news.yahoo.co.jp/byline/tanakaiki/20170614-00072060/（2018.8.12参照）

[4] 文部科学省「CLARINETへようこそ」に詳細があります。http://www.mext.go.jp/a_menu/shotou/clarinet/003/1345413.htm

[5] 「みんなの日本語シリーズ（初級）」 http://www.3anet.co.jp/ja/141/

[6] 文部科学省「CLARINETへようこそ」に詳細があります。

参考文献

庵功雄（2014）「言語的マイノリティに対する言語上の保障と「やさしい日本語」—「多文化共生社会」の基礎として」『ことばと文字』2, pp.52–58. くろしお出版

イ ヨンスク（2013）「日本語教育が「外国人対策」の枠組みを脱するために—「外国人」が能動的に生きるための日本語教育」庵功雄・イ ヨンスク・森篤嗣（編）『「やさしい日本語」は何を目指すか—多文化共生社会を実現するために』pp.259–278. ココ出版

ヴィゴツキー，L. S.（2003）『「発達の最近接領域」の理論—教授・学習過程における子どもの発達』（土井俊三・神谷栄司訳）三学出版

大須賀節雄（2010）『言語と知能─言語はどのようにして創られたか？』オーム社

OECD（2007）『移民の子どもと学力─社会的背景が学習にどんな影響を与えるのか』明石書店

OECD（2011）『移民の子どもと格差─学力を支える教育政策と実践』明石書店

OECD（2017）『移民の子どもと学校─統合を支える教育政策』明石書店

バトラー後藤裕子（2011）『学習言語とは何か─教科学習に必要な言語能力』三省堂

第20章
「日本語支援」から
「共に社会のことばを考え創る」活動へ
『にほんごこれだけ！』を使った実践から考える

佐野香織

本章の概要
本章では、『にほんごこれだけ！1』（庵2010）、『にほんご
これだけ！2』（庵2011）をリソースに用いた日本語支援
者の活動について述べると共に、その中から挙がってきた
〈やさしい日本語〉を問い直すプロセス、日本語支援を問
い直すプロセスを提示します。そして日本語支援者から
「共に社会のことばを考え創る」担い手としての活動を展
望します。

キーワード
「日本語」、「支援」、『にほんごこれだけ！』、ことば、協調
的な場

1 はじめに

最初に、私が海外で仕事をしている時に出会った、1冊の
本のエピソードからお話したいと思います。それは、出張
でヨーロッパのとある国を訪れた日本人と、その地の居酒
屋の人々との話でした。その日本人はその地のことばは全
く解せませんでしたが、居酒屋で出会った人々と、お互い
になんとか相手を知ろうと色々な方法を使って「話」がで
き、とても楽しい時間を過ごしたそうです。次の日、その

日本人は、昨晩の楽しさが忘れられず、その地のことばを解する本の筆者を誘って再び同じ居酒屋に行きます。昨晩の居酒屋メンバーは再び大歓迎してくれました。そして、その地のことばを解する本の筆者を通訳に、昨晩「話」をしてお互いに理解したことについて「答えあわせ」してみました。ほとんどの内容があっていたことに驚き、その場は大いに盛り上がりましたが、その後はなんとなく、昨晩のような色々な方法での「話」がしづらくなり、一緒に飲みあうことなく終わってしまいました。昨晩は、その日本人と居酒屋メンバーは2時間半ほど楽しく「話」をしましたが、通訳を介すると、話は5分で終わってしまい、そして、そこには昨晩とは異なった、なんとも言えない寂しさがあった、というものです（千野 1987）。

　このエピソードを読んで考えたことは、多様な人々が暮らし生きる社会におけることばとは何か、日々の暮らしの中の「支援」とは何か、そして居酒屋のこの経験はただの「居酒屋での楽しいおしゃべり」に過ぎないのか、ということです。

　まず、この本の筆者と居酒屋メンバーの「話」はどのように行われたのでしょうか。相手を知るために、ジェスチャーや絵や歌や様々な試みがあったことでしょう。今の時代でしたら、スマートフォンやモバイルを使って、写真を見せたり、インターネットの翻訳アプリや検索サイトなどを駆使したりするところでしょうか。

　地域の日本語教室等、日本語支援の場においても、こうした「とにかくなんとかしながらコミュニケーションをする」経験をしている方は多いと思われます。問題は、こうした方法や経験が支援に関わる方にどのように考えられているのか、という点です。先ほどの居酒屋のエピソード同様、「ただの楽しいおしゃべり」であり、学びであるとは考えられていないのではないでしょうか。「日本語支援」

338

〈やさしい日本語〉と多文化共生

とは、何らかの形を持った「日本語」という言語体系を使えるようにするための「支援」であるという暗黙の了解はないでしょうか。

　私は、地域の日本語ボランティア活動に関わってきた経験や、最近では日本語ボランティアの研修に関わる中で、活動をしている人々の「なぜ、日本語ボランティアを始めたのか」という最初の原点、経験の原風景に接することが多くあります。その中で多く聞かれた「日本語支援」活動を始めた動機は、多様な人々と国際交流をしたい、旅行、駐在、留学時に自分も現地の人にお世話になったので恩返ししたい、などの「気持ち」でした。こうした活動を始める前に、「「日本語」とは何か」「「支援」とはどのようなことか」についてあまり考えずに、まずはこのような「気持ち」から始められた人が多いことが分かります。

　しかし、活動を始めてからすぐにこの「気持ち」と、実際の地域日本語教室での実践との乖離に悩む方々の声も多く聞いてきました。「日本語支援」が、言語システムとしての「日本語」に焦点が当たっていること、「支援」活動と自分たちの「気持ち」や、社会の現状とが噛み合わないという2重のズレが生じているためです。「日本語とは何か」「支援とは何か」という問い直しも必要になってきているといえるでしょう。

　本章では、まず「日本語支援」が始まった経緯について簡単に概観します。そして、『にほんごこれだけ！』が生まれた背景、〈やさしい日本語〉に対する考え方と、このリソースを用いて実践を試みた方の声を取りあげます。その上で、あらためて「日本語支援」について問い直していきたいと思います。本章では、実践から生まれたことを学びとしていくことをめざしています。そして、この「日本語支援」活動実践から生まれた、共に社会のことばを考える担い手としての活動についても考えていきたいと思います。

2 『にほんごこれだけ！』が生まれた背景

2.1 「日本語支援」の経緯

「日本語支援」という用語は、90年代ごろからさかんに使われるようになりました。それは、地域に定住する外国人の急増が背景にあります。そのため、「日本語支援とはどのようなものか」という意識や理念を、地域の市民が「自分ごと」として深く考えることができないまま、現状にとにかく対応をせざるを得ない状況が続いてきました。

こうした状況において、地域で暮らす外国人住民に対する「日本語支援」も、教育機関で学生に知識を習得させるような「「学校型」日本語教育」（尾崎2004）で行われてきたことが指摘されています。これは、「日本語支援」の支援対象が、言語システムとしての「日本語」であると考えられてきたことに起因します。例えば日本語ならば、めざす「日本語」の目標として、日本語母語話者の「日本語」を設定し、その「日本語」をめざすための知識を教えよう、という考え方につながります。「日本語支援」の「日本語」はこのように自明視されてきたことが考えられます。

しかし、近年、多様な人が日本社会に定住していることが指摘されるようになりました。庵（2016）では、すべての人が日本語母語話者のような日本語使用者になることを前提とせず、誰もが日本社会において安心して生活できる居場所の言語として、居場所作りのための〈やさしい日本語〉について言及しています。ここでの〈やさしい日本語〉とは、「母語でなら言えることを日本語でも言える」ようにするため、できるだけ簡単にする方策による言語のことです。庵（2013, 2016）ではこの〈やさしい日本語〉を地域社会の共通言語とすることを提案しています。そして、〈やさしい日本語〉の2つの言語側面を紹介していま

340

〈やさしい日本語〉と多文化共生

す。1つは、日本が多言語社会ではないことへの補償として、初期の日本語を公的に保障していく際の言語として、もう1つは、そうした外国人の日本語にあわせて日本人が自らの日本語を調整する実践の言語としての側面です。この実践に向けた言語は、文法の専門家が文法項目の点からステップ1、ステップ2を規定しており、〈やさしい日本語〉が提唱する新しい地域社会の共通言語のためのあり方が提示されているものです。次の2.2で取りあげる『にほんごこれだけ！』は、この〈やさしい日本語〉の2つの側面を地域の市民が具現化していくための教材リソースとして開発されたものです。

2.2　地域市民が具現化する〈やさしい日本語〉のための『にほんごこれだけ！』

　『にほんごこれだけ！ 1』、『にほんごこれだけ！ 2』（庵 2010, 2011）は、2.1を背景として、地域に住むゼロ初級の外国人市民と日本語ボランティアが、おしゃべりをしながら日本語を学ぶことができるリソース教材として作られたものです。この教材の特徴は、①〈やさしい日本語〉を前提としていること、②日本語支援活動を行う地域市民も活動を通じて自分たちの日本語のあり方、コミュニケーションのあり方を捉え直すことをめざしている点です。つまり、日本語を学ぶ人のためのもの、という前提だけではなく、〈やさしい日本語〉を地域市民が共に学び考えることも視野に入れていると考えられます。私は『にほんごこれだけ！』の執筆に関わった者として、この教材を使って実際に活動を実践し、「日本語支援」活動を行う方々の支援に携わってきました。『にほんごこれだけ！』を使って活動をしたい、と言ってくださった方や支援活動グループにその理由を尋ねると、次のようなことばが返ってきました。

341

第20章　「日本語支援」から「共に社会のことばを考え創る」活動へ

「いわゆる日本語の教科書を使うと、「教える」授業のようになってしまうけれど、私は教師ではないから文法についてはよく分からないし、参加者から質問されても説明できず、戸惑ってしまう」

「教室に来た参加者がやりたいことや、私たちが話したいことではなくて、教科書の順番に教えなくてはいけない、ということにプレッシャーを感じています」

これらの声から、多くの人が「日本語支援」活動において「教科書の内容を教えなければならない」という「教科書の呪縛」にあっていることが分かります。この呪縛をなんとか解きたい、という思いがあり、そのためにまずは活動で使っている「教科書」を変えてみることから始めよう、と考えるに至った方が多いようです。つまり、「日本語支援」活動が、教科書中心の学校型日本語教育になっている反省から、「おしゃべり型」「交流型」への転換を図ろうとしている姿勢が見られるということです。『にほんごこれだけ！』は、定住外国人を含む地域市民の居場所としての地域においては教育ではなく「おしゃべり」を通して自然に日本語習得をめざすことを提唱しており（庵2013）、この姿勢に新たな活動の活路を見出しているともいえます。「日本語支援」活動の実践を通して、言語システムとしての「日本語」を教えるという活動に疑問を感じている方が多いともいえるでしょう。

しかし、私は実践や、地方自治体で開催される研修を通して、実は『にほんごこれだけ！』も、「教科書の呪縛」教育になる可能性を十分に秘めていること、実際、そのように用いられていることも見てきました。つまり、『にほんごこれだけ！』も、学ぶ言語システム対象としての「日本語」の知識を教える、学校型日本語教育のリソースにな

り得るということです。こうしたことから、「日本語支援」における「日本語」とは何か、ということについて、活動実践をしている方々とじっくり考える機会も増えてきました。次節では、こうした実践の中から浮かび上がった疑問、新たな考え方について取り上げていきます。

3 「日本語支援」活動を試みている人々の声から「日本語」「支援」を問い直す

「日本語支援」活動の現場の方々から聞こえてきた最初の声は、「日本語ボランティアをしたいけれども、どのように、何をしたらよいか分からない。日本語ボランティアのやり方を教えてほしい」というものでした。次に増えてきたのは、〈やさしい日本語〉を「目標言語」としてどのように教えたらよいのか、「教え方」を「教えてほしい」という声でした。つまり、従来は日本語母語話者の日本語を習得のゴールとして考えていた言語としての「日本語」に代わる新たな目標言語としての〈やさしい日本語〉や、〈やさしい日本語〉を使ったコミュニケーション方法、おしゃべりをする活動方法を支援者にも「教えてほしい」という声が多数を占めるようになりました。

みなさんの声には以下のようなものがありました。

「今まで日本語ボランティアのグループに所属はしていましたが、活動は学習者の方との1対1で行っていたので、他のボランティアの方とは実は世間話すらしたことがありませんでした。自分も、自分の生活についてあまり知らない他の人と話す機会がほとんどないのに、正直言って、外国の方と世間話や生活の話をするのは……」

「外国の人に「日本語を教える」ことなら私にもでき

343

第20章　「日本語支援」から「共に社会のことばを考え創る」活動へ

ると思い、日本語教室に参加しました。でも、普段なんの問題もなく使っている日本語の説明を外国の人に説明するのはとても難しい」

「結局『にほんごこれだけ！』の〈やさしい日本語〉も、やっぱり文法があって難しいです。日本語教室の活動は学習者の方にとっても、私自身にとってもあまり楽しくないかもしれません」

　以上の声から、「日本語支援」活動の「日本語」について、問い直す必要があること、そして「日本語支援」活動の「支援」を行うみなさんにもジレンマがあること、これらから「日本語支援」活動やその考え方に限界があるのではないか、と考えるようになりました。
　まず、「日本語支援」における「日本語」についてあらためて考えてみたいと思います。〈やさしい日本語〉は地域の居場所作りのための日本語であり、地域社会の共通言語になり得る可能性を持つもののはずです。しかし、実践の場では、「結局〈やさしい日本語〉も、やっぱり文法があって難しい」と支援者が感じているのはなぜでしょうか。
　まず理由の1つは、〈やさしい日本語〉が、不変の「決められた」もののように与えられている感覚が否めず、人と人との間において生まれることばの想定が入りにくいためではないかと思われます。つまり、ある形を持った言語構造、日本語母語話者の専門家が規定した言語として、変えてはいけないものとして捉えられがちであるということです。
　少し戻って、冒頭の居酒屋のエピソードを再び取りあげたいと思います。エピソード中の日本人と居酒屋メンバーは、何も共通言語はなかったけれども、なんとかお互いに

344

〈やさしい日本語〉と多文化共生

言いたいことを伝えあい、おおよそ理解ができていました。そこには、「伝えたいことがあるから、この人に伝わるようなことばを考えよう」という意識と、「どんなことばを使っても、今、この場にいる人たちには大丈夫」という気持ちがあったことが推測されます。この意識があったからこそ、この日本人と居酒屋メンバーの間にはその場に「居酒屋のことば」とでも言うべきことばが生まれたのではないでしょうか。ここでいうことばとは、学ぶ対象となる規定された言語システムではありません。この日本人と居酒屋メンバーが一緒に過ごした時間に居酒屋という場所で、日本人と居酒屋メンバーの間に生まれたことばです。しかし、実はこうしたことばこそが居場所作りのためのことばに求められる要素なのではないでしょうか。実際、翌晩、居酒屋へ行った本の筆者には、居酒屋メンバーとの間に意思疎通が正確にできる言語はありましたが、ことばは生まれなかったと思われます。

　ある日本人と居酒屋メンバーも、共通言語がなくとも楽しく過ごした晩の翌晩は話の内容を正確に通訳してもらえました。前の晩は本当に伝わったどうか自信が持てなかったことも理解しあえたことが推測されます。しかしながら、この翌晩の経験にはなんとも言えない寂しさがあったとあることから、翌晩の人々の間にことばは生まれなかったことが考えられるでしょう。

　居場所作りのための〈やさしい日本語〉は、「母語でなら言えることを日本語で言える」（庵 2016: 57）場所、自分はここで生きていけるという安心感が持てるような場所を作るために重要なものであるという指摘がありました。しかし、これと共に「伝えたいことをその場で自分がいいと思った方法で言ってもいい」「安心して一緒に時間を過ごしたい、話したいと思える人がいる」「大変かもしれないがここで一緒に生きていってもいいと思える」場所が居場

所なのではないでしょうか。こうした気持ちがあるからこそ、人と人との間にことばが生まれる可能性があるのかもしれません。

さきほどの『にほんごこれだけ！』を使って実践を試みている方々の声をもう一度見てみます。

「結局『にほんごこれだけ！』の〈やさしい日本語〉も、やっぱり文法があって難しいです。日本語教室の活動は学習者の方にとっても、私自身にとってもあまり楽しくないかもしれません」

この方以外にも「日本語支援の場が楽しくない時がある」という声をよく耳にします。前述した居場所の側面から考えるならば、「楽しくない」ということは、支援者の方にとっても「日本語支援」の場は「安心して一緒に時間を過ごしたい、話したいと思える人がいる」と思うことができる場ではなく、また、「伝えたいことをその場で自分がいいと思った方法で言ってもいい」場にすることもできず迷っている様子が窺えます。

また、次のように言っていた方の場合はどうでしょうか。

「今まで日本語ボランティアのグループに所属はしていましたが、活動は学習者の方との１対１で行っていたので、他のボランティアの方とは実は世間話すらしたことがありませんでした。自分も、自分の生活についてあまり知らない他の人と話す機会がほとんどないのに、正直言って、外国の方と世間話や生活の話をするのは……」

活動をなさっている方自身にも普段の日常生活でことば

〈やさしい日本語〉と多文化共生

の活動がないことが分かります。普段から世間話や知らない方と自分自身について話をする場を持つ機会や場所がない、ということは、「居場所」の意味が捉えにくいということなのかもしれません。地域の「日本語支援」の場を、むしろ「教室」や「学校」のように、「教える人」「教えられる人」がいる規定された場とするほうが、「日本語支援」する人にも、参加する外国人住民にも、誰にでもそのイメージが分かりやすく、こうしたことから学校型日本語教育につながった可能性があります。

　また、知識としての「日本語」の提示は、「学ぶ」対象の内容がはっきりしていることが利点です。言語知識をどのように考えたらいいのか、語彙をどのようにしたらいいのか、分かりやすく提示できます。そのため、情報を分かりやすく伝えることをめざす言語としての〈やさしい日本語〉が非常に優秀であることは、岩田（2016）などの研究成果からも分かります。しかしその反面、居場所作りという観点からは、そこに人と人との間で生まれることばの想定が入りにくいということがあります。「日本語支援」の実践の場では、〈やさしい日本語〉を言語の知識の面から考え始めてしまうと、迷いが生まれることが分かりました。

　しかし、一方で、この迷いは新たに人と人の間に「ことば」を創っていくことの必要性に、地域で日本語支援に関わっている方々が経験から気づき始めていることの現れであるともいえます。あらためて、私たちは人と人との間にどのような「ことば」を考えていけばいいのでしょうか。次節では、「ことば」について、他の論考から紐解いてみます。

4 人と人との間に生まれる「ことば」創りへ

　宇佐美（2018）は、生涯学習としての〈やさしい日本語〉についての論考の中で、〈やさしい日本語〉は、直接外国の方と関わりを持つ自治体の職員の方が、職務上の必要にかられて〈やさしい日本語〉を学ぶが、それは「社会の変化に対応しなければならない」という外発的動機に支えられたものである、と述べています。しかし、「学ぶこと自体が楽しいから学びたい」「学ぶことで人間関係がより深まった」というような内発的動機に支えられた学習が伴わない限り、〈やさしい日本語〉は十全な生涯学習の学びとしては成り立たないことを主張しています。このような、〈やさしい日本語〉を使った「支援」という考え方ではなく、誰もが「学ぶ」ものであるという「学び」への転換は非常に重要であると思われます。しかし、同時に〈やさしい日本語〉を決められた言語として学ぶ、という姿勢だけでよいのか、問い直す必要もあるといえるでしょう。

　文化や言語が多様化する中で、Pennycook & Otsuji（2015）は、日常生活を営むプロセスから「ことば」が生まれることを主張しています。人は、その場その場において、多様な言語資源（単語、表現、文法、発音などの1つ1つで意味を作る構成要素として存在するもの）を創造的に使いながら、多様な人々と共に折り合いをつけながら生きていこうとします。このような日常を生きる力、その中で生まれる「ことば」が大切であることを述べているものです。

　尾辻（2016）は、この「ことば」と「言語」は異なるイデオロギーを持つものであるとしています。尾辻（2016）は、「言語」を、ある国家や民族固有のものであるとするモノリンガル的なイデオロギーと密接に関わるものであるとして、この関係性を断つことを主張しているものです。つまり、「言語」としての「日本語」ではなく、「ことば」

としてのあり方を見直すことの必要性を述べているといえます。この尾辻（2016）の主張は、人々が日々、システムとしての「言語」ではなく、言語資源、レパートリーを用いて言語行動をしているという考え方からきています。レパートリーとは、「言語」システムだけではなく、その一部をなす部分とされている単語、表現、発音、さらにはすべての記号、画像、絵、音なども資源としたすべての記号システムを含んだものです。つまり、これらすべてをレパートリーとして、あらためてその場の「ことば」を、その場の人と共に考えていこう、そしてその場を作っていこう、という動的な考え方であるといえます。

　佐藤・熊谷（2017）は外国語教育における「ことば」について、「かかわることば」という表現を用いて問い直しを試みています。そして「有機的で常に変化することば、ある程度の規範的な意味は内包するが最終的にどんな意味を持つかは相手とのやりとり次第で変わり得ることば」と定義しています。ここからも、多様な人とその場やそこにいる人との「ことば」は静的で変えられない規定されたものではなく、共に創っていこうとするものであることが窺えます。

　居場所は、誰にでも様々な形で存在する可能性があります。自分がここにいる、ここにいても大丈夫である場であると考えている場であるのか、これから属したい、居場所にしたいと考える場であるのか、その場その場がどのような場であるのかは異なります。しかし、どのような場であるにせよ、「この場に受け入れてあげるから、がんばって適応してください」という姿勢から入るのか、「この場の私たちのことばを私たちと一緒に学んでください。応援します」という姿勢から入るのか、「多様な場ですから色々あります。でもそれでいいのです。あなたも私も大変なことがあるかもしれませんが、一緒に作りましょう」という

349

姿勢から入るのかでは異なるでしょう。

　その「場」では「おしゃべり」をするだけではありません。実際には、お互いに嫌な思いをしたり、理解ができずに悲しい思いをしたりすることもあるかもしれません。しかし、その場や人と人の間では「それもいい」と折り合うところを見つけ、安心していられる場所のことばを創っているプロセスであるともいえます。こうした経験のプロセスは、誰かに規定された「日本語」を「支援」することだけではなく、単なる「おしゃべり」や、「遊び」でもありません。共に「ことば」を創る学びのプロセスなのです。

　次節では、こうした考えから、まずは日本語ボランティアとして支援に関わる人自身が「おしゃべり」が「ことば」を創る学びとして実感でき、その中で居場所のことばに気づいていくことはできないだろうか、という考えから行った活動を紹介します。

5 | 「ことば」の活動の例

　この活動は、2015年に関東地域の国際交流ラウンジ、青少年交流センターの「日本語ボランティアブラッシュアップ研修」の場で行ったものです。こうした、いわゆる「日本語ボランティア研修は、1回から3回終結の単発で開催されることが多く、主に地方自治体や地域の国際交流協会等が主催しています。こうした研修の形式としては、日本語教育や日本語の文法知識を持った講師の知識伝授型講義・講演や、体験型・参加型中心のワークショップが多く見られます。参加者は、「日本語支援」活動や日本語ボランティアとしての経験が浅い人から、10年近く日本語教室を運営されている方まで多様です。

　本節で取りあげる活動は、「日本語支援」活動のしかたを教えるものではなく、自分たちの日常生活で起きている

350

〈やさしい日本語〉と多文化共生

ことをふり返りながら協働探究し、学びを培っていくことをめざしたものです。それは、今までの『にほんごこれだけ！』を用いた「支援」を試みている方々から寄せられた声から、「参加者のための居場所作りを考える前に、まずは、自分たちの居場所や「場」をふり返り、さらにその「場」でどのようにことばを使っているのか、ふり返ってみることが必要なのではないか」と考えたためでした。

　活動は、次のように行いました。まず、研修を始める前に、参加者のおおよその背景を伺いました。同じ日本語支援所属グループから2、3人一緒にいらっしゃるところもあれば、1人でいらっしゃる方、これから始めようと思っている方、など様々でしたが、共通の背景として「何らかの形で子どもの支援に関わったことがある、子どもを育てたり教育したりした経験がある」ことが見えてきました。また、参加者同士は、知り合いである場合もありましたが、今まであまり関わりのなかった人々が多いようでした。その上で、以下のように進めました。

1）「研修」のイメージ、今までの研修についての話し合い。
2）参加者の背景から「子どもを育てる、支援する中で大変なこと、苦労したこと」というテーマの設定提案、このテーマでそれぞれが経験を語り、聴きあう。
3）2）の経験で気が付いたことを話す。
4）同じ話を、近所の人、日本語支援活動グループの人、幼稚園・保育園児のいる外国人保護者や家族としたことがあるか、その経験と可能性について話す。

　参加者のみなさんは、「研修講師から何か教えてもらえると思って来たのに」という戸惑いと、「研修は、実践の現場にはすぐには役に立たないことが多いけれども、今回

は自分たちの経験と結びついていることがあるかもしれない」という少しの期待とが入り混じった気持ちから始まったようです。しかし、「子どもを育てる、支援する中で大変なこと、苦労したこと」というテーマ設定から、グループでの話し合いは設定した時間では足りないほど、たくさんの話が出ていました。初めて子どもと接する中で分からないことが多く不安だったこと、家族との関係、1人での子育て、保育園や幼稚園でのエピソードなど様々な話でした。テーマでの話が終わった後の、参加者のみなさんからの声をご紹介します。

　　　「子育てだけではなく、人材育成や家族の共通の問題
　　　意識として話せる。自分の経験は社会につながってい
　　　ることが分かった」

　　　「子育てをしていたのは何十年も前なのに、今も同じ
　　　問題が続いていることが分かった」

　多くの方が、「日本語支援」活動グループの人と、このようなテーマで話をしたことはない、とおっしゃっていました。それは、研修に参加した方々の活動スタイルが、外国人参加者との1対1での活動であることが多く、「支援」者同士のつながりはあまりなかったという背景によるものかもしれません。このテーマがその場にいる人の、何かにひっかかるテーマとなったようでした。
　ここで私から4）の問いかけをしたところ、多くの意見は以下のようなものでした。

　　　「近所の人ともあまり話す機会もない。やっぱりこと
　　　ばができないし、同じ内容を（外国人の保護者と）話そ
　　　うと思ったことはない。無理だと思っていたから」

ここから、今、自分たちが経験したような話を多様な人々と話すことは無理なことなのだろうか、何十年も続いている問題をどうやったら一緒に考え、乗り越えていけるのか、それは、外国人の保護者にとっても同じことなのではないか、という話になりました。同じ内容の話でも、家族に話をする時、近所の人に話をする時では伝え方やストラテジーが違うこと、それは、話し方や伝え方が違うという点では、外国人の保護者と話す時も同じことなのではないか、という意見も出ました。

　また、具体的にどのようにしたらいいのか、という方向性の例の１つとして次のような声も出てきました。

> 「苦労話をしていると、「〜と言われた」とか、「やらされた」とか、いわゆる受け身形をよく使っていることに気が付きました。でも、これって日本語ができない人には難しいですよね」

　このような視点に気づき、考えていくことが、「その場や人と人の間では「それもいい」と折り合うところを見つけ、安心していられる場所のことばを創っているプロセス」（本章5節）であると考えます。しかし、ここで大切なことは、「日本語ができない人」と考えるのではなく、その場、目の前にいる人との間で、ことばをどのように考えて創っていくか、ということであると思います。つまり、すべての「外国人」にとって「日本語」は難しい、としてしまうのではなく、その場、その人とはどのようなことばがいいのか考えていくことが重要なのではないでしょうか。例えば、同じ保育園や幼稚園に通っている保護者同士の関係だったら、その場、その時の状況で、実物や実例を見せながら単語だけで話し合ったほうがいいのかもしれません。〈やさしい日本語〉で話せる人もいるかもしれませ

353

第20章　「日本語支援」から「共に社会のことばを考え創る」活動へ

ん。ある状況や場合によっては、音声や文字を使ったほうが分かりやすい可能性もあります。多様なレパートリーを考えて、その場、その時、その人との間にことばを創る姿勢でいることが大切なのではないでしょうか。

　最後にこの活動が終わった後のみなさんの声をご紹介します。

　　「自分たちの生活の中の問題をどうするか一緒に考える視点を持ちたい。そしてそこからことばを考えたい」

　　「大変だ、とか、グチで終わるのって勉強じゃないし、（このような活動は）どうなんだろう、と思いました」

　「ことば」を考える展望があるのと同時に、一見、「おしゃべり」をしているだけにも見えるために「これは勉強なのか」と考え、疑問を呈する方がいることが分かります。しかし、今まで私たちが「学び」だと思っていなかったことが「ことば」の学びになり、「ことば」を創ることにつながるという意識の転換も、少しずつではありますが始まってきていることも見えてきたのではないでしょうか。

6 ｜ おわりに

私たちは、言語システムとしての「日本語」を「支援」する活動から、多様な人々と、軋轢も含め折り合いながら「協調的な場（conviviality）」（尾辻 2016）を作り、共に社会を生きていく、その「場」のことばを創るプロセスの最中にいるのではないでしょうか。

　「日本語」がどのようなものであるのか、学びとは何であるのか、問い直していくことがなければ、その場はすぐに規定された固定的な「日本語」を「教える－教えられ

る」場になる可能性があります。大切なことは、様々なことばがレパートリーとして存在していることであると考えていくこと、そして、人々の間でことばを創っていくプロセスも学びであると考えること、それこそが、「共に社会のことばを考え創る」活動になっていくのではないでしょうか。

参考文献　庵功雄（監修）（2010）『にほんごこれだけ！1』ココ出版
　　　　　　庵功雄（監修）（2011）『にほんごこれだけ！2』ココ出版
　　　　　　庵功雄・イヨンスク・森篤嗣（編）（2013）『「やさしい日本語」は何を目指すか─多文化共生社会を実現するために』ココ出版
　　　　　　庵功雄（2016）『やさしい日本語─多文化共生社会へ』岩波新書
　　　　　　岩田一成（2016）『読み手に伝わる公用文─〈やさしい日本語〉の視点から』大修館書店
　　　　　　宇佐美洋（2018）「生涯学習としての〈やさしい日本語〉」『〈やさしい日本語〉と多文化共生　シンポジウム発表資料集』pp.73-77.
　　　　　　尾崎明人（2004）「地域型日本語教育の方法論的試論」小山悟・大友可能子・野原美和子（編）『言語と教育─日本語を対象として』pp.295-310.　くろしお出版
　　　　　　尾辻恵美（2016）「生態的なことばの市民性形成とスペーシャル・レパートリー」細川英雄・尾辻恵美・マルチェッラ マリオッティ（編）『市民性形成とことばの教育─母語・第二言語・外国語を超えて』pp.209-230.　くろしお出版
　　　　　　佐藤慎司・熊谷真理（2017）「6章　社会・コミュニティ参加をめざすことばの教育」佐藤慎司・佐伯胖（編）『かかわることば　参加し対話する教育・研究へのいざない』pp.163-190.　東京大学出版会
　　　　　　千野栄一（1987）『プラハの古本屋』大修館書店
　　　　　　Pennycook, A. & Otsuji, E. (2015) *Metrolingualism: language in the city.* London, England: Routledge.

第21章

民間視点からの、やさしい日本語普及

「ツーリズム」から始める、多文化共生社会づくり

吉開 章

本章の概要

広告会社勤務の筆者が立ち上げた「やさしい日本語ツーリズム」プロジェクトを通じ、民間発想からの多文化共生社会づくりを論じます。なお本文では引用以外の「やさしい日本語」には特にカッコをつけずに記述しています。

キーワード

やさしい日本語、訪日観光客、インバウンド、多文化共生

1 │ 筆者のプロフィール

　私は広告会社である株式会社電通（以下「電通」）に勤務しており、主にデジタルマーケティングを専門としてきましたが、外国語学習を趣味としインターネット上で外国人と互いの母語を教えあう「言語交換」の経験をきっかけに日本語教育の世界に足を踏み入れ、2010年日本語教育能力検定試験に合格しました。

　2014年、個人活動としてFacebook上に日本語学習者支援コミュニティ「The 日本語 Learning Community」[1]（以下「コミュニティ」）を立ち上げ、日本語教師の方々とともに世界中の学習者の学習支援をするという仕組みを作りました。コミュニティには世界中の自律学習者が集い、多

くは趣味として日本語を学んでいます。2014年、大勢の学習者が日本を旅行し日本語で話したいと思っている実態を香港の学会で発表、2016年論文集に収録されました[2]。コミュニティのメンバー数は2018年11月30日現在約45,000人、サポートする日本語教師は約150人になりました。

2 | 「やさしい日本語ツーリズム」の着想

このような日本語学習者への知見と実践をなんとか仕事に生かしたいと考えていたところ、福岡県柳川市の実家にいる母が「駅で困っている外国人観光客を見ても英語が話せないからお世話できない」と話していたのを思い出しました。地方を訪れる外国人は韓国・台湾・香港からのリピーターが多く、九州はその傾向がさらに強く見られます。これらの国・地域は日本語学習が盛んであるにもかかわらず、日本人は「（会話では）英語でなければいけない」と思い込んでいるふしがあります。

　私は「旅行はグループで行くことが多く、その中に日本語を少しでも話す人がいれば、通訳はいらないじゃないか」と仮説を立ててみました。同時に、既存の日本語教育領域であるやさしい日本語の話し方を一般市民が学べば、初学者の観光客にも伝わりやすいと考えました。

　さらに、日本語学習者は日本語を話したがっており、「地元の人と日本語を話すこと」も観光コンテンツになるという考え方を「日本語ツーリズム」と名付け、日本語初心者の観光客にも日本語会話体験を提供する「やさしい日本語ツーリズム」という企画構想を得ました。そしてそれを故郷の柳川で実現し、全国に広げたいと考えるようになりました。

3 | 柳川市への提案と台湾人日本語学習者調査

柳川市の外国人住民数は少なく、地域日本語ボランティア教室も小規模です。多文化共生的な関心は低く、一部の観光関係者以外の市民は、外国人との接触にも消極的でした。

私は2015年5月ごろ地元の伝で金子健次柳川市長に面会し、「「やさしい日本語ツーリズム」の考え方はどんな地方でも取り組むことが可能。しかし私はそれをぜひ故郷の柳川から始めたい」と提案しました。すると数日後には市の幹部をご紹介いただき、幹部の方々より「柳川を訪れる外国人客の半数以上は台湾からで、確かに日本語が少し話せる人は多い。日本語でいいという発想は全くなかった。日本語でいいということなら、市民も動くかもしれない」と賛同をいただきました。そしてまもなく市のまち・ひと・しごと創生総合戦略に位置付けられました。

2015年末に内閣府地方創生加速化交付金事業の公募が行われ、申請のために台湾の日本語学習者コミュニティおよび旅行愛好者コミュニティの協力を得て、台湾の日本語学習経験者・未経験者で訪日旅行傾向にどのような違いがあるかを調査したところ、日本語学習経験者の訪日回数は10回以上が20％超と最大多数であり、未経験者と比べてはるかに多いことがわかりました[3]。この調査結果が決め手となり柳川市は1500万円の交付金を受け、柳川市による公募後、2016年8月に電通が業務を受託することになりました。

4 | 「やさしい日本語ツーリズム研究会」の立ち上げ

柳川市は交付金を受ける上で、内閣府から「先進的な取り組みなので、他の自治体でも展開できるようにしてほし

い」と希望されました。実際、柳川市が他自治体のために動くことは困難なことです。私は柳川市への国の期待に応えるため、柳川市の取り組みとは別に2016年7月に電通が中心となった産学連携の「やさしい日本語ツーリズム研究会」(以下「研究会」)を立ち上げ、柳川市の実績と連動する形で「やさしい日本語ツーリズム」を全国に広めるプロジェクトを開始しました[4]。

図1　「やさしい日本語ツーリズム研究会」ホームページロゴ

　立ち上げ時には、「とりあえず日本語で」(スリーエーネットワーク)の出版や各地でやさしい日本語の推進と啓発活動に取り組む東京外国語大学荒川洋平教授を座長に迎え、日本語教師養成講座最大手のヒューマンアカデミー株式会社の協賛を得て、電通が事務局運営を担当しました。また荒川教授の紹介で観光接触場面研究の第一人者である東海大学加藤好崇教授にも参加いただきました[5]。
　柳川市では交付金事業として市内でのイベントや市民向けやさしい日本語研修、台湾でのプロモーションなどを実施し、その事例紹介には交付金を使わず研究会が独自負担してウェブサイトなどで対外発信するという、実践と広報

の両輪の仕組みを作りました。

5 台湾における日本語学習実態・日本語会話可能性調査

柳川での事業開始である2016年8月に向けて、電通が費用を負担し、台湾における日本語学習実態をウェブアンケートの手法で調査しました。これによると、台湾の18歳から64歳までの男女で現在日本語を学習中と回答した人は12.8％、推定で200万人規模となり、国際交流基金の2015年日本語教育機関調査の10倍以上となっています[6]。

また同調査では日本語が少しでも会話できると答えた人は41.5％でした。つまり、3人集まれば80％以上の確率で少なくとも1人は少しでも日本語が話せるという計算になります。教育機関を通じない海外日本語学習者数の推定はそれまで存在せず、台湾においてはこの調査が初めての数値になっています。さらに日本語学習経験者（全体の60.4％）のうち、66.1％は日本への旅行において日本人と日本語で話したいと回答し、「日本語ツーリズム」の可能性を示す結果となりました。

6 柳川での実践

以下は初年度である2016年度に柳川で実施した内容です。これらをまとめたドキュメンタリービデオがYouTubeで公開されています[7]。

6.1 キックオフミーティング

2016年8月に柳川市やさしい日本語ツーリズム事業キックオフミーティングを開催、事業者代表・市民代表を含むコンソーシアムが結成されました。戎義俊台北駐福岡経済文化弁事処長を招待し、台湾と日本の結びつきや日本語学

習者の多さなどのスピーチを賜りました。

6.2 やさしい日本語講演会と「やさしい日本語落語」

10月8日市内の柳川高等学校で、同校留学生と市民ほぼ同数、合わせて約120人を招いての「やさしい日本語講演会」を開催しました。前半の市民向けやさしい日本語講座では、研究会荒川座長が柳川市民にやさしい日本語とは何かをわかりやすく解説し、前後に座っている留学生に試してもらいました。後半は英語落語で有名な桂かい枝師匠が留学生向けに「やさしい日本語落語」を披露、落語で笑う留学生を見て柳川市民も日本語が通じていることを信じるようになり、最後に留学生と市民がお茶菓子をとりながら日本語で楽しく談話しました。

6.3 柳川市関係者の台湾主要大学訪問

11月11日、市長を代表とした台湾訪問団を結成、日本語学習者に柳川へ来てもらうよう、主要大学の日本語教育関係者を招待し台北市内のホテルでプロモーションを実施しました。

6.4 やさしい日本語研修会

11月半ばから3週連続3日間、観光事業者・市民・市職員などを対象にやさしい日本語研修会を実施しました。

6.5 台湾人モニターツアー

12月8日、台湾から6名の若い男女を観光モニターに招いて、やさしい日本語でのおもてなしを実践しました。

6.6 台湾人大学日本語講師の柳川観光大使任命

2017年2月13日、台湾東呉大学日本語講師でありFacebook上で巨大日本語学習者支援コミュニティを主宰

362

〈やさしい日本語〉と多文化共生

する郭献尹氏（現国立清華大学兼任助理教授）を柳川観光大使に任命、市内で歓迎行事を実施しました。

7 | 2016年度メディア掲載・講演実績

実績が乏しい初年度も、メディアや行政などが新しい動きとして取り上げました。

7.1 メディア掲載

電通のプレスリリースは全国40紙以上が取り上げ、ウェブ上の記事としても日本中に流通しました。また柳川での様々なイベントはNHK福岡ローカル、西日本新聞、全国紙の地方版などで取り上げられました。

柳川でのキックオフミーティングの直後に、観光業界の専門誌である週刊トラベルジャーナルから10ページの特集記事の依頼を受け、研究会メンバーなどで執筆しました[8]。同誌記者によると、これまで日本語で外国人をもてなそうという議論がなされた記憶はないとのことでした。

7.2 講演実績

2016年12月20日、2020年オリンピック・パラリンピック大会に向けた多言語対応協議会主催「多言語対応ICT化推進フォーラム」で、多言語対応の一つとしてのやさしい日本語をテーマとしたパネルディスカッションにパネリストとして招かれ、弘前大学佐藤和之教授、一橋大学庵功雄教授、横浜市国際局関谷聡課長と並び、「観光」にまで応用範囲が広がったやさしい日本語の可能性について話をしました[9]。

8 | 「やさしい日本語バッジ」

「やさしい日本語バッジ」（以下「バッジ」）は、外国人と日本人のコミュニケーション障壁を下げるために柳川市が製作したものです。日本語を話したい外国人が白いバッジ（図2左）を着用、やさしい日本語で話をする日本人は水色のバッジ（図2右）を着用します。このバッジは「やさしい日本語ツーリズム」のコンセプトを一目で伝えるツールとなり、各種メディアに掲載されました。

図2　やさしい日本語バッジ（柳川市製作）

9 | 2016年度柳川市での活動の総括

日本語を学ぶ外国人に注目しやさしい日本語でおもてなしするというシンプルなアイデアで立ち上げたプロジェクトですが、初年度は以下のように自己評価しています。

9.1　全体総括

① 社会に広がる可能性のある事例創出として国から交付金（初年度は市税負担なし）を得たことがプロジェクトの最大の推進力となりました。

② 産学連携での研究会という仕組みを交付金と別建て
で作ったことで、柳川市の事例紹介とその社会的意
義の啓発活動をスムースに行えました。

③ 教育機関外で学ぶ学習者を含んだ調査に日本語教育
関係者側の評価が定まらず、日本語教育側からは注
目する声はほとんどあがりませんでした。

④ 台湾の日本語学習者調査やトラベルジャーナル誌で
の特集などにより観光業界が注目すると思われまし
たが、実際に日本語学習者をターゲティングする手
法などが確立されておらず、またやさしい日本語が
多言語対応の1手段であるという理解も広まらなか
ったため、大きな動きはありませんでした。

9.2　やさしい日本語に関する自己評価

⑤ 事業者・市民向けの「やさしい日本語リーダー養成
講座」受講者向けアンケート（47名回収）では46名、
98％から肯定的評価を得ました。その理由として
「実践できそうだと思った」が40％、「日本語に関し
て意識を変えることができた」が38％などと意識変
容が見られました。もっと知りたいことは「台湾・
台湾人のこと」「（実践的）会話の仕方」などが30％を
超え、「日本語の文法」と答えた人は2名、4％に止
まりました。

⑥ 柳川は方言がきつく市内の高齢者が共通語を使って
会話する機会はほとんどありません。特に柳川では
「〜している」の敬語が「〜してある」であり、方言
と気がつかない・直せない市民が多く、外国人初学
者に「〜してありますか？」と聞くなど、混乱する
場面も見られました。

⑦ 初年度は関係者全員が手探り状態であり、柳川を訪
れる外国人観光客への白バッジ配布体制が作れませ

んでした。このため受講者がやさしい日本語を実践
できる場を十分に提供できませんでした。

10 | 柳川での2017年度の活動

交付金による事業は2016年度に終了し、柳川市は2017
年度から市の財源から予算化して取り組んでいます。
2016年度の実績や反省点を元に、2017年度には以下のよ
うな実践をしました。

10.1 「やさしい日本語バッジ」の市内販売・通信販売

柳川市観光協会が主体となって白バッジの店頭販売の仕組
みを作り、駅前の土産店や川下り事業者、宿泊施設など観
光事業者が販売しています。これにより将来的には市税に
頼らず本プロジェクトのコンセプトを継続することが可能
になりました。また市外向け通信販売[10] も行い、各地の
やさしい日本語研修会などで活用されています。

10.2 日本語学校の留学生への研修遠足誘致

観光事業者や市民のやさしい日本語の実践機会増と、団体
客の呼び込みを兼ねて、福岡市内にある日本語学校の研修
遠足を誘致しました。留学生は皆やさしい日本語ならわか
る（わからなければいけない）学生たちであり、全員が白バッ
ジを着用して柳川を観光しました。この様子はYouTube
ビデオで紹介されています[11]。

10.3 台湾と柳川の草の根レベルでの交流強化

郭柳川観光大使のおかげで台湾の方と柳川市民や観光事業
者がFacebook上で日常的につながり、日本語で活発に情
報交換しています。2018年2月、郭氏は2回目となる柳
川訪問をし、たくさんの友人と交流しました。この様子も

366

〈やさしい日本語〉と多文化共生

YouTubeで公開されています[12]。

11 | 2017年度以降の「やさしい日本語ツーリズム研究会」としての活動

　柳川から始まった「観光・おもてなし」という文脈からのやさしい日本語普及活動は、やさしい日本語への新たな視点をもたらし、観光関係者だけでなく、これまでやさしい日本語に取り組んできた自治体や国際交流協会からも問い合わせや講演依頼を受けるようになりました。

　2017年度からは、柳川および観光領域に限らず「やさしい日本語の一般市民普及による社会変革」に拡大して全国に提言する活動に転じました。以下、2018年9月末までの主な活動を紹介します。

11.1　ビデオでの事例・メッセージ公開

　観光に限らず多文化共生に関連するメッセージビデオやドキュメンタリービデオを公開しました[13]。

- メッセージビデオ：「やさしい日本語には、ゆめがあります」
- 技能実習生に注目：福岡県内の明太子工場で働くベトナム人技能実習生を交えての、工場や事務スタッフ向けやさしい日本語研修会実施
- EPA候補生に注目：柳川市内の特養ホームで働くベトナム人EPA候補生を交えての、介護スタッフ向けやさしい日本語研修会実施
- その他外国人雇用に注目：大阪外食産業協会で、外国人スタッフを雇用している外食企業幹部向けのやさしい日本語研修会実施

11.2 各種メディアでの放送・掲載、講演実績など

柳川の事例がベースとなり、「やさしい日本語ツーリズム」の活動はNHKおはよう日本、毎日新聞夕刊トップ、Newsweek日本版、西日本新聞オピニオン面など、多数のメディアに取り上げられました。

自治体（府中市・小平市・藤沢市・東京都港区・北区など）、大学（首都大学東京・明治大学など）、NPO（鈴鹿青年会議所、東海日本語ネットワークなど）他、数多くの講演活動をしました。さらに2018年2月17–18日の「〈やさしい日本語〉と多文化共生シンポジウム」ではパネリストとして登壇しました。2018年9月からは日本観光振興協会が提供する自治体向け研修講師マッチングサービス「観光地域づくり研修ナビ」の講師にも登録されています[14]。最新の実績はやさしい日本語ツーリズム研究会ホームページに掲載しています[15]。

12 │ 民間視点から見た、やさしい日本語のこれから

12.1 すべては多文化共生推進のために

一橋大学庵功雄教授は「日本の地域社会に共通言語ができるとすれば、その候補になり得るのは〈やさしい日本語〉だけ」「自然に任せた場合、もっとも普通に考えられるのは、いかなる共通言語も生まれない、つまり地域社会の外国人住民と日本人住民は永遠に会話ができない」と述べています（庵功雄2016: 42）。少子高齢化・人口減が急速に進む日本で、やさしい日本語の地域社会共通言語化も加速しなければいけません。

地域社会の共通言語となるには、もっと幅広い日本人がやさしい日本語のことを知り、実践する必要があります。しかし一般の日本人が外国人初学者のために日本語を調整するという発想は新しく、日本人の「外国人＝英語＝自分

には関係ない」という固定観念には根深いものがあります。「少子高齢化」「人権」「移民受け入れ」といった社会問題を前面に出して意義を伝えても、広く理解や共感を得るのは容易ではありません。

これに対し、「やさしい日本語ツーリズム」の取り組みは、2020年オリパラ大会・インバウンド客増大という社会の追い風の中で、「観光誘致」「観光雇用創出」「おもてなし」「国際交流」といった新しい文脈で始め、一定の成果をあげてきました。この独自の実績を武器にしつつ、今後は多文化共生社会推進のための共通言語作りに舵を切っていきます。

12.2　まずはやさしい日本語というキーワードの周知が必要

これまでやさしい日本語は外国人への情報伝達を改善する手法として行政など情報発信者側が取り組むものという傾向が強く、外国人に関心の薄い一般市民を広く巻き込む運動になっているとは言い難いでしょう。

やさしい日本語は、相手とのコミュニケーションで調整が必要な場合、母語話者側が配慮するというものであり、調整が必要のない日本人同士にも強制される類のものではありません。しかし、あるテレビ番組のコーナーでやさしい日本語が取り上げられた時、コメンテーター全員が「（減災などやむを得ない場合を除き）このような表現はやりすぎ。外国人のためばっかりを考えたりするのがやさしさではない。これでは日本人がバカになってしまう」といったコメントをしていました[16]。

このように、外国人のために単純化したり敬語を減らしたりした表現に違和感、場合によっては反感を持つ日本人は少なくありません。私が講演した観光事業者向け研修会で、タクシー乗務員の方が「敬語を使わないと周りのお客さんに聞かれて問題になることが多く、会社からは常に敬

語を使えと指示されている」と指摘しました。

地域社会の共通言語を作るなら、外国人への日本語教育を保障する一方で、多文化共生に関心がない大多数の日本人にやさしい日本語の意義や使用場面を正しく周知させることが不可欠です。これまで外国人に理解のある関係者・ボランティアなどの間で大事に育てられてきたやさしい日本語ですが、これらの方々が無関心・無理解な一般市民を巻き込んだ啓発まで担うのは難しく、時間や労力を取られるのも非効率です。一般市民へのやさしい日本語というキーワードの周知と啓発は国の事業とし、外国人を受け入れる企業やコミュニティはやさしい日本語を学び実践に努める、という社会的分業が重要だと考えます。

12.3　外国人雇用の主体としての民間企業

骨太の方針2018による外国人人材獲得加速化や、日本語教育推進基本法立法の動きで、国としての外国人受け入れ基盤整備が本格化してきました。しかし実際に受け入れるのは地域社会と企業です。

外国人コミュニティでの情報流通は凄まじいものがあり、悪い噂はすぐに広まります。誠実で働きやすい環境を提供する企業だけが、今後の人材獲得競争に参加できます。待遇面はもちろんのこと、日本語初級の外国人にも明確にわかるような指示を出し、職場でのコミュニケーションを円滑にする企業でなければ、生き残ることはできません。業務上適切でない言動は「日本語ハラスメント」とも言うべき新たな社会問題を生み、結果次第で大きな責任を取らされることになるでしょう。

地域社会を経済面で支えているのは、地元で納税し雇用を作っている民間企業です。人材不足の解消は民間だけの問題ではなく地域存続問題でもあります。人手不足倒産・後継者不足による廃業は各地で起こり、日本創成会議が指

摘した「消滅可能性都市」[17]はこのままでは確実に消滅します。今こそ地域企業と住民が協力し職場の共通言語・地域社会の共通言語のやさしい日本語を使って外国人材を迎え入れる時です。

12.4 「外国人消費市場」への民間企業の取り組み

少子高齢化が進行する日本で、今後外国人材が長期的に労働力を担うということは、生活者・納税者としても日本経済・地域社会を支えるということに他なりません。外国人が集住している地域では外国人が日常的にマイカー・マイホームを購入しているところもあり、併せて自動車保険や火災保険などの市場もあります。またローンを組むためにはきちんとした金融サービスを受ける必要があります。日用品だけでなく大型消費や金融面でも、外国人住民市場は注目されていくでしょう。

また、外国人子女が高校に進学し、ドロップアウトせずに卒業する学力をつけることは、日本語教育の最も重要な目標の一つです。しかし外国人の親だから必ず貧しく子供の教育には無関心というイメージは間違いでしょう。自分が日本語での勉強の手伝いができないからこそ、きちんとした教育を受けさせたいと思う親も多いはずです。外国人材の助けを借りて地域社会を作るなら、そこには充実した教育サービスがなければいけません。日本人の少子化と対照的に、外国人子女向けの教育市場には大きな成長が期待されます。

さらに宗教上の理由で生活に不便を強いられている外国人住民も少なくありません。故郷の食材や調味料がないといった不便から、イスラム教徒のハラール（豚やアルコールを使わず、適切に処理された食肉などを使った食べ物）の対応も問題となります。また火葬をしない文化の人に世代を超えて根ざしてもらうには、新たな葬儀サービスも必要です。

今後外国人住民の増加は確実であり、一定の規模になれば民間企業のビジネス機会になっていきます。外国人住民を「問題」と捉えるのではなく「市場」と捉える民間企業が増えていくことが、多文化共生の推進を加速化・自走化させていくでしょうし、またそうあるべきだと考えます。

12.5　広告業界の役割

　企業が訪日客だけでなく国内外国人も貴重な消費市場と認識すれば、広告業界もこれまでのアプローチ手法に変化を求められます。

　広告制作者の多くは日本語を母語としており、日本語が母語でない人にもわかりやすい日本語の表現で伝えるという経験は少ないはずです。

　例えば「澄み渡る」「行き届く」のような複合動詞を使った豊かな表現、「ふわふわ」「さらさら」のようなオノマトペ（擬音語・擬態語）、そして英単語をわざわざカタカナで書いたりすることは、日本語学習者にはとても難しいものです。また文法的でない、または本来のニュアンスと違う英語のキャッチコピーを含む広告は、外国人には伝わらないだけでなく、不快に思われることすらあるでしょう。

　やさしい日本語ツーリズム研究会が製作したメッセージビデオ「やさしい日本語には、ゆめがあります」[18]はもともと一般日本人向けに製作したものですが、やさしい日本語のお手本になるような表現を目指して作っています。クリエーティブディレクター・コピーライターが「リーディングチュウ太」[19]などの語彙チェッカーを徹底的に活用して表現を開発しました。しかし、「旅をする」「心を通わせる」といった表現は、日本人に向けたものとして残しています。

　外国人のためにやさしい日本語を広告に取り入れていくことは、広告業界にとってこれまでにない経験だと言える

でしょう。同時に、広告業界がやさしい日本語に真摯に取り組めば、より一般市民に受け入れやすい、独自のやさしい日本語のお手本が生まれるかもしれません。

12.6 地域メディアの役割

地域メディアの視点からも考えてみます。SNSの影響でデマやフェイクニュースが出回りやすい社会の中で、地域に根ざした新聞やラジオ局は社会の公器、そして災害など緊急時の信頼できる情報元として、日頃から外国人住民を意識した報道・番組づくりをする必要があります。

　新聞であれば毎日一定の紙面を外国人のために役立つ情報にしたり、ふりがなを振ったりすることが考えられるでしょう。そのようなコンテンツや配慮がなければ、日本の新聞は多くの外国人住民にとって無価値です。西日本新聞社は将来の多言語対応を見据え、外国人住民に関係する記事をやさしい日本語に翻訳して配信する試みを始めました[20]。また現在も多くの外国人が担う新聞配達は、地域高齢者への見守り機能としても注目されています。外国人の新聞奨学生などがやさしい日本語を通じて地域住民と親しくなれば、新聞社・販売店による地域多文化共生への貢献になるのではないでしょうか。

　ラジオ局はもとより音声言語だけのメディアであり、普段から難しい漢語や同音異義語を避け、聞くだけですんなり理解できる放送をしています。また災害時には非常に重要な役割を担います。ラジオは現在でもやさしい日本語に一番近いメディアだと言えるでしょう。今後は外国人経営のお店や外国人でも利用しやすい施設の紹介など、地域に住む外国人にも親しまれるメディアになれる可能性があります。ラジオは職場と密着したメディアでもあり、職場にやさしい日本語の番組が流れれば、外国人が自然に日本語と地域情報に親しむことができるでしょう。

12.7 おわりに～「寛容」という「やさしさ」を広げよう

日本語母語話者が優しい気持ちでやさしい日本語を積極的に使いこなすのは決して易しいことではなく、一定の訓練と慣れが必要です。しかし相手の間違いに「寛容になる」という受動的なやさしさが広がるだけでも、多文化共生社会の実現に向けた大きな一歩になるでしょう。

本書籍発刊のきっかけとなった「〈やさしい日本語〉と多文化共生シンポジウム」に私も参加する中で、やさしい日本語の外国人だけでない応用範囲があることを知りました。特にろう者は手話が母語であり第2言語として日本語を学んでいること、外国人と同じような間違いをするため聴者からバカにされがちだと知り、ショックを受けました。

今、私のやさしい日本語に関する講演の最後の5分は、第二言語として日本語を学ぶろう者の事情も知ってもらい、外国人に向けての寛容さと同じ態度で接してほしいという話で締めくくっています。仕事として外国人との多文化共生社会を実現していく中で、「ついでに」ろう者の課題の一部を解決できればと思っています。個人的にも、主宰する日本語学習者コミュニティでろう者と外国人がともに日本語を学びあい、間違いを気にせずに日本語で交流するという試みを母語・継承語・バイリンガル教育学会（MHB学会）でポスター発表し[21]、「ろう者と外国人と日本語と。」というFacebookページを開設しました[22]。

きっかけは個人的な日本語教育への関心からですが、ここまで一貫して民間の立場・視点からやさしい日本語の普及にどう貢献するかを考え、まず「観光＝訪日外国人」という大きな既存市場からやさしい日本語が注目される流れを作ってきました。偶然にも外国人を取り巻く社会の動きと合流し、関係者の方々と交流することによって、民間の立場ではありますが、一定の成果と今後の役割を得たと思

っています。

　私自身も近い将来高齢者として外国の方々に支えられる立場になるでしょう。これまで広告コミュニケーションに携わってきましたが、今後の私の役割は、これまで研究者・自治体・NPOが取り組んできたやさしい日本語の理念や実績を踏まえた上で、国や民間を巻き込んだ運動にし、多文化共生を持続可能な形で推進していくことだと、心に決めています。

　日本人全員がやさしい日本語を話すようになるのは、英語を話すようになるのと同じぐらい難しいでしょう。しかしせめて様々な日本語の形に「寛容」になるという、受動的なやさしさは日本中に広めたいと思っています。

　最後に、私の人生にこのような新しい視点と役割を与えてくれたやさしい日本語と一橋大学庵功雄教授に心から感謝し、本章を結びます。

注

[1] The 日本語 Learning Community　https://www.fb.com/groups/The.Nihongo.Learning.Community/
[2] 吉開章「日本語学習者の学習意識における 学習者本人と日本語教育者・一般日本人の認識の差」（第10回国際日本語教育・日本研究シンポジウム）　https://goo.gl/bstrP8
[3] 台湾人日本語学習者調査（柳川市）　https://yasashii-nihongo-tourism.jp/2016/08/18/55
[4] やさしい日本語ツーリズム研究会ウェブサイト　http://yasashii-nihongo-tourism.jp
[5] 荒川洋平教授は2017年3月末で退任、加藤好崇教授は2017年4月から代表を務め、2018年9月末で退任。2018年10月から筆者が代表代行。
[6] 「台湾人の日本語学習・日本語会話・訪日旅行に関する調査」（電通）https://goo.gl/nsxa3R
[7] 柳川市やさしい日本語ツーリズムドキュメンタリー　https://www.youtube.com/watch?v=4F6slqYylAs
[8] 週刊トラベルジャーナル　http://www.tjnet.co.jp/item/10370
[9] 多言語対応協議会ポータルサイト「やさしい日本語について」https://www.2020games.metro.tokyo.jp/multilingual/references/

easyjpn.html

［10］「やさしい日本語バッジ」通販サイト（柳川市観光協会）　https://www.facebook.com/YasashiiNihongoBadge/

［11］ビデオ「留学生は日本語で話したいんです」　https://www.youtube.com/watch?v=sj59YBtvc0U

［12］https://www.youtube.com/watch?v=KNdrstXOJ5Y

［13］https://yasashii-nihongo-tourism.jp/2017/04/14/403

［14］「地方観光づくり研修ナビ」（日本観光振興協会）筆者ページ　http://www.nihon-kankou.or.jp/jinzai/search_result.html?_flag=staffdetail&applyno=00000144

［15］筆者講演履歴他　https://yasashii-nihongo-tourism.jp/members/yoshikai

［16］「TBS「ひるおび」のコメントを考える」（にほんごぷらっと）　http://www.nihongoplat.org/2018/06/12/yasasii_nihongo-3/

［17］日本創成会議　http://www.policycouncil.jp/

［18］メッセージビデオ「やさしい日本語には、ゆめがあります」　https://www.youtube.com/watch?v=XnO7WQqQHfo

［19］リーディングチュウ太（東京国際大学川村研究室）　http://language.tiu.ac.jp/

［20］西日本新聞「新 移民時代」　https://www.nishinippon.co.jp/feature/easy_new_immigration_age/

［21］MHB学会2018年度研究大会　http://mhb.jp/archives/1097

［22］「ろう者と外国人と日本語と。」　https://www.fb.com/ForeignersAndDeafEnjoyStudyingJSLtogether/

参考文献　　　庵功雄（2016）『やさしい日本語─多文化共生社会へ』岩波書店

「やさしい日本語」の意味論
あとがきに代えて

佐藤琢三

　ことばの意味を研究していると、しばしば、ことばには社会を動かす力が内在していると感じることがあります。例えば、「ゆとり」とは、「物が多すぎないためにかえって得られる豊かさ」を表す非常に日本文化的な語です。「ゆとり教育」とは、「詰め込み教育」に対するアンチテーゼとして2010年代初頭までとられた教育施策です。このスローガンが多くの国民の共感を得て実施されるに至った大きな理由は、日本語の語彙の中にこの種の「豊かさ」を表す語が存在していた事実です。「教授項目削減教育」であったら、国民の共感を得られたか、はなはだ疑問です。
　今、われわれに求められているのは、「簡単な日本語」ではありません。「簡単」は「やさしい」のある側面でしかありません。「やさしい」という形容詞は、「相手に負担をかけない」という根源的意味特徴を持つものです。「地球にやさしいエコ運動」とは、本質的に地球に負担をかけない思いやりです。「やさしい大人」とは、「周りの人に心的な負担をかけずにつきあうことのできる成熟した人」のことです。「やさしい数学の問題」とは、「解く人に負荷をかけることなくできる問題」です。「やさしい」は多義的な形容詞です。ことばの多義性には構造があります。「やさしい日本語」は、確かに難しくない日本語です。しかし、それだけではなく、聞く人に負担をかけない日本語であり、また、そのような思いやりを持って使われる日本語です。

昨今、外国人労働者をはじめ、マイノリティに関するニュースを耳にしない日はありません。少子高齢化は深刻の度を極め、われわれの社会は問題山積です。しかし、悲観的になる必要はありません。今、われわれに求められている価値観は、日本語の話者であれば幼児でも知っている最も基本的な形容詞の中にしっかりと詰め込まれています。現実の問題を直視することは大事だ。しかし、自信を持って進んで行けばいい。本書は、そんなメッセージを世に送る一冊です。

　なお、本書は、2016・2017年度学習院女子大学学校長裁量枠予算によって実施されたプロジェクト「日本文化研究と国際文化交流」において、第2年度に催した同タイトルのシンポジウムの成果をまとめたものです。また、本書の出版は、2019年度同予算による助成を受けています。

数字	1+2 APPROACH……306
B	BICS……8
C	CALP……8, 9
I	IT……45
J	JSL児童生徒……317
N	native-like……17
	NEWS WEB EASY……91, 211, 241
あ	案内サイン……176
	案内マップ……176
い	言い換え……17
	位置サイン……176
	イノベーション……44
	居場所作りのための〈やさしい日本語〉……3, 345
	異文化コミュニケーション……45
	移民……2, 4, 6, 25
	移民政策……31
	医療通訳……14
	インクルージョン……90
	インコーポレーション……264
え	英語帝国主義……88
お	お互いさま……15
	音サイン……200
	音声言語……10
か	介護……32
	外国にルーツを持つ子ども……6
	外発的動機……73
	書き換え……17
	学習言語……8
	学校型日本語教育……5
	かな表記……189, 190
	漢字シラバス……9
	寛容……57, 374
	慣用表現……215
き	起業……43
	規制サイン……176
	技能実習生……33, 34
	技能実習制度……33
	共生言語としての日本語……93
	共通言語……12
	共通語としての日本語……94

	協働学習……48
く	訓令式……186
け	限界集落……27
	言語（記号）の恣意性……7
	言語権……276, 278
	言語権基本法……290, 294
	言語サービス……105
	言語処理能力……331
	言語の恣意性……12
	言語保障……2
	減災……2
	減災のためのやさしい日本語……100, 214
	健常者……15
	現場指示……8
こ	公共サイン……104, 173, 174
	高校進学……6
	合成音声……214
	構成的……18
	公的費用……4
	公的文書（公用文）……14, 131
	公平な耳……12
	公用文作成支援システム……161
	合理的配慮……228, 232
	高齢化……24
	高齢者……27
	国際日本語……13
	ことばのバリアフリー……193, 206
	個別性……323
	コミュニケーション……174, 175
	固有名詞……213, 254
さ	在留外国人……32
	指されるもの……7
	指すもの……7
	差別……13
し	支援システム……161
	試験……38
	自己表現能力……331
	辞書……213
	自然言語……9
	シニフィアン（signifiant）……7
	シニフィエ（signifié）……7
	事務コスト……132

社会的包摂……90
社会的流動性……6
手形……17
手指日本語……10, 293
受動態……215
手話……259
手話言語……9
手話言語法案……290
手話言語モデル条例案……290
障害学……226, 292
生涯学習……68
障害者……15
障害者差別解消法……18, 228
小学生……219
状況への依存……8
常識……205
少子高齢化……25
情報提供……2, 227
情報提供のバリアフリー化……92
情報保障……232
書記日本語……10, 285
初期日本語教育の公的保障……3
人口減少……24
人口の自動調節弁……33
真正性……11

す　スコットランド……298
　　『ステージ』……220, 234, 241
　　スローコミュニケーション……230, 232
せ　生産年齢人口……26
　　正書法……185
　　節英……18
た　体系化……322
　　対照言語学……272
　　第二言語……258
　　多言語サイン……177
　　多文化共生……4, 15, 108
　　多文化共生社会……16
　　多様性……323
　　短文……215
ち　地域型初級……5
　　地域型日本語教育……5
　　地域社会の共通言語……4

	知識……205
	知的障害……225, 226
	知的障害者……220
	中学生……219
	中間言語……14
	調整……4, 148
て	デカセギ留学生……35
と	特別支援学級……235
	取り出し授業……313
な	内発的動機……73
	内容言語統合型学習……333
	情けは人のためならず……15
に	日常言語……8
	日本語……9
	日本語学校……35
	日本語教育推進基本法……294
	日本語教育の費用……41
	日本語支援……340
	日本語対応手話……10, 293
	日本語ナショナリズム……88
	日本語能力……4
	日本語表現の鏡……11
	日本手話……9, 257, 285
は	バイパス……8, 17
	バイパスとしての〈やさしい日本語〉……5, 333
	バリアフリー……15
ひ	ピクトグラム……180, 182, 183, 194
	人手不足……28, 42
ふ	複言語社会……298
	プラスチック・ワード……86
	ふりがな……212
	文法シラバス……9, 17
	文脈指示……8
	文脈類推能力……331
へ	ヘボン式……186
ほ	方言……13
	法廷通訳……14
ま	マイノリティのための〈やさしい日本語〉……3
	マインド……15
	マジョリティ……13, 16
	マジョリティにとっての〈やさしい日本語〉……11
み	短い文……157

め	明晴学園……260, 285
も	モノづくり……32
や	やさしい英語……55
	やさしい公共サイン……190
	やさしいことば……92
	やさしい日本語研修……146
	やさしい日本語ツーリズム……358
	やさしい日本語の使い手……158
	やさにちチェッカー……163
ゆ	誘導サイン……176
よ	横浜市……114
り	リライト教材……235
ろ	ろう児……9, 257
	ろう者……9
	ローマ字表記法……184
	論理的当為……74
わ	わかりやすさ……92, 254

［編者］

庵功雄　いおり・いさお
大阪府大阪市出身。大阪大学文学部卒。大阪大学大学院博士課程修了。博士（文学）。大阪大学文学部助手、一橋大学留学生センター専任講師を経て、現在一橋大学国際教育交流センター教授。専門は日本語学、日本語教育学。著書に『日本語におけるテキストの結束性の研究』（2007年、くろしお出版）、『にほんごこれだけ！ 1、2』（2010年、2011年、監修）、『新しい日本語学入門（第2版）』（2012年、スリーエーネットワーク）、『「やさしい日本語」は何を目指すか―多文化共生を実現するために』（2013年、ココ出版、共編著）、『やさしい日本語―多文化共生社会へ』（2016年、岩波書店）、『一歩進んだ日本語文法の教え方1、2』（2017年、2018年、くろしお出版）などがある。

岩田一成　いわた・かずなり
滋賀県彦根市出身。金沢大学文学部卒。大阪大学大学院博士課程修了。博士（言語文化学）。国際交流基金日本語国際センター、広島市立大学を経て、現在聖心女子大学現代教養学部教授。専門は日本語学、日本語教育学。主要論文に「言語サービスにおける英語志向―「生活のための日本語：全国調査」結果と広島の事例から」（『社会言語科学』13(1), pp.81–94）、著書に『読み手に伝わる公用文―〈やさしい日本語〉の視点から』（2016年、大修館書店）、『街の公共サインを点検する』（2017年、大修館書店、共著）、『「やさしい日本語」で伝わる！ 公務員のための外国人対応』（2020年、学陽書房、共著）などがある。

佐藤琢三　さとう・たくぞう

千葉県千葉市出身。筑波大学日本語・日本文化学類卒。同大学院博士課程文芸・言語研究科言語学専攻退学。博士（言語学）。日本大学国際関係学部専任講師、学習院女子大学国際文化交流学部助教授（准教授）を経て、現在同教授。専門は日本語学（現代日本語の文法、意味論）。著書に『自動詞文と他動詞文の意味論』（2005年、笠間書院）、『現代日本語学入門－改訂版－』（2018年、明治書院、共著）、『文法・談話研究と日本語教育の接点』（2015年、くろしお出版、共編著）、『日本語文法研究のフロンティア』（2016年、くろしお出版、共編著）などがある。

栁田直美　やなぎだ・なおみ

鹿児島県鹿児島市出身。筑波大学日本語・日本文化学類卒。同大学院修士課程地域研究研究科修了。博士（言語学）。吉林大学外国語学院、早稲田大学日本語教育研究センター、関西学院大学日本語教育センターを経て、現在一橋大学国際教育交流センター准教授。専門は談話分析、日本語教育学。主要論文に「非母語話者との接触場面において母語話者の情報やり方略に接触経験が及ぼす影響—母語話者への日本語教育支援を目指して」（『日本語教育』145号, pp.13-24）、主な著書に『接触場面における母語話者のコミュニケーション方略—情報やりとり方略の学習に着目して』（2015年、ココ出版）などがある。

［執筆者］（五十音順）

あべ・やすし　ABE Yasusi
岡山県岡山市出身。山口県立大学国際文化学部卒。韓国テグ大学大学院特殊教育学科修士課程修了。修士（文学）。日本自立生活センター介助者。専門は識字研究、障害学。主要論文に「日本語表記の再検討―情報アクセス権／ユニバーサルデザインの視点から」（『社会言語学』10号、pp.19-38）、「漢字のバリアフリーにむけて」（『ことばと文字』4号、pp.97-105）、著書に『ことばのバリアフリー―情報保障とコミュニケーションの障害学』（2015年、生活書院）、『識字の社会言語学』（2010年、生活書院、共編著）、『「やさしい日本語」は何を目指すか―多文化共生を実現するために』（2013年、ココ出版、分担執筆）などがある。

安東明珠花　あんどう・あすか
岡山県岡山市出身。国際基督教大学教養学部卒。東京大学総合文化研究科言語情報科学専攻修士課程修了後、現在は博士課程在学中。国際基督教大学にて、中高英語教員免許取得、日本語教員養成プログラム修了。2018年4月から明晴学園中学部で英語を指導する。聞こえない（ろうの）両親を持つ聞こえる子ども、コーダである。専門は応用言語学と社会言語学。主にコーダのバイリンガリズムやバイカルチュラリズムについて研究を行っている。ろう文化や手話に関する研究も行っている。

宇佐美洋　うさみ・よう
福井市出身。東京大学文学部卒。東京大学大学院博士課程単位取得退学。博士（日本語学・日本語教育学）。新潟大学、国立国語研究所を経て、現在、東京大学大学院総合文化研究科教授。専門は言語教育、言語能力論、言語規範論。著書に、『「非母語話者の日本語」は、どのように評価されているか―評価プロセスの多様性をとらえることの意義』（2014年、ココ出版）、『「評価」を持って街に出よう―「教えたこと・学んだことの評価」という発想を超えて』（2016年、くろしお出版、編著）がある。

打浪文子　うちなみ・あやこ

福岡県福岡市出身。奈良女子大学大学院人間文化研究科博士後期課程単位取得退学。博士（学術）。国立障害者リハビリテーションセンター研究所障害福祉研究部流動研究員、淑徳大学短期大学部こども学科を経て、現在、立正大学社会福祉学部社会福祉学科准教授。専門は障害学、障害者福祉、特別支援教育など。主要論文に「知的障害者への「わかりやすい」情報提供に関する検討—「ステージ」の実践と調査を中心に」（『社会言語科学』17号, pp.85-97）、著書に『知的障害のある人たちと「ことば」—「わかりやすさ」と情報保障・合理的配慮』（2018年、生活書院）などがある。

岡典栄　おか・のりえ

東京都出身。東京大学文学部言語学科卒。ケンブリッジ大学言語学修士（M.Phil）。一橋大学大学院言語社会研究科博士課程修了、博士（学術）。国立障害者リハビリテーションセンター学院手話通訳学科卒。手話通訳士。現在、明晴学園国際部長、中学部英語科教諭。東京経済大学非常勤講師。著書に『日本手話のしくみ』（2011年、大修館書店、共著）、『「やさしい日本語」は何を目指すか—多文化共生を実現するために』（2013年、ココ出版、分担執筆）、『日本手話のしくみ練習帳』（2016年、大修館書店、共著）などがある。

オストハイダ テーヤ　Ostheider, Teja

ドイツ出身。龍谷大学文学部卒。大阪大学大学院文学研究科博士課程修了。博士（文学）。関西学院大学法学部・関西学院大学大学院言語コミュニケーション文化研究科教授。専門は社会言語学、言語政策論、言語文化教育学。主要論文に「"聞いたのはこちらなのに…"—外国人と身体障害者に対する「第三者返答」をめぐって」（『社会言語科学』7(2), pp.39-49）、著書に『グローバル化と言語政策—サスティナブルな共生社会・言語教育の構築に向けて』（2017年、明石書店、分担執筆）などがある。

菊池哲佳　きくち・あきよし

多文化社会コーディネーター（多文化社会専門職機構認定）。仙台多文化共生センター長（公益財団法人 仙台観光国際協会）。（一社）多文化社会専門職機構事務局長。主に地域防災、外国につながる子ども支援、外国人相談などの事業を担当し、「多文化共生」のまちづくりに取り組んできた。その他、2017年度総務省「災害時外国人支援情報コーディネーター制度に関する検討会」委員、文化庁「地域日本語教育アドバイザー」、自治体国際化協会「地域国際化推進アドバイザー」などを務める。

木村護郎クリストフ　きむら・ごろうくりすとふ

愛知県名古屋市出身。東京外国語大学外国語学部卒。一橋大学大学院言語社会研究科博士課程修了。博士（学術）。上智大学外国語学部教授。専門は言語社会学、異言語教育学、媒介言語論。著書に『多言語主義社会に向けて』（2017年、くろしお出版、共編著）、『行動する社会言語学』（2017年、三元社、共著）、主要論文に「障害学的言語権論の展望と課題」（『社会言語学』15号, pp.1–18）、「英語のできる人がなぜ通訳者を使うのか？―日英ビジネス通訳の事例から」（『通訳翻訳研究への招待』19号, pp.91–108、共著）などがある。

佐野香織　さの・かおり

神奈川県横浜市出身。青山学院大学国際政治経済学部卒。お茶の水女子大学大学院博士後期課程修了。博士（人文科学）。アメリカ・カナダ大学連合日本研究センター、お茶の水女子大学、ワルシャワ大学、早稲田大学日本語教育研究センターを経て、現在長崎国際大学人間社会学部准教授。専門は日本語教育学、応用言語学、成人教育・学習論。主要論文に「地域における活動実践再分析―参加を分析単位として」（『リテラシーズ』8, pp.11–19）、「越境の学びの展開―関心・専門分野を異なる領域の人々と学び合う」（『比較文化研究』No.122, pp.53–62）、著書に『にほんごこれだけ！ 1、2』（2010年、2011年、分担執筆）などがある。

志村ゆかり　しむら・ゆかり

神奈川県出身。日本女子大学文学部卒。一橋大学大学院社会言語研究科修士課程修了。修士（学術）。東京経済大学、関西学院大学日本語教育センター常勤講師を経て、現在一橋大学国際教育交流センター非常勤講師。専門は、年少者日本語教育。主要論文に「外国人生徒と日本人生徒の背景知識の違い―国語教科書の文章理解に関わる背景知識を例に」（『一橋日本語教育研究』2号, pp.13–24）、著書に『中学生のにほんご 学校生活編』（2019年、スリーエーネットワーク、編著）、『中学生のにほんご 社会生活編』（2019年、スリーエーネットワーク、編著）などがある。

杉本篤史　すぎもと・あつぶみ

神奈川県茅ヶ崎市出身。早稲田大学政治経済学部卒。同大学院政治学研究科博士後期課程満期退学。修士（政治学）。日本学術振興会特別研究員（PD）、東京国際大学国際関係学部専任講師、准教授を経て、現在同教授。専門は憲法、国際人権論、言語政策論。主要論文に「日本の国内法制と言語権―国際法上の言語権概念を国内法へ受容するための条件と課題」（『社会言語科学』20(1), pp.47–60）、著書に『手話を言語と言うのなら』（2016年、ひつじ書房、共著）がある。

髙木祐輔　たかぎ・ゆうすけ

広島県広島市出身。明治大学政治経済学部卒。一橋大学大学院言語社会研究科修士課程修了。修士（学術）。一橋大学大学院言語社会研究科博士後期課程在籍中。三菱東京UFJ証券、千駄ヶ谷日本語研究所、NIC を経て、現在大手IT企業にて自然言語処理の業務に携わる。専門は初級シラバス、ビジネスパーソン向け日本語教育。主要論文に「やさしい日本語シラバスを用いたビジネスパーソン向け日本語教育に関するケーススタディー」（『一橋大学国際教育センター紀要』8, pp.157–165）、著書に『いろんな書類の書き方』（2017年、アスク出版、共著）などがある。

田中英輝 たなか・ひでき

福岡県福岡市出身。九州大学工学部電子工学科卒。同大学院修士課程電子工学専攻修了。博士（工学）。1984年NHK入局。NHK放送技術研究所、（株）国際電気通信基礎技術研究所（ATR）音声言語コミュニケーション研究所などを経て、現在国立研究開発法人情報通信研究機構特別招へい研究員。専門は機械翻訳などの自然言語処理。やさしい日本語に関連した論文に「ニュースのためのやさしい日本語とその外国人日本語学習者への効果」（『情報処理学会論文誌』57(10), pp.36-48、共著）、「やさしい日本語ニュースの制作支援システム」（『自然言語処理』25(1), pp.81-117、共著）、解説に「やさしい日本語による定住外国人への情報提供」（『電子情報通信学会誌』101(2), pp.198-205）などがある。

中島明則 なかじま・あきのり

新潟県南蒲原郡中之島町（現長岡市）出身。長岡工業高等専門学校土木工学科卒業。測量士。システム開発会社、地方公共団体勤務を経て、19代続く農家を継承。米を作る傍ら、ソフトウェア開発を行うフリープログラマ。文章チェック、言語分析に関わるプログラムに『やさにちチェッカー』『公文書作成支援システム』『形態素解析ウェブアプリ UniDic-MeCab（複合名詞判定ver付き）医療用語抽出辞書登録版』などがある。http://www4414uj.sakura.ne.jp/Yasanichi/ よりアクセス可能。

本田弘之 ほんだ・ひろゆき

北海道札幌市出身。早稲田大学大学院日本語教育研究科修了。博士（日本語教育学）。専門は日本語教育学、社会言語学、言語政策。現在、北陸先端科学技術大学院大学教授。近著に『新・日本語教育を学ぶ』（2020年、三修社、共著）、『日本語教材研究入門』（2019年、くろしお出版、共著）、『日本語教育学の歩き方（改訂版）』（2019年、大阪大学出版会、共著）、『街の公共サインを点検する』（2017年、大修館書店、共著）、日本語教材に『ひらがな・カタカナ練習ノート』（2014年、アルク）、『きほんの漢字99』（2020年、アルク）などがある。

松本スタート洋子　まつもとスタート・ようこ

群馬県桐生市出身。UCLユニバーシティ・カレッジ・ロンドン（ロンドン大学）卒。エディンバラ大学大学院博士課程修了。PhD（言語学・応用言語学）。BBCワールドサービスTV専属放送通訳を経て、現在、エディンバラ大学アジア研究所日本学科准教授、エディンバラ大学JLPTテストセンター長を兼任。専門は、日本語教育、応用言語学。主要論文に「日本語学習者によるワープロ文書の誤用漢字は「同音漢字の誤変換」なのか─非漢字圏日本語学習者の誤用表記分析」（『日本語教育』118号, pp.17-26）、「翻訳と日本語教育─翻訳を日本語学習ツールとして使うために」（『BATJ Journal』15, pp.80-88）、「年少者向け日本語教育（JFL）のデザインと教材開発」（『ヨーロッパ日本語教育』22, pp.264-271）などがある。

毛受敏浩　めんじゅ・としひろ

徳島県出身。慶応大学法学部卒業後、兵庫県庁に勤務。職員海外大学院派遣制度により米国エバグリーン州立大学公共政策大学院で修士号取得。桜美林大学博士課程単位取得退学。1988年より（公財）日本国際交流センターで勤務し、草の根の国際交流、国際協力など幅広い分野の活動に携わる。現在、日本国際交流センター執行理事。内閣官房地域魅力創造有識者会議メンバー、第一回国際交流・協力実践者会議実行委員長等を歴任。新宿区多文化共生まちづくり会議会長、日本NPOセンター理事等を務める。著書に『自治体がひらく日本の移民政策』『限界国家／人口減少で日本が迫られる最終選択』などがある。

吉開章　よしかい・あきら

福岡県柳川市出身。東京大学工学部都市工学科卒。株式会社電通で主にインターネット広告と海外デジタル戦略を担当。勤務のかたわら2010年日本語教育能力検定試験に合格。日本語学習者支援コミュニティをFacebook上で主宰し、6万人近い日本語学習者を120人の日本語教師とともにサポートしている。2016年「やさしい日本語ツーリズム」企画を内閣府地方創生加速化交付金事業として故郷柳川市で実現。やさしい日本語プロデューサーとして、公私ともにやさしい日本語の社会普及に努めている。著書に『入門・やさしい日本語』（2020年、アスク出版）がある。

学習院女子大学グローバルスタディーズ⑤

本書は、2019年度学習院女子大学
学校長裁量枠予算による助成を受けている。

〈やさしい日本語〉と多文化共生

2019年4月1日　初版第1刷発行
2021年4月1日　初版第2刷発行

編著者―――――――庵功雄・岩田一成・佐藤琢三・栁田直美
発行者―――――――吉峰晃一朗・田中哲哉
発行所―――――――株式会社ココ出版
　　　　　　　　　　〒162-0828　東京都新宿区袋町25-30-107
　　　　　　　　　　電話　03-3269-5438　ファクス　03-3269-5438
装丁・組版設計―――長田年伸
印刷・製本―――――モリモト印刷株式会社

定価はカバーに表示してあります
ISBN978-4-86676-012-4
© Isao Iori, Kazunari Iwata, Takuzo Sato, Naomi Yanagida 2019
Printed in Japan